135
Mythen
der Reitlehre

135 Mythen der Reitlehre

Dagmar Ciolek

Kerstin Gerhardt (Fachliche Beratung)
Diane Bliessen (Illustrationen)

Georg Olms Verlag
Hildesheim · Zürich · New York
2020

Gewidmet Oberst Waldemar Seunig und
seinem Meisterwerk
Von der Koppel bis zur Kapriole

INHALT

Vorwort

Der Tellerrand und seine Tücken 14

1. „Nach FN" und „englisch" Reiten ist nicht pferdefreundlich 14
2. Früher war alles besser! 15
3. Reitkunst beginnt erst mit Piaffe und Passage 17
4. Man muss über den Tellerrand schauen und sich aus allen Reitweisen das Beste herauspicken! 18

Erstmal geht es noch nicht um Kunst! 20

5. Theoretisches Wissen wird total überbewertet, man muss nur mit Gefühl reiten! 20
6. Reiten lernt man nur durch Reiten! 23
7. Ein guter Reitlehrer braucht vor allem Charisma und ein Alleinstellungsmerkmal 24
8. Disziplin ist out! 26
9. Ohne Ehrgeiz kommt man beim Reiten nicht voran! 26
10. Frustrierte Reiter sind schlechte Reiter! 28
11. Starke Reiter sind Kraftreiter! 29
12. Die Reiterausbildung sollte ausschließlich auf bis zur Hohen Schule ausgebildeten Pferden erfolgen 30
13. Alte Pferde sind wunderbare Lehrmeister 31
14. Es reicht, wenn ich mein eigenes Pferd reite 34
15. Abteilungsreiten ist nur was für Anfänger 34

Ohne Sitz geht nix! 36

16. Der korrekte Sitz ist nicht so wichtig! 36
17. Der Reiter muss möglichst locker auf dem Pferd sitzen 41
18. Der Zügel muss kurz gefasst sein! 42
19. Ich kann den nicht sitzen: Ich brauche einen anderen Sattel! 43

20. Beim Kreuzanspannen und in den Verstärkungen muss ich mich richtig zurücklehnen! 44
21. Der Reiter sollte schon früh lernen, Gewichtshilfen einzusetzen 45
22. In den Wendungen und in den Seitengängen ist der Drehsitz immer deutlich zu beachten 49
23. Das Reiten im leichten Sitz ist nur etwas für Spring- und Geländereiter 49
24. Zum Dressurreiten sind möglichst lang verschnallte Steigbügel notwendig 50
25. Das Reiten ohne Steigbügel verschlechtert den Sitz und verleitet zum Klemmen 51

Hilfe(n) für das Pferd? 53

26. Alle Hilfen müssen immer exakt an derselben Stelle und in derselben Art und Weise gegeben werden 53
27. Man muss immer mit ganz feinen Hilfen reiten 54
28. Der vorwärts-seitwärts treibende Schenkel wird nicht zurückgenommen 55
29. Beim Reiten befiehlt der Reiter und das Pferd führt die Befehle aus 56
30. Mit Sporen bringt man das Pferd dazu, endlich vorwärts zu gehen 57
31. Ich kann viel besser mit offenen Händen und ohne Handschuhe reiten, da habe ich viel mehr Gefühl! 59
32. Jede Wendung muss am äußeren Zügel geritten werden 60
33. „Paraden" werden immer nur einseitig gegeben, und das am besten immer außen 60
34. Kurze Zügelanzüge werden als Paraden bezeichnet, sie bestimmen Anlehnung und Beizäumung 61
35. Verwirft sich das Pferd im Genick, muss die Hand auf der Seite ansteigen, auf der das Ohr tiefer steht 63
36. Man muss ständig „abspielen", „klingeln" und das Pferd rechts/links „durchstellen" 64
37. Macht das Pferd sich fest, muss man am Gebiss abspielen! 68
38. Beim Rückwärtsrichten führt man das Pferd mit wechselseitigen Zügelanzügen Tritt für Tritt zurück 70

Immer schön vorwärts-abwärts? 73

39. Im Vorwärts-Abwärts und in der Dehnungshaltung latschen die Pferde auf der Vorhand 73

40. Mein Pferd hat nicht die Kraft, in Dehnungshaltung zu gehen 76
41. Der falsche Knick bildet sich zwischen drittem und viertem Halswirbel 78

Die Skala der Ausbildung, ein Korsett? 80

42. Die Skala der Ausbildung ist rein linear zu betrachten 80
43. Die Skala der Ausbildung ist nur für Warmblüter geeignet 81
44. Schulterherein im Schritt ist *die* lösende Lektion überhaupt! 82
45. Alle Pferde müssen in vollkommener Zwanglosigkeit in
    allen drei Gangarten ihren Takt finden 84

Anlehnung: Eine Frage der Haltung? 86

46. Die Anlehnung muss immer leicht sein 86
47. Ein Pferd muss immer in deutlicher Anlehnung gehen! 87
48. Das Pferd muss an die Hand ziehen! 88
49. Ein Pferd darf nie mit der Stirnlinie hinter die Senkrechte kommen 90
50. Ein bisschen „LDR" schadet nicht 91
51. Die Nasenlinie etwas hinter der Senkrechten ist nicht so schlimm 92
52. Das Genick muss immer oben sein! 96
53. Der Kopf muss runter! 98
54. Man muss das Genick des Pferdes bearbeiten und lockern! 100

Mit Schwung durch den Alltag 101

55. Der Schwung sollte rein aus der Versammlung heraus entwickelt werden 101
56. Am ausdrucksvollen Mitteltrab erkennt man den versierten Reiter! 103
57. Galoppverstärkungen sind nicht so wichtig wie die Trabverstärkungen 103

Die Schiefe des Pferdes: Nobody is perfect! 105

58. Die Geraderichtung des Pferdes beginnt erst mit den Seitengängen 105
59. Man muss schon früh in Stellung führen, das richtet die Pferde gerade 110
60. Die Geraderichtung im Galopp ist in der Ausbildung des Pferdes erst
    später dran 111
61. Die Vorhand wird immer auf die Hinterhand eingestellt und
    nicht umgekehrt! 112

Die Versammlung: Alle mal herkommen! — 114

62. Versammlung ist Tragkraft — 114
63. Das Pferd muss von der Vorhand! — 116
64. Es ist nicht erforderlich, vor der Versammlung die Schubkraft zu entwickeln — 119
65. Alle Pferde sollten Versammlung lernen! Am besten bis zur Schulparade! — 120
66. Man sollte immer mit Hankenbeugung reiten! — 122

Das junge Pferd, ein Juwel! — 123

67. Ich reite seit 20 Jahren, da kann ich mein junges Pferd auch selbst ausbilden ... — 123
68. Mein Pferd ist acht, der muss jetzt L-fertig sein! — 128
69. Junge Pferde müssen möglichst rasch möglichst viel Muskulatur entwickeln — 129
70. Junge Pferde muss man schon früh mit der Hand aufrichten — 130
71. Man kann Pferde vom Boden aus perfekt auf das Reiten vorbereiten — 132
72. Man muss die jungen Pferde zunächst einmal in den langsamen Bewegungen ins Gleichgewicht bringen — 132

Training: Zwischen Komfortzone und Muckibude? — 134

73. Jedes Pferd muss zu Beginn der Arbeit 20 Minuten Schritt geritten werden — 134
74. Sportpferde müssen täglich hart trainiert werden — 135
75. Freizeitpferde müssen nicht trainiert werden, es reicht, wenn sie auf die Koppel kommen — 136
76. Man muss die Faszien des Pferdes trainieren! — 136
77. Das Pferd soll den Rücken aufwölben! — 137
78. Jedes Pferd muss den Widerrist anheben! — 138
79. Die Rückenmuskulatur stabilisiert den Rücken! — 139
80. Das Ausreiten der Ecken ist nicht so wichtig, das machen „die Großen" im Grand Prix auch nicht — 141
81. Pferde müssen Dressuraufgaben mit äußerster Präzision erfüllen — 142
82. Der Außengalopp muss vor dem fliegenden Wechsel erst sicher sein — 144
83. Wenn ich die Zügel lang lasse, meint mein Pferd, die Stunde sei zu Ende! — 146
84. Schritt zu reiten ist doch ganz einfach! — 149
85. „Der muss im Hinterbein flotter werden!" — 151

86. Das Pferd muss beim Angaloppieren den Kopf unten lassen! ... 152
87. Vor dem Galopp sollte das Pferd schon piaffieren können oder zumindest in den Seitengängen sicher sein ... 152
88. „Der Schritt ist die beste Arbeitsgangart" – „Nee, der Galopp!" ... 153
89. „Mein Pferd hatte nur ein paar Blockaden, jetzt ist alles wieder gut" ... 155
90. Man muss immer in Stellung reiten ... 156
91. Hypermobile Pferde muss man untertourig und in Seitengängen arbeiten! ... 159

Immer schön von kreuz nach quer! ... 162

92. Seitengänge kann man auch ohne Versammlung reiten ... 162
93. Vorhandwendungen und Schenkelweichen sind überflüssige und schädliche Lektionen ... 165
94. Seitengänge kann man schon dem jungen Pferd wunderbar vom Boden aus im Schritt beibringen ... 167

Das Reiten auf Kandare, fein oder fies? ... 169

95. Das Reiten auf blanker Kandare ist ein Zeichen allerfeinsten Reitens ... 169
96. Kandare ist grausam, Halsring ist cool! ... 172

Der will nicht! – Verhalten und Umgang ... 174

97. Pferde testen ihre Reiter, wo sie nur können! ... 174
98. Zieht das Pferd dem Reiter die Zügel aus der Hand, ist es ungehorsam ... 177
99. Ein unsicherer Reiter muss sich nur mal so richtig durchsetzen! ... 179
100. Man muss sein Pferd immer unter Kontrolle haben! ... 181
101. Rennt das Pferd unter dem Reiter davon, muss man viele Volten reiten ... 182

Der Reiter zu Fuß: Bodenarbeit ... 186

102. Handarbeit, Bodenarbeit und Longieren sind einfacher als Reiten und man kann dabei weniger falsch machen ... 186
103. Bodenarbeit hat keinen hohen Stellenwert in der Lehre ... 187

104. Man muss mit Pferden ganz viel Schrecktraining machen und ihnen viel Abwechslung bieten, sonst langweilen sie sich ... 187
105. Pferde müssen an die Gerte gewöhnt werden und dürfen sie auf gar keinen Fall als unangenehm ansehen ... 188
106. Man muss viel mit Pferden reden! ... 189
107. Beim Laufenlassen und Freispringen können sich die Pferde endlich mal so richtig austoben! ... 189
108. Jedes Pferd sollte früh den Spanischen Schritt lernen, das macht es stolz und die Schulter frei! ... 190
109. Zum Verladen müssen Pferde sediert werden ... 191

An der langen Leine ... 193

110. Longieren kann doch jeder! ... 193
111. Junge Pferde müssen in flottem Tempo „ablongiert" werden! ... 196
112. Doppellonge ist immer besser, als ausgebunden zu longieren ... 197
113. Ausbindezügel sind nicht gut für Pferde, Longierhilfen sind viel besser! 199

Ausrüstung: Braucht man das alles? ... 202

114. Zur sanften Pferdeausbildung ist ein „Knoti" besonders geeignet ... 202
115. Sperrriemen und Reithalfter sind grundsätzlich abzulehnen ... 202
116. Gebisslose Zäumungen sind viel tierfreundlicher ... 204
117. Doppelt gebrochene Gebisse sind für junge Pferde besonders geeignet: der Nussknackereffekt ... 206
118. Bei Pferden mit Maulproblemen muss man das Gebiss wechseln, bis man das richtige gefunden hat ... 207
119. Bei schwungvollen Pferden braucht man einen Sattel mit viel Pausche, am besten einen Tiefsitzer ... 208
120. Wenn die Zügel immer durch die Hände rutschen, kann man gummierte Zügel nehmen ... 209
121. Beim Reiten „nach FN" werden die Pferde mit Schlaufzügeln gearbeitet und so zu Korrekturpferden ... 210

Endlich: Mein eigenes Pferd! ... 212

122. Jeder Reiter sollte bald ein eigenes Pferd besitzen, das kostet auch nicht viel ... 212

123. Mein Pferd und ich lernen von Beginn an alles zusammen 215
124. Beritt schadet den Pferden nur und man bekommt sie unreitbar und verstört zurück 216
125. Robustrassen und Kaltblüter sind als Gewichtsträger besonders gut geeignet 216
126. Friesen sind von Haus aus Schenkelgänger, die können gar nicht anders 218
127. Mein Pferd lahmt nicht, das hat nur Taktstörungen! 219
128. Auch reine Reitpferde sollten so lange wie möglich Hengst bleiben, am besten für immer! 220
129. Hafer putscht Pferde auf, Müsli ist besser! 221

Reitkunst in der Moderne 223

130. Das moderne Dressursportpferd muss anders gearbeitet werden, als es die klassische Deutsche Reitlehre vorgibt 223
131. Alle guten Pferde sollten mit drei Jahren angeritten werden und möglichst bald auf Championaten vorgestellt werden 225
132. Es gibt Dreijährige, die schon einen Wahnsinnsschwung haben 226
133. Dressurreiter trainieren in Rollkur und sind alles Tierquäler 229
134. Dressurpferde werden als solche gezüchtet und müssen nicht springen 230

Schlusswort 232

135. Man braucht zum Reiten keine Dogmen, sie hemmen die Entwicklung ... 232

Anhang 234

Kleiner Leitfaden der dressurmäßigen Ausbildung des jungen Reitpferdes 234

Kleiner Leitfaden zur Basisspring- und Geländeausbildung des jungen Reitpferdes 236

Quellen und Literaturangaben 238

VORWORT

Liebe Leser, liebe Pferdefreunde,

dieses Buch hat eine ungewöhnliche Entstehungsgeschichte, es ist nämlich ein „Facebookprodukt"! In den Facebook-Gruppen „Dressurpassion – Die Deutsche Reitlehre" und „Reiten lernen – Basiswissen" versuche ich mit einem Team von Profis, reiterliche Probleme der Mitglieder fundiert und gut nachvollziehbar zu lösen. Fast täglich kommen neue Fragen und Aspekte hinzu – und wir stoßen auf unzählige Irrtümer und Missverständnisse rund ums Reiten, die sich oft schon zu regelrechten Mythen verfestigt haben. Seit Jahren kommt von meinen Lesern und Freunden die Anregung und Bitte, meine auf Facebook geposteten und wohl recht gut verständlichen Texte auch in Buchform niederzuschreiben. Es scheint nach wie vor ein riesiger Beratungs- und Erklärungsbedarf zu bestehen.

Auch die Mitwirkenden an diesem Buch haben sich über Facebook kennen und schätzen gelernt. Mit Kerstin Gerhardt als sehr erfahrener und belesener Ausbilderin habe ich mich in vielen Telefonaten, schriftlich und auch persönlich intensiv ausgetauscht und wir setzen dies auch fort. Jederzeit kann ich sie zu den Themen der Reitlehre befragen und erhalte immer eine fundierte Antwort. Alle fachlichen Belange der Texte haben wir gemeinsam besprochen und durchaus auch diskutiert. Die Illustrationen hat Diane Bliessen, wie ich finde, brillant umgesetzt. „Professor Waldemar", wie wir ihr Pony in Anlehnung an unseren Lieblingsautor, den großen Waldemar Seunig, intern getauft haben, begleitet uns humorvoll durch das Buch.

Wir beschäftigen uns darin mit teilweise abenteuerlichen Auslegungen der Deutschen Reitlehre und verschiedenen Abweichungen von dieser Lehre, die schnell auf Abwege führen: Es begegnen und begegneten uns Dinge im Laufe der letzten Jahrzehnte, die uns oft den Kopf schütteln lassen, uns aber auch oft sehr traurig stimmen, da sie zu Lasten dieser wunderbaren, sanftmütigen, duldsamen Geschöpfe, der Pferde, gehen. Einige Abschnitte scheinen sich auf den ersten Blick zu widersprechen, da sie unterschiedliche Enden eines Themenspektrums beleuchten. Wie so oft sind es die Extreme, die in die Irre führen.

Grundlage für dieses Buch ist die klassische Deutsche Reitlehre, unter anderem basierend auf der Heeresdienstvorschrift H.Dv.12 zur Ausbildung von Reiter und Pferd in der Kavallerie, die wiederum von Gustav Steinbrechts Lehren geprägt wurde (*Das Gymnasium des Pferdes*). Besonders umfassend niedergeschrieben wurden die Grundsätze der Deutschen Reitlehre und ihre Anwendung von Waldemar Seunig im Standardwerk *Von der Koppel bis zur Kapriole*, und nach wie vor sind sie in den Richtlinien der FN, die internationale Anerkennung genießen, enthalten. Weitere wichtige Quellen können im Anhang eingesehen werden.

Aufgrund unserer Erfahrung mit unzähligen Reitpferden unterschiedlicher Rassen halten wir die Deutsche Reitlehre nach wie vor für die pferdefreundlichste und breitentauglichste Ausbildungsmethode. Sie bietet nahezu für jedes Pferd und jeden Reiter passende Lösungen. Uns, und vermutlich auch die Pferde, interessieren hierbei weniger die etwas inflationär gebrauchten Begriffe „Klassik" oder „Reitkunst" als „Wissen und Können"!

Zu diesem Buch haben viele Menschen beigetragen. Ganz besonders herzlich danke ich Kerstin Gerhardt und Diane Bliessen für Ihre Unterstützung.

Ebenfalls möchte ich den Mitgliedern meiner beiden Facebook-Gruppen und meinem Leitungsteam meinen Dank aussprechen sowie den vielen Pferden, Reitern und Reiterinnen, die mich zu den einzelnen Themen inspiriert haben. Natürlich bin ich auch meinen Reitlehrern, Reitlehrerinnen und reiterlichen Förderern zu Dank verpflichtet, an erster Stelle meinem Reitlehrer Werner Eschenlohr, der die Faszination der angewandten Lehre bei mir geweckt hat und dem ich reiterlich so viel an Erfahrung und Wissen zu verdanken habe.

Ein besonderer Dank gilt meiner unermüdlichen Lektorin Ulrike Böhmer, die mich mit milder Strenge und immer freundlicher und geduldiger Unerbittlichkeit dazu angehalten hat, mit Struktur und Systematik sowie einer professionellen, druckreifen Sprache die Facebook-Beiträge in Buchform zu bringen.

Den größten Dank schulde ich den vielen hundert oder noch mehr Pferden, von denen ich im Laufe der Jahrzehnte lernen durfte.

Viel Spaß beim Lesen und beim Betrachten der Illustrationen wünschen Euch
Dagmar Ciolek (Text)
Kerstin Gerhardt (Fachberatung, Inspiration)
und Diane Bliessen (Illustrationen)

DER TELLERRAND UND SEINE TÜCKEN

1. „Nach FN" und „englisch Reiten" ist nicht pferdefreundlich

Was heutzutage als Englischreiten oder FN-Reiten bezeichnet wird, entspricht meist einer schlechten Umsetzung der klassischen Deutschen Reitlehre. Letztere basiert auf den Lehren und Erfahrungen der klassischen Reitmeister. Anfang des 20. Jahrhunderts wurde sie in der *Heeresdienstvorschrift 12* (H.Dv.12) und durch die Ausbilder der Kavallerieschule Hannover an modernere Verhältnisse angepasst. Heutzutage ist sie festgehalten in den *Richtlinien für Reiten und Fahren* der FN und nach wie vor die Grundlage der Reiterei weltweit und die meistverwendete Lehre überhaupt. Sie ist pferdefreundlich, praxisorientiert und führt richtig angewandt zu zufriedenen Pferden, die in Leichtigkeit geritten werden können und langfristig gesund bleiben.

Leider versäumen viele, die angeblich nach dieser Lehre reiten und ausbilden, sie selbst gründlich zu erlernen und die entsprechenden Lehrwerke zu lesen und anzuwenden. Dies führt dann zu unzufriedenen Pferden und Reitschülern, die sich verständlicherweise nach Alternativen umsehen.

Auch wird immer wieder nach Abkürzungen und vermeintlichen Verbesserungen und Vereinfachungen der Reitlehre gesucht.

„Vorne ziehen und hinten stechen" sowie die „Rollkur" und/oder „Low, Deep, Round (LDR)" oder diverse Hilfszügelverschnallungen haben nichts, aber auch gar nichts mit dem Reiten nach der Lehre zu tun, ebenso wenig ein falsch verstandenes Vorwärts, ein Zentrifugieren der Pferde in hoher Geschwindigkeit und eng verschnallt an der Longe oder in eine starre Sitzform gepresste Reiter. Genau diese Phänomene bringen die Lehre leider in Verruf.

Jeder einzelne Punkt wird in diesem Buch besprochen werden.

2. Früher war alles besser!

Das ist gern schon mal eine Argumentationsweise älterer Menschen, nicht nur in der Reiterei. Sie liegt darin begründet, dass wir dazu neigen, negative Erlebnisse aus der Vergangenheit zu vergessen oder zu verdrängen und positive Dinge zu verklären und übermäßig stark zu gewichten. Ein durchaus angenehmer Effekt.

Wie ist das nun in der Reiterei? Gern beruft man sich auf ganz, ganz alte Schriften, womöglich noch aus der Antike (Xenophon!). Es stimmt, es ist erstaunlich, wie viel Menschen schon in grauer Vorzeit über Pferde gewusst haben. In manchen Fällen, so scheint es, hatten sie mehr „Ahnung" als geschätzt 80 Prozent aller Pferdebesitzer heute. Aber wer schrieb denn diese Dinge nieder? Das waren sehr privilegierte Menschen der damaligen Zeit! Wie das Gros der Menschen damals mit Pferden umging oder ritt, das ist nicht überliefert.

Später, etwa im Barock, ging es oft auch um die Show, um die Selbstdarstellung des Reiters. Oder darum, reiche oder mächtige Menschen auf Pferden gut aussehen zu lassen. Auch das gab es damals schon. Da wurde das Streitross mit ewig langen Kandarenhebeln beigezäumt und hinten mit messerscharfen Sporen in Schach gehalten. Und in seiner recht starren Rüstung konnte der Ritter eben auch nur relativ gestreckt und unbeweglich sitzen. Man sah besser aus in „versammelten" Lektionen, denn da musste man schon damals nicht wirklich gut sitzen können.

Liest man zum Beispiel die spannenden und hervorragenden Schriften François Robichon de la Guérinières, des großen Meisters und Vaters der Reitkunst zu Beginn des 18. Jahrhunderts, dann sträuben sich bei aller Bewunderung durchaus auch ab und zu leicht die Nackenhaare. Er bezieht sich immer wieder auf den Herzog von Newcastle, und wer war das? Ein sicher hervorragender Pferdekenner und -ausbilder der damaligen Zeit, aber eben auch der Erfinder des Schlaufzügels.

Pferde wurden vom Militär genutzt, geschätzt und gebraucht (aber auch verbraucht). Das Leben der Soldaten war von der Ausbildung und Gesunderhaltung ihrer Pferde abhängig. Da machte man sich wirklich Gedanken darum, wie man Pferde so reiten und ausbilden könnte, dass sie belastbar, lang gesund, kooperativ und auch in Extremsituationen gehorsam sind und bleiben, und zwar auch ohne dass im Sattel ein „Reitkünstler" sitzt.

Es wurde die Reitlehre entwickelt, die heutzutage noch Gültigkeit besitzt und auf der ganzen Welt (mehr oder weniger genau) Anwendung findet. Eine wichtige Grundlage war Ende des 19. Jahrhunderts eine Schrift Gustav Steinbrechts, *Das Gymnasium des Pferdes*. Dieses Buch ist nach wie vor ein Meilenstein der niedergeschriebenen Reitlehre. Doch auch darin finden sich Methoden, die man so heutzutage nicht mehr übernehmen würde und sollte. Da spritzte bei sachgemäßer Anwendung scharfer Sporen noch das Blut!

Zu Beginn des 20. Jahrhunderts wurde die von Steinbrecht aus weiterentwickelte Reitlehre in der H.Dv.12 niedergelegt, die 1937 in einer komprimierten Fassung erschien. Diese Reitlehre musste vor allem „massenkompatibel" sein, umsetzbar von vielen mehr oder weniger talentierten Soldaten und mit Pferden unterschiedlich ausgeprägter Eignung. Ein Vorteil noch für die heutige Zeit, auch wenn glücklicherweise keine Reiter mehr in den Krieg ziehen.

Diese Lehre wurde im Laufe der Jahrzehnte von vielen erfahrenen Reitern, Reitlehrern und Reitmeistern verfeinert und weiterentwickelt und ist letztlich die Grundlage der *Richtlinien für Reiten und Fahren* der Deutschen Reiterlichen Vereinigung (FN) geworden. Am umfassendsten beschrieben wurde die Lehre Mitte des 20. Jahrhunderts in Waldemar Seunigs international anerkannter „Reiterbibel" *Von der Koppel bis zur Kapriole*.

Was war früher noch „anders"? Wie Pferde gehalten wurden, darüber möchte man heute lieber nicht nachdenken. Bis in die Mitte des 20. Jahrhunderts war Ständerhaltung bei Reitpferden eher die Normalität als die Ausnahme. Es gab Pferde, die sahen ausschließlich ihren Ständer und den ganzen Winter über nur den Stall und die Reithalle. Eine Koppel kannten sie, wenn überhaupt, nur aus der Fohlenzeit.

Pferde waren als Reit- oder Fahr- und Arbeitspferde fast alle mit Hufeisen beschlagen. Heute gibt es Alternativen, Hufschuhe, Kunststoffbeschläge, und viele Pferde können barhuf gehen.

Es gab Sättel, die den Reiter im Gegensatz zu heute nicht am losgelassenen Sitz hinderten. Es wurden aber auch viele Sättel verwendet, die weder den Pferden noch den Reitern passten. Wundgescheuerte Reiterpopos und Pferdewiderriste waren keine Seltenheit. Sättel waren zudem lange Zeit überwiegend für die Männeranatomie gedacht.

Frauen, Jugendliche und Kinder waren eher selten auf Pferden zu sehen. Heute stellen sie gefühlt über 90 Prozent der Reiter.

Pferde wurden immer schon auch als Prestigeobjekt oder Sportgerät betrachtet. Es gab Phasen, da wurde dem Reiter oder Pferdebesitzer das Pferd gesattelt gebracht und nach dem Reiten wieder abgenommen.

Es gab aber prozentual auf alle Reiter gesehen auch mehr Menschen mit Pferdeverstand. Viel altes Wissen über den Umgang mit Pferden, über ihre Pflege und Gesunderhaltung scheint verloren gegangen zu sein. Es gab nicht so viele „Seelenpferde", Pferde wurden nicht so sehr vermenschlicht. Und es gab vor allem nicht so viele „Freizeitpferde" wie heute. Pferde waren Luxus oder Arbeitstier. Dafür gab es auch nicht so oft die Finanzknappheit bei Pferdebesitzern, die heute vielerorts anzutreffen ist und eine ausreichende Versorgung der Pferde in jederlei Hinsicht immer wieder problematisch machen kann.

Heutzutage sind vor allem zwei Dinge bahnbrechend besser, und das sind die Haltung der Pferde und die Möglichkeiten ihrer medizinischen Versorgung. Es setzt sich immer mehr die Erkenntnis durch, dass Pferde unter den freien Himmel mit ausreichend Bewegungsmöglichkeit gehören und Sozialkontakte zu ihresgleichen brauchen! In jeder Phase ihres Lebens. Es war eben früher nicht alles besser.

3. Reitkunst beginnt erst mit Piaffe und Passage

Nein, Reitkunst beginnt dort, wo reines Handwerk aufhört. In dem Moment, in dem es dem Reiter gelingt, die Werkzeuge, die das umfassende Schatzkästchen der Lehre ihm an die Hand gibt, virtuos und gekonnt einzusetzen. In dem Moment, in dem er mit nahezu jedem Pferd zurechtkommt, für jedes die richtigen Hilfestellungen findet, es strahlen lässt und auf seine Seite bringt. Reitkunst bedeutet, zu jedem Pferd den richtigen Zugang zu finden, d. h. es zu fördern und zu fordern und in seiner Entwicklung so zu begleiten, dass es sich sowohl körperlich als auch mental zu seinem Vorteil weiterentwickelt. Das beginnt schon bei der Remonte und nicht erst in der Hohen Schule.

„Reitkunst" ist in der Reiterei einer der am meisten strapazierten Begriffe. Wo „Reitkunst" und/oder „klassisch" draufsteht, ist selten wirklich klassische Reitkunst enthalten. Die Bandbreite des unter diesen Begriffen gezeigten Reitens ist enorm und überraschend bis erschreckend! Reitkunst hat nichts mit dem Reiten in historischen Gewändern, auf barocken Kandaren und barocken Pferden mit barocker Figur zu tun. Das sind gelebte Museen. Das Pferd als „Kunstobjekt" ist nicht das, was im Rahmen der Reitlehre angestrebt werden sollte. Auch andressierte Kunststücke entsprechen nicht klassischer Reitkunst, sie gehören zur Zirzensik, und die war schon immer ein separater Bereich, der weniger der Pferdeausbildung als der Unterhaltung der Menschen diente.

4. Man muss über den Tellerrand schauen und sich aus allen Reitweisen das Beste herauspicken!

Oft liest oder hört man: „Ich lege mich auf keinen Ausbilder/Trainer/auf keine Reitweise fest, ich suche mir überall nur das raus, was für mich und mein Pferd passt und das Beste ist!"

Doch woher will man wissen, was passen könnte oder das Beste ist, wenn man keine fundierten Kenntnisse und Erfahrungen zumindest in Bezug auf eine Reitweise hat? Selten sieht man, dass die Pferde von einer solchen Einstellung profitieren. Sie brauchen vor allem eines: Beständigkeit, nicht „Heut versuch ich dies, morgen mal das, mal schauen, was uns am schnellsten und einfachsten zum Ziel bringt". Denn das ist es meist: die Suche nach Abkürzungen. Wichtig für Pferd und Reiter ist es, erst einmal eine Grundlage in einer Lehre zu schaffen, diese zu vertiefen, anzuwenden und darin Erfahrungen zu sammeln, damit man dann vielleicht später dazu in der Lage ist, wirklich differenziert über den Tellerrand zu schauen.

Ganz anders sieht die Sache aus, wenn ein Meister seines Faches sich von anderen inspirieren lässt. Denn er kann beurteilen, was einem Pferd wirklich helfen könnte und was nicht. Für Ausbilder, Reitlehrer und Trainer ist das Schauen über den Tellerrand absolut notwendig: Das Beraten der fragenden und hinterfragenden Reitschüler zu Alternativen nach bestem Wissen und Gewissen ist wichtig, und dazu muss ein Ausbilder informiert sein!

Das ist aber keine Vorgehensweise für Reitschüler. Und Reitschüler sind fast alle Reiter.

Um in der „Kochsprache" zu bleiben: Fatal ist der Blick über den Tellerrand und das Probieren anderer Speisen, wenn der Reiter seinen Teller vorher nicht annähernd aufgegessen hat, vor allem für die Pferde. Er kann nämlich dann Unterschiede und die Qualität des Geschmacks der Speisen nicht erkennen, und dem Pferd wird übel vor lauter schlecht gekochtem Durcheinander. Anders verhält es sich, wenn man alle Nuancen des eigenen Kochbuches geschmeckt hat und es am besten auch sicher nachkochen kann. Hält man dann nach neuen feinen Gewürzen Ausschau, kann man meist auch beurteilen, ob sie die Speise wirklich verfeinern und nicht verderben!

ERSTMAL GEHT ES NOCH NICHT UM KUNST!

5. Theoretisches Wissen wird total überbewertet, man muss nur mit Gefühl reiten!

Vielen Reitern oder Menschen, die zu Reitern werden möchten, scheint es zu mühsam, sich mit dem theoretischen Teil der Materie auseinanderzusetzen. Für benötigte Reitabzeichen beschäftigt man sich bis zur Prüfung mit der Theorie, um das erworbene Wissen dann schnell wieder ad acta zu legen. Weiterführende Literatur wird manchmal sogar gekauft, aber selten auch wirklich gelesen oder gar studiert. Tatsächlich ist es auch nicht ganz einfach zu erkennen, welche Literatur nun wirklich empfehlenswert ist, um das eigene Wissen auszubauen. Lieber schaut man also Videoclips oder stellt Fragen in den sozialen Netzwerken, falls es in der Pferde- oder Reiterausbildung hakt.

Auch im Reitunterricht kommt gelegentlich der Theorieteil zu kurz, denn er entspricht nicht unbedingt dem Auftrag des Schülers. Stattdessen wird an Lektionen gefeilt oder an Schwächen des Pferdes gearbeitet. Prinzipiell eignen sich jedoch die Pausen, die man dem Pferd während einer Trainingseinheit gönnt und gönnen sollte, hervorragend für kurze Exkurse in die Theorie und dazu, dem Reitschüler einen Anstoß zum Nachlesen zu geben.

Betrachten wir die Lehre einmal als Haus. Zum Reiten, zum Reitenlernen, für die Pferdehaltung und -ausbildung braucht man mehrere Grundpfeiler, damit das Gebäude nicht zusammenbricht:

- Theorie (Wissen)
- Praxis (Erfahrung, Geschicklichkeit, Sitz)
- Gefühl (Empathie)
- Geduld

Erstmal geht es noch nicht um Kunst!

Und im Idealfall steht als stützende Säule in der Mitte auch Talent. Diese Punkte zusammen machen das „Können" aus. Ohne Wissen, Erfahrung, Gefühl und Geduld bricht das Haus zusammen und das Pferd meist auch.

Gefühl kann sich nur entwickeln, wenn der Mensch schon eine theoretische Vorstellung davon hat, was er denn überhaupt fühlen soll oder möchte. Und nichts täuscht Menschen in Bezug auf das Pferd so sehr wie das Gefühl. Fast alle Reiter kennen das bei Sitzproblemen. Man spürt sie nicht immer, aber wenn man in den Spiegel schaut oder gefilmt wird, dann sieht man, wie sehr das Gefühl trügen kann.

Auch in der Einschätzung, wie ein Pferd sich gerade fühlt, täuscht sich der Reiter oft, auch wenn er meint, er habe ein hervorragendes Gespür für sein Pferd. Pferde sind Beutetiere. Sie zeigen deshalb erstaunlich wenig an, wie es ihnen wirklich geht, denn schwache Tiere werden bevorzugt gejagt. Dazu sind Pulsfrequenzmessungen immer wieder interessant. Sie lassen vermuten, dass Pferde mit deutlichen Pulsfrequenzänderungen reagieren, ohne äußerlich eine Regung zu zeigen. Hierzu zwei kleine Beispiele:

1. Ein Friese, der in einer bestimmten Ecke der Reitbahn scheute: Erwartet hatten wir eine deutliche Pulsfrequenzerhöhung als Reaktion auf die beängstigende Ecke, passiert ist mit der Pulsfrequenz gar nichts. Sie blieb um die 80 Schläge pro Minute. Also konnten wir nach anderen Gründen forschen, sie lagen in der Unsicherheit der Reiterin.
2. Ein recht weit ausgebildetes, nach dem Reiten sehr entspannt wirkendes Warmblut: Nach dem Absitzen lag die Pulsfrequenz um 70 Schläge pro Minute. Dann, in nach außen ruhiger Erwartung des erarbeiteten Lobs mit einem Leckerli, kam es zu einem Pulsfrequenzanstieg auf über 200 Schläge pro Minute nur durch das Kramen in der Hosentasche! Einen leichten erwartungsfrohen Anstieg hätten wir ja erwartet, aber auf über 200 Schläge? Angemerkt hat man dem Pferd abgesehen von den gespitzten Ohren nichts.

Ihr könnt es selbst ausprobieren, Geräte zur Pulsfrequenzmessung finden sich im Fachhandel. Systeme mit geringer Reichweite, die der Reiter selbst abliest, sind relativ preiswert. Außerdem gibt es etwas teurere Systeme, mit denen der Reitlehrer oder Longeur die Pulsfrequenz ablesen kann.

Was kann nun alles schiefgehen, wenn man kein Wissen durch Theorieunterricht, über das Lesen, Lehrvideos oder -DVDs oder in Kursen erwirbt? Das ist ähnlich wie auch in anderen Gebieten. Die meisten Fehler entstehen durch Unwissenheit. Ohne Theorieunterricht kein Führerschein, ohne universitäre Ausbildung keine Approbation als Arzt, ohne Berufsschule kein Gesellenbrief. Es ist die Pflicht eines jeden angehenden Reiters und/oder Pferdebesitzers, sich zu informieren und weiterzubilden, zum Beispiel über die Haltung von Pferden, den Umgang mit ihnen und über die Hilfengebung beim Reiten, die mit einer gemeinsamen Sprache vergleichbar ist. Auch eine Sprache muss man erst einmal lernen, bevor man sie anwenden kann. Das Wissen um die biomechanischen Abläufe im Pferd, wenn es den Reiter schadlos tragen können soll, ist ebenfalls wichtig sowie das Wissen um passendes und sinnvolles Zubehör.

Die Theorie der Reitlehre bildet das Fundament, den Rahmen, den man mit der Praxis und Erfahrung füllen kann. Aus Theorie, Praxis und Erfahrung entwickelt sich das Gefühl fürs Pferd und für die Hilfengebung, jeder einzelne dieser Punkte ist wichtig!

Gefühl ist wichtig, das Reiten mit Herz, Seele und Verstand, Wissen und Können wäre wünschenswert! Für die Pferde!

In den „Ethischen Grundsätzen des Pferdefreundes" der FN sind die Verpflichtungen des Reiters seinem Pferd gegenüber umfassend niedergeschrieben:

Die Ethischen Grundsätze des Pferdefreundes
1. Wer auch immer sich mit dem Pferd beschäftigt, übernimmt die Verantwortung für das ihm anvertraute Lebewesen.
2. Die Haltung des Pferdes muss seinen natürlichen Bedürfnissen angepasst sein.
3. Der physischen wie psychischen Gesundheit des Pferdes ist unabhängig von seiner Nutzung oberste Bedeutung einzuräumen.
4. Der Mensch hat jedes Pferd gleich zu achten, unabhängig von dessen Rasse, Alter und Geschlecht sowie Einsatz in Zucht, Freizeit oder Sport.
5. Das Wissen um die Geschichte des Pferdes, um seine Bedürfnisse sowie die Kenntnisse im Umgang mit dem Pferd sind kulturgeschichtliche Güter. Diese gilt es zu wahren und zu vermitteln und nachfolgenden Generationen zu überliefern.
6. Der Umgang mit dem Pferd hat eine persönlichkeitsprägende Bedeutung gerade für junge Menschen. Diese Bedeutung ist stets zu beachten und zu fördern.

7. Der Mensch, der gemeinsam mit dem Pferd Sport betreibt, hat sich und das ihm anvertraute Pferd einer Ausbildung zu unterziehen. Ziel jeder Ausbildung ist die größtmögliche Harmonie zwischen Mensch und Pferd.
8. Die Nutzung des Pferdes im Leistungs- sowie im allgemeinen Reit-, Fahr- und Voltigiersport muss sich an seiner Veranlagung, seinem Leistungsvermögen und seiner Leistungsbereitschaft orientieren. Die Beeinflussung des Leistungsvermögens durch medikamentöse sowie nicht pferdegerechte Einwirkung des Menschen ist abzulehnen und muss geahndet werden.
9. Die Verantwortung des Menschen für das ihm anvertraute Pferd erstreckt sich auch auf das Lebensende des Pferdes. Dieser Verantwortung muss der Mensch stets im Sinne des Pferdes gerecht werden.[1]

6. Reiten lernt man nur durch Reiten!

An diesem Grundsatz ist nur ein Wörtchen falsch, nämlich das „nur". Einfach „nur" aufs Pferd setzen und losreiten, davon lernt man das Reiten leider auch nicht. Sonst wäre Reiten lernen ja einfach. Selbst ein ausbalancierter, losgelassener Sitz entwickelt sich nicht nur durch das Reiten. Oft ist auch eine Schulung am Boden sinnvoll und notwendig, besonders in der heutigen Zeit, in der es wenig Raum für Ausgleichssport gibt und viele Menschen überwiegend an Schreibtischen arbeiten.

Man kann als Reiter, und gerade wenn man noch jung oder nicht so erfahren ist, auch unendlich viel durch Zuschauen lernen. Damit belastet man kein Pferd, schult aber den eigenen Blick, vor allem für die Zufriedenheit des Pferdes und die Harmonie zwischen Reiter und Pferd. Auch wenn nicht auf hohem oder gutem Niveau geritten wird, kann man daraus etwas lernen. Man kann sich überlegen, wie Lösungsmöglichkeiten aussehen könnten, was man vielleicht besser machen könnte. Was man nicht kultivieren sollte, ist „Fehlerguckerei" an der Bande mit dem Winkelmesser und das ungefragte Erteilen von schlauen Ratschlägen, das entspricht nicht dem Reitertakt. Aber man kann sich auf die Suche nach Positivem machen. Und wenn man etwas nicht versteht, was man sieht, dann kann man den Reiter freundlich fragen, was er da genau macht. Auch das kann sehr aufschlussreich sein.

Wenn man wirklich gutes Reiten sehen möchte, dann gibt es von guten Reitern mittlerweile tolle DVDs oder Videos, die man sich auch mehrfach und immer wieder unter verschiedenen Aspekten ansehen kann. Gerade zum Beispiel bei Uta Gräf und Ingrid Klimke kann man wunderbar sehen, wie Pferde „am Sitz" geritten werden. Falk Stankus und Olaf Müller zeigen das Reiten und Ausbilden verschiedener Pferde, und auch die Videoreihe „Reiten gut erklärt" von Britta Schöffmann ist sehr zu empfehlen. Am besten kombiniert man das Lernen über Videos mit Nachlesen und damit, selbst so viele Pferde wie möglich zu reiten.

Auch andere „Reitweisen" kann man sich zum Vergleich ansehen. Dazu ist es immer interessant, zu beobachten, wie weit Takt und Schwung erhalten bleiben und wie die Reiter auch in Verstärkungen sitzen können oder eben nicht.

Reitenlernen ist ein lebenslanger Prozess, der nie „erfolgreich" endet. Der kürzeste Reiterwitz heißt demnach auch: „Ich kann reiten!"

Zum Reiten gehören im Idealfall (nie erreicht) Gefühl, Einfühlungsvermögen in ein anderes Wesen, Talent, Wissen, Körperbeherrschung, Balance, Geduld, Musikalität und Taktgefühl, Selbstdisziplin und Durchhaltevermögen, aber auch Nachsicht, Umsicht, Humor und Behutsamkeit sowie Konsequenz und Gelassenheit des Körpers und des Geistes.

Und nur, wer zumindest theoretisch gelesen oder gehört hat, was er fühlen kann oder sollte, kann das, was er fühlt, überhaupt einordnen.

7. Ein guter Reitlehrer braucht vor allem Charisma und ein Alleinstellungsmerkmal

Seine Fachkompetenz und wie er diese zum Wohle der Pferde an den Reiter bringt, macht den guten Reitlehrer aus. Gern wird aber über Defizite hinweggesehen, wenn Charme, Charisma und Aussehen stimmen und/oder der Reitlehrer ein bestimmtes „Stilmittel" immer wieder verwendet: sei es „der Bügeltritt" oder das frühzeitige Anpiaffieren, die absolute Aufrichtung, der Schritt als Arbeitsgangart Nummer 1, das permanente Kreiseln im Übertreten auf der Volte oder das Tragen eines ganz besonderen Hutes oder eines pelzverbrämten Mantels.

Ein guter Reitlehrer
- holt Pferd und Reiter dort ab, wo sie stehen, egal welche Rasse oder Konfektion oder welches Alter.
- achtet insbesondere immer auf Sitz und Einwirkung des Reiters und beim Pferd auf die Einhaltung der Skala der Ausbildung und dessen Grundzufriedenheit.
- achtet die „Ethischen Grundsätze des Pferdefreundes", die die FN veröffentlicht hat.
- sollte so handeln, wie er redet. Er ist Vorbild und verhält sich auch so.
- lehrt Theorie und Praxis.
- vermittelt nicht nur Können und Wissen, sondern auch Pferdeverstand und Empathie.
- ist Pferde- und Menschenfreund: Er sollte immer pro Pferd handeln, aber auch Verständnis für den Reiter aufbringen.
- ist gleichbleibend freundlich und zuvorkommend zu allen, auch wenn es mal schwerfällt. Er vergreift sich möglichst nicht im Ton – gut, manchmal wird er etwas laut, das kann helfen.
- redet den Reitschülern nicht nach dem Mund und lobt nicht nur, er redet Tacheles und holt Reiter auch mal vom Pferd, wenn es sein muss. Aber er lobt sowohl Pferde als auch Reiter, wenn es angebracht ist. Er fordert, aber überfordert nicht.
- Wenn möglich, setzt er sich auch einmal auf die Pferde der Reitschüler und zeigt selbst, was er meint (und kann).
- Endlose Geduld ist eine Grundvoraussetzung für einen guten Reitlehrer, und er gibt auch zu, wenn er etwas nicht weiß.
- Er schaut auch durchaus über Tellerränder, damit er seine Reitschüler entsprechend beraten kann.
- Ein guter Reitlehrer versucht immer, die Reitstunde zu einem guten Abschluss zu bringen!

Und nun findet man genauso einen Reitlehrer oder Trainer nicht. Denn: „Nobody is perfect." Dann kommt der pelzverbrämte Lodenmantel ins Spiel, doch der sollte niemals ausschlaggebend sein bei der Auswahl des Reitlehrers. Wenn viele der anderen genannten Punkte nicht erfüllt werden, hilft der ganze Charme nichts!

8. Disziplin ist out!

Disziplin: Was hat dieses Wort, diese Eigenschaft mit der Lehre zu tun? Disziplin ist beim Reiten vor allem die Selbstbeherrschung, sich im Umgang mit den Pferden niemals gehen zu lassen. Das klingt jetzt erst einmal hart und herzlos und nicht empathisch, ist es aber überhaupt nicht. Mit den eigenen Gefühlen ein Pferd zu belasten, das überfordert es nämlich schnell, und gegenüber dem Pferd gar unbeherrscht „auszurasten", ist ein absolutes „No Go"!

Disziplin bedeutet auch, immer wieder den „inneren Schweinehund" zu überwinden. Sich an Abläufe zu halten, immer wieder, auch wenn es mal lästig oder anstrengend ist. Denn dies gibt den Pferden etwas, das sie besonders brauchen: Stabilität, Sicherheit und Kontinuität in ihrer Versorgung. Disziplin bedeutet, bereit zu sein, sich auch mal zu quälen, Anstrengungen auf sich zu nehmen. Disziplin bedeutet unter Umständen Verzicht, auf schnellen Erfolg, auf Äußerlichkeiten, auf Urlaub, auf Luxusgegenstände. Disziplin beinhaltet manchmal auch, Entscheidungen zu treffen, die rein zum Wohle des Pferdes sind und das Wohl des Menschen hintanstellen. Disziplin geht eigentlich nur emotionslos und ist daher für viele Menschen ein schwieriges Thema.

9. Ohne Ehrgeiz kommt man beim Reiten nicht voran!

Der eigene Ehrgeiz steht dem reiterlichen Fortkommen und der Ausbildung der Pferde manchmal im Wege, zum Beispiel, wenn man sein erstes Pferd selbst ausbildet. Da möchte man hinterher auch wirklich sagen können: „Das habe ich ganz allein geschafft!" Und dann funktioniert plötzlich etwas nicht so, wie man sich das gedacht hat.

Was nun? Da wird dann erst einmal die ganze Palette der „Experten" bemüht. Im Idealfall der Tierarzt, der Sattler, der Schmied, der Zahnarzt, der Osteopath, der Physiotherapeut, der Futterexperte, die Haltung wird „optimiert", es

Erstmal geht es noch nicht um Kunst!

wird auf „Bodenarbeit" ausgewichen, man belegt einen Doppellongenkurs und, und, und... Das Einfachste aber, das vermeiden manche Reiter, die sehr ehrgeizig sind, lange: mal einen anderen, besseren Reiter auf das Pferd zu lassen, damit der fühlen kann, was los ist. Stellt Euren Ehrgeiz bei der Pferdeausbildung zurück, wenn es mal „hakt", denn das geht sonst auf Kosten des Pferdes! Zur Ursachenfindung seid Euch nicht zu fein, andere Reiter oder Ausbilder oder Euren Reitlehrer/Trainer zu fragen und zu bitten, sich einmal auf Eure Pferde zu setzen. Das ist auch immer ein toller Prüfstein Eurer Arbeit, denn Pferde sollten so ausgebildet werden, dass möglichst jeder sie nachreiten kann. Es nützt auf Dauer keinem Pferd, ein „Ein-Mann- oder Ein-Frau-Pferd" zu sein.

Sicher, so ein Reiterwechsel kann auch entlarvend sein. Aber wäre das so schlimm? Für Euch vielleicht, aber für das Pferd wäre das extrem wichtig!

Ähnliches gilt, wenn man mal für eine Reiteinheit die Pferde tauscht oder sich auf fremde Pferde setzt. Es muss ja nicht der Steiger oder der Buckelkönig des Stalls sein. Aber es ergeben sich, wenn man wirklich will, bestimmt immer mal Möglichkeiten, ein anderes Pferd zu reiten. Auch dazu braucht es Mut, und vor allem muss man sich von der Sorge befreien, man könne sich blamieren. Hier steht oft auch wieder der Ehrgeiz der Tat im Weg!

Profitieren werden von einem Pferdetausch meist alle, und sei es, dass man hinterher froh ist, wieder auf dem eigenen Pferd zu sitzen, so unvollkommen es auch sein mag, man selbst ist es ja ebenfalls! Also, habt Mut und lasst den Ehrgeiz auch mal zu Hause!

Sehr ehrgeizige Reiter verschließen auch schon einmal die Augen vor den Bedürfnissen der Pferde und hören lieber nicht so genau zu, wenn die Pferde zunächst nur flüstern, dass etwas nicht stimmt, sei es gesundheitlich oder ausbildungstechnisch. Es ist lästig, wenn man den eigenen Ehrgeiz plötzlich zum Wohl des Pferdes zurückstellen muss. Denn es kann nicht sein, was nicht sein darf!

Ehrgeiz kann förderlich sein, weil er strebsam, fleißig und leidensfähig macht, er darf aber nicht auf Kosten der Pferde gehen. Disziplin dagegen, darauf kann kaum ein Reiter oder Pferdehalter verzichten.

10. Frustrierte Reiter sind schlechte Reiter!

Die Frustrationstoleranz gehört zum Reiten tatsächlich unabdingbar dazu. Denn Reiten lernt man ein Leben lang, und wer sich permanent darüber grämt, was er noch nicht kann oder was gerade mal wieder nicht „funktioniert", der hat auf Dauer keine Freude an seinem Hobby.

Reiten ist etwas Hochkomplexes, das immer schwieriger wird, je weiter man kommt, aber eben auch immer spannender. Es wird immer wieder auch Rückschritte geben, das ist normal und gehört dazu. Die Entwicklung von Reiter und Pferd verläuft nie linear, sondern immer in Schüben und auch immer wieder im Auf und Ab.

Seht es als Herausforderung an. Es ist etwas Positives, wenn Euch Fehler und „Baustellen" bewusst werden, denn dann habt Ihr die Möglichkeit, an ihnen zu arbeiten, mit Ruhe, Geduld und Achtsamkeit. Sucht immer nach Lösungsmöglichkeiten, versucht, diese kleinschrittig umzusetzen und freut Euch daran, wenn es klappt.

Man sollte immer selbstkritisch sein und stets um Verbesserung bemüht, auch das gehört zum Reiten. Gleichzeitig sollte man mit den eigenen Fehlern genauso verständnisvoll umgehen wie mit den Fehlern des Pferdes. Ungeduld und Verzweiflung sind nicht angebracht, auch wenn sie nachvollziehbar sind.

Der frustrierte Reiter ist ein Tabuthema. Immer wieder liest man von Seelenpferden und Harmonie und tollem Miteinander. Doch die eigene Welt sieht komplett anders aus. Man hat den Draht zum eigenen Pferd verloren, quält sich nur noch in den Stall, wagt kaum, dies nahen Freunden und Verwandten gegenüber zuzugeben und schafft es nicht, aus dieser Teufelsspirale herauszufinden. Teilweise hat man sogar Angst vor dem eigenen Pferd und vor dem Reiten und arbeitet nur noch vom Boden aus. Man traut sich auch nicht, im Umfeld um Hilfe zu bitten, Pferd und Reiter sind frustriert.

Wenn es Euch so gehen sollte: Ihr seid nicht allein. Dies ist ein weit verbreitetes Phänomen!

Manchmal hilft es, einen Schnitt zu machen und mit seinem Pferd eine Zeitlang etwas ganz anderes zu probieren: mit dem Dressurpferd einen Springlehrgang oder einen Working-Equitation-Kurs, mit dem Springpferd an einem Wanderritt teilzunehmen oder sich ans Distanzreiten heranzuwagen. Oder man beginnt noch einmal ganz von vorn, ganz kleinschrittig und freut sich über jeden noch so kleinen neuen alten Fortschritt.

Manchmal ist auch die vermeintlich traurigste Lösung für alle Beteiligten die beste und man trennt sich voneinander und sucht für das Pferd einen neuen Besitzer, der mit Sachverstand und Freude die Aufgabe angeht.

Frustration trifft auch den besten Reiter immer mal wieder, das ist normal, aber zum Glück kann man lernen, damit umzugehen.

11. Starke Reiter sind Kraftreiter!

Ein sehr guter, starker Reiter ist derjenige, der nahezu jedes Pferd reiten und zum Strahlen bringen kann, dessen Pferde, wenn sie von ihm ausgebildet werden, leicht nachreitbar sind und lange gesund bleiben, in Ausdruck und Gestalt schöner werden. Ein Reiter, der in der Lage ist, jedes Pferd – je nach dessen Potential – so weit wie möglich zu fördern, auch Grenzen auszuloten und manchmal sogar Pferde über diese hinwegzuführen und sie dadurch noch stolzer macht.

Ein starker Reiter ist ein hervorragender Reiter, der im Bedarfsfall auch mit sehr deutlichen Hilfen einwirken kann, ohne unfair zu werden. Insbesondere kann er „mit Kreuz" reiten bzw. hat die Pferde „am Kreuz". Bei bestimmten Pferden ist dafür sogar das entsprechende Gewicht erforderlich. Es gab früher den Spruch: „Gewicht reitet!". Damit ist kein Übergewicht gemeint, sondern eben dieser perfekte Kontakt des Reiters zum Pferd mit dem Kreuz, mit einem gewissen bewusst eingesetzten und ausbalancierten Gewicht, worüber er das Pferd lenken und kontrollieren kann. Wenn er das Kreuz anstellt und die Schenkel zumacht, dann gibt es für das Pferd nur noch einen Weg, den nach vorn! Dabei bleiben diese Reiter aber wie gesagt pferdegerecht und setzen diese Mittel nicht ein, wenn das Pferd hierzu nicht bereit ist, nicht und niemals bei rückenschwachen oder sehr jungen Pferden. Sie lassen genau diese starken Hilfen dann auch wieder aus. Sie beherrschen zudem im Bedarfsfall die durchhaltende, nicht zurückwirkende Zügelhilfe, die schwerste aller Zügelhilfen überhaupt!

Dieses intelligente Reiten „mit Kreuz" wird leider wohl nur noch selten gelernt und gelehrt. Dabei ist es der Katalysator der Hilfen und minimiert alle anderen Hilfen. Starke Reiter können damit umgehen, mit diesem so wichtigen reiterlichen Instrument!

Starke Reiter sind demnach sehr gute Reiter mit unter anderem der Möglichkeit einer deutlicheren, aber korrekten Einwirkung, die sich immer pro Pferd auswirken muss und die man für so manches Korrekturpferd braucht, gepaart mit reiterlicher Intelligenz und Gefühl! Nicht immer geht es mit dem Werfen von Wattebäuschen.

Auch und gerade beim starken Reiter strahlen die Pferde, und sie entwickeln sich in jeder Hinsicht positiv! Ein starker Reiter reitet mit so wenig Hilfen wie möglich, aber mit so viel Hilfen wie nötig. Reiten ist immer auch eine Gratwanderung!

12. Die Reiterausbildung sollte ausschließlich auf bis zur Hohen Schule ausgebildeten Pferden erfolgen

Diese Forderung liest man in alten Lehrbüchern, und man hört sie von einigen Ausbildern, die sich als klassisch bezeichnen. Schön wäre das, keine Frage, aber es ist eine komplett unrealistische Forderung, vor allem bei der Vielzahl der Reiter heutzutage.

Ein bekanntes Beispiel für Schüler, die auf hoch ausgebildeten Pferden unterrichtet werden, sind die Bereiteranwärter an der Spanischen Hofreitschule in Wien, aber hier werden Profis von Profis ausgebildet, und dies eher in Form eines lebenden Museums. Um ein Pferd so weit auszubilden, muss es entsprechendes Talent mitbringen, es braucht viele Jahre und einen hoch kompetenten Ausbilder. Das alles kostet außerdem viel Geld. Ein Pferd, das so eine Ausbildung durchlaufen hat, ist sehr wertvoll und mehrere solcher Pferde kann sich keine Reitschule dieser Welt leisten, es sei denn, sie nimmt horrende Preise für ihren Unterricht.

Eine etwas realistischere Variante ist, ein Pferd, das aus dem großen Sport „ausgemustert" wurde, preiswert zu erstehen und dann noch einige Jahre schonend als Lehrpferd einzusetzen.

Nicht jeder Reiter hat überhaupt das Bestreben und die körperlichen und geistigen Voraussetzungen dazu, ein begnadeter Dressurreiter zu werden. Das muss auch wirklich nicht sein. Das Wichtigste, einen nicht störenden, ausbalancierten und sicheren Sitz, kann man auch auf weniger weit ausgebildeten Pferden erwerben.

13. Alte Pferde sind wunderbare Lehrmeister

Ein schwieriges und oft auch sehr emotionales Thema: das ältere Pferd mit körperlichen Einschränkungen im Reiteinsatz. Wann ist es einem Pferd noch zuzumuten, in allen drei Grundgangarten und/oder auch länger geritten zu werden, und wann nicht mehr? Leider sieht man allzu oft Pferde unter dem

Sattel, die einen nicht mehr wirklich gut reitbaren Eindruck machen. Wenn sie unter Schmerzen leiden und dies durch Lahmheiten oder entsprechende sehr steife Bewegungsmuster zeigen, sollte man das ernst nehmen.

Wird ein älteres Pferd zunehmend triebig oder unwillig, hat das immer einen Grund! Auch häufiges Stolpern ist immer ein Alarmsignal. Ein guter Gradmesser für Arthrosebeschwerden, die sich einlaufen, ist ein Zeitraum von zehn Minuten (nach der Aufwärmschrittphase). Ein Pferd, das sich nicht innerhalb von zehn Minuten deutlich besser bewegt, sollte man an diesem Tag nicht (und ggf. auch überhaupt nicht mehr) weiterreiten.

Bewegung brauchen viele, eigentlich fast alle Pferde mit körperlichen Einschränkungen, aber nicht alle können auf Dauer in allen drei Grundgangarten geritten werden. Gymnastizierende Arbeit im Schritt tut vielen Pferden lange gut, auch unter dem Reiter, wenn sie dabei noch eifrig mitarbeiten und nicht oder kaum wahrnehmbar lahmen. Ein Pferd, das schon im Schritt eindeutig lahmt und permanent stolpert, ist nicht reitbar! Das gilt ebenso für ein Pferd, das dauerhaft im Trab lahmt, und es ist somit auch nicht ethisch vertretbar, es als Lehr- oder Schulpferd einzusetzen.

Gern kommt als Argument: „Aber im Galopp lahmt er überhaupt nicht! Und im Gelände ist er putzmunter!" Das ist kein Wunder, denn wegen der unsymmetrischen Fußfolge und des Bewegungsablaufes eignet sich der Galopp überhaupt nicht dazu, eine Lahmheit zu erkennen. Und im Gelände hat das Pferd Ablenkung, das kennt man selbst ja auch: Wenn man krank ist, ist alles halb so schlimm, sobald man abgelenkt ist. Außerdem kann ein Pferd es sich in freier Wildbahn nicht leisten, Schwäche zu zeigen, der Säbelzahntiger würde es sofort ins Visier nehmen – dass es den nicht mehr gibt, das weiß kein Pferd!

Was kann und sollte man nun mit alten und zunehmend auch gebrechlichen Pferden noch unternehmen? Da gibt es viele Möglichkeiten. Wie gesagt lässt sich gymnastizierende Arbeit auch gut im Schritt durchführen. Man kann Übergänge reiten, unterschiedliche Tempi fordern, Wendungen im Gange und auf der Stelle reiten, übertreten und schenkelweichen lassen und bei entsprechender Ausbildung vielleicht sogar Seitengänge üben, aber bitte nur in Maßen, denn die dabei auftretenden Scherkräfte können dem Pferd auch Schmerzen bereiten. Der Schritt eignet sich wunderbar als Gymnastikgangart für viele körperlich eingeschränkte Pferde, da er keine Schwebephase hat und diese somit auch nicht mit dem Reitergewicht zusammen abgefedert werden muss. Man muss nur schauen, ob die Pferde im Schritt ihren Brustkorb noch gut tragen können, ob sie wirklich noch fleißig durch den Körper arbeiten. Geht dies nicht mehr, ist Reiten nicht vertretbar.

Dann kann man aber immer noch spazieren gehen, das Pferd regelmäßig und ausgiebig gut pflegen, Longen- und Doppellongenarbeit machen, sich in die Anfänge der Handarbeit einarbeiten, vielleicht sogar mal am Langzügel arbeiten. Auch Stangengymnastik im Schritt, Geschicklichkeitsübungen und einfache Zirkuskunststückchen machen vielen älteren Pferden Freude. Aber bitte verlangt von einem alten Pferd keine körperlich anspruchsvollen Dinge wie das Kompliment, Sitzen oder Hinlegen auf Befehl, denn dafür muss es ebenfalls noch gelenkig und schmerzfrei sein!

Wie Menschen auch haben alte und gebrechliche Pferde mal gute und mal schlechtere Tage, dies gilt es ebenfalls zu berücksichtigen.

Ältere Pferde haben auch spezielle Bedürfnisse, was ihre Haltung betrifft. Viel Auslauf ist wichtig für sie, aber auch die Möglichkeit, in Ruhe zu fressen und zu schlafen, im Sommer immer einen Schattenplatz zu finden und im Winter nicht auszukühlen. Wärme tut alten Knochen und Gelenken gut, daher kann es auch sinnvoll sein, alte Pferde oder Pferde mit Arthrose im Winter oder in der nasskalten Jahreszeit einzudecken, selbst wenn man das sonst nie gemacht hat. Für Sozialkontakte reicht vielen älteren Pferden oft ein zuverlässiger Freund, Jungspunde, die ständig einfordern zu spielen, sollte man einem gebrechlichen Senior ersparen.

Auch wir werden älter und auch bei uns zwickt es ab und zu. Wir können aber selbst entscheiden, was wir uns noch zumuten möchten oder können. Für die Pferde müssen wir das übernehmen, hier sind wir verantwortlich, und gerade die Ausbilder und Trainer sind gefragt, zum Wohl der Pferde mit dem ein oder anderen Besitzer und Reiter zu reden, auch auf die Gefahr hin, einen Reitschüler zu verlieren. Sieht der Besitzer sein Pferd nämlich nahezu täglich, fallen ihm schleichende Veränderungen nicht unbedingt auf, zumal man sie verständlicherweise gern verdrängen möchte.

Und nein, nicht jedem Pferd tut man einen Gefallen, wenn man es „rettet", manchmal ist es für Pferde wirklich besser, sie zu erlösen. Ein Pferd, das sich dauerhaft nur unter starken Schmerzen bewegen kann, steht permanent unter Stress, denn es kann seinem Instinkt, im Notfall zu fliehen, nicht mehr oder nur schlecht folgen. Hier muss man zeitnah handeln und wenn Schmerzmittel zu keiner Linderung führen, auch bereit sein, die Konsequenzen zu ziehen. Wenn der Zeitpunkt gekommen ist, dass ein älteres, chronisch krankes Pferd sich überhaupt nicht mehr recht bewegen mag, dann sollte man überlegen, ob man es gehen lassen könnte oder sollte.

Beachtet man aber die Möglichkeiten und Bedürfnisse der alten Lehrpferde, dann sind sie oft sehr froh, wenn sie noch tätig sein dürfen und gebraucht werden. Also erst einmal noch viel Spaß und Freude mit Euren Senioren!

14. Es reicht, wenn ich mein eigenes Pferd reite

Da sich viele Reiter relativ früh für einen Pferdekauf entscheiden, reiten sie oft tatsächlich nur noch dieses eine Pferd. Das ist schade, denn zum Reitenlernen gehört so viel praktische Erfahrung wie nur möglich, und zwar durch das Reiten vieler verschiedener Pferde. Reitet so viele, wie es irgend geht, denn jedes Pferd vermittelt dem Reiter neue Erfahrungen. Da ist es unwichtig, ob die Pferde jung oder alt, Kaltblut, Pony oder Araber, Friese, Warmblut, Vollblut oder Spanier sind. Man lernt von jedem Pferd.

Tauscht auch immer mal wieder die Pferde! Viele Reiter haben Sorge, ihr Pferd könne „verritten" werden, aber diese Angst ist meist unbegründet. Der Erfahrungsgewinn ist dagegen für alle Beteiligten enorm. Sogar für die Pferde kann ein Reitertausch eine wichtige Abwechslung und Erfahrung sein, und für Euch ist es eine Kontrolle, ob Eure Pferde auch gut von anderen nachreitbar sind. Traut Euch, fragen kostet nichts!

Und ein weiterer Tipp: Schaut, so oft es Euch möglich ist, auch anderen beim Reiten zu. Achtet dabei auf die Reaktionen der Pferde. Es geht nicht um Fehlerguckerei, sondern um das Sammeln von Erfahrungen bei der Beobachtung von Pferd und Reiter.

15. Abteilungsreiten ist nur was für Anfänger

Das Abteilungsreiten: Eine vergessene Übung, die gerade auch für junge Pferde und fortgeschrittene Reiter so wichtig ist, und zwar nicht nur das „Hintereinanderherjuckeln" (auch das kann für junge Pferde wichtig und hilfreich sein), sondern wirklich korrektes Abteilungsreiten, mit dem präzisen Einhalten der richtigen Abstände, dem Ausgleichen verschiedener Gangwerke durch die Reiter und mit wechselndem Têtenreiter. Hierbei profitieren alle Reiter, und den meisten Pferden macht es bald auch viel Spaß, denn sie sind Herdentiere.

Eher triebige Pferde werden „mitgezogen", eher hektische beruhigen sich und finden Sicherheit.

Leider sind mittlerweile viele „Privatpferdereiter" Einzelgänger geworden, und jeder wurschtelt so vor sich hin, allenfalls reitet man mal miteinander aus oder teilt sich die Bahn. Das ist schade! Tut Euch zusammen, und reitet auch immer wieder einmal Abteilung. Es muss nicht immer eine Quadrille sein, aber auch das macht großen Spaß. Übt einfache Dinge und Hufschlagfiguren in der Abteilung, keine schnelle Abfolge von Lektionen, sondern ruhige und taktmäßige Arbeit. Das kann durchaus etwas Meditatives haben. Die Kunst dabei ist, den Takt, das Vorwärts und die Abstände in verschiedenen „Geschwindigkeiten" zu halten.

Auch junge Pferde können so bald wie möglich mit ihren Reitern über kürzere Zeit in der Abteilung mitlaufen. Das hat sich sehr bewährt, und in den ersten Prüfungen auf einem Turnier seid Ihr dann im Vorteil gegenüber den Reitern, deren Pferde die Abteilung nicht kennen.

Und macht auch mal die Probe aufs Exempel und wechselt beim Abteilungsreiten die Pferde! Auch das ist für alle immer eine tolle und wichtige Erfahrung.

OHNE SITZ GEHT NIX!

16. Der korrekte Sitz ist nicht so wichtig!

Diese Aussage hört und liest man immer wieder, und man sieht das Ergebnis einer solchen Einstellung täglich auf allen Ebenen bis zum Grand Prix. Es wird nur noch an Lektionen gefeilt. Auf den Reitersitz und die Präzision der reiterlichen Einwirkung wird wenig geachtet, Hauptsache, das Pferd spult irgendwie einigermaßen korrekt die Lektionen ab. Tut es das nicht, dann wird gern nach Problemen und Lösungen beim Pferd gesucht. Dabei ist die Ursache oft wirklich augenscheinlich. Ein Reiter, der nicht in der Balance im Pferd sitzen kann, wird nie zu einer Einheit mit ihm verschmelzen. Der Weg hierhin kostet allerdings viel Schweiß und nicht selten auch Tränen.

Denken wir an einen „guten Sitz", denken wir an einen ausbalancierten, losgelassenen, das Pferd nicht störenden, sondern lediglich unterstützenden Sitz. Die Form ergibt sich daraus meist ganz von allein. Eine wichtige Grundvoraussetzung für korrektes Reiten, die leider selbst bei langjährigen Reitern nicht immer gegeben ist, ist der handunabhängige Sitz.

Es ist unsere Pflicht, ein Reiterleben lang an unserem Sitz zu arbeiten. Das sollte in Fleisch und Blut übergehen, und es ist ganz normal, dass jeder seine ganz persönlichen „Sitzbaustellen" hat.

Häufig genannte Sitzprobleme sind:
- Ich kann mein Pferd schlecht aussitzen.
- Ich komme beim Reiten ins Hohlkreuz und falle nach vorn (oder nach hinten).

- Meine Schenkel liegen unruhig.
- Ich ziehe mich fest/Handfehler aller Art (verdreht, zu offen, verkrampft, zu stark oder zu wenig einwirkend).
- Mir fehlt die Körperspannung.
- Mein Kopf wackelt, hängt hinunter oder ist nach vorn geschoben.

Immer kommt es bei der Lösung solcher Probleme auf die Ursache an! Man muss den ganzen Reiter und auch den Sattel betrachten, da einzelne Symptome fast immer nur Hinweise auf weitere Probleme darstellen. In einem Pferd oder Reiter oder beiden nicht passenden Sattel kann man zum Beispiel selten gut und richtig sitzen und einwirken.

Es ist wichtig, auf die eigene allgemeine Fitness zu achten, erhebliches Übergewicht zu reduzieren und sich ggf. von einem Physiotherapeuten beraten zu lassen, welche Übungen am Boden sinnvoll sein könnten, wenn der eigene Körper Probleme macht. Häufig fehlt es gerade Frauen und Mädchen an der Gesamtkörperspannung, und/oder die Hüftbeugemuskulatur ist schwer dehnbar, weil zu viel gesessen wird. Und nicht nur die Pferde sind häufig schief, sondern auch die Menschen, fast niemand ist symmetrisch gerade.

Was kann ich mir als Reiter nun Gutes tun? Im Grunde genommen ist alles, was die Körperkoordination und -wahrnehmung schult, sehr empfehlenswert. Reiten bedeutet pure Körperkoordination und einen stetigen Balanceakt. Vielen Reitern hilft Bodengymnastik.

Auch folgende Ideen und Übungen können hilfreich sein:
- Pilatesübungen und Feldenkrais-Schulungen, Yoga
- Jonglieren
- beidhändiges Üben aller möglichen Tätigkeiten: Fegen, Ausmisten, Pferd putzen, Zähne putzen, Tastatur und Maus bedienen, Staubsaugen, Aufräumen mit dem/der „schwachen" Arm/Hand
- Erlernen eines beidhändig zu spielenden Musikinstrumentes
- Tanzen und Tanzsport jeder Art
- Radfahren, Einrad oder Inliner fahren
- Übungen mit dem Schwingstab zur Verbesserung der Körpergrundspannung

Wirkliches Krafttraining ist meist nicht erforderlich, außer für die Rumpfmuskulatur. Zu viel Muskelmasse bringt eher das Problem mit sich, sich nicht ausreichend entspannen zu können, ein Muskelpaket sitzt schnell mal wie ein Flummi auf dem Pferd.

Wenn Ihr Probleme habt, Eure Pferde auszusitzen, überlegt wie bei allen Sitzproblemen zunächst, woran das liegen könnte, und lasst Euren Sitz von einem Fachmann analysieren. Wenn Ihr dann an Eurem Sitz üben möchtet, beachtet, Eure Pferde damit nicht zu sehr zu strapazieren. Das Aussitzen zu üben, ohne entsprechende Lockerungspausen einzulegen, führt zu dauerhaften Rückenverspannungen bei Pferd *und* Reiter!

Also: Zunächst das Pferd gut lösen, so dass es im Leichttraben den Rücken hergibt und man die Zügel aus der Hand kauen lassen kann. Dann zum Schritt durchparieren und in einem verkürzten Tempo antraben, das ihr gerade noch sitzen könnt. Sobald der Sitz „verloren" geht: Leichttraben, ins Vorwärts auflösen und den Rücken des Pferdes wieder entlasten! Und wieder von vorn beginnen.

Eine Alternative: Man wählt ein sehr ruhiges, langsames Tempo und bindet das Pferd unter Umständen sanft aus, damit man sich nicht auf die Einwirkung konzentrieren muss, sondern seine ganze Aufmerksamkeit auf das Sitzen richten kann. Dann: Gesäßmuskulatur lockerlassen, senkrecht sitzen und mitnehmen lassen von der Bewegung, erst einmal die Bewegung des Pferderückens spüren und zulassen. Wenn es „runter" geht, dann sinken lassen, geht es „rauf", dann anheben lassen. Ganz passiv. Dabei das Atmen nicht vergessen.

Gelingt dies im Aussitzen überhaupt nicht, dann solltet Ihr immer wieder drei bis sieben Tritte aussitzen, nur so viele, wie es geht, und dann wieder leichttraben.

Im Trab sieht man gerade bei Reiterinnen mit sehr runden und kurzen Oberschenkeln häufig eine paradoxe Beinbewegung. Sie lassen, wenn es im Sitz „runter" geht, nicht das Knie sinken, sondern ziehen es hoch, da sie im Oberschenkel klammern. Es sollte sich aber im Gegenteil der Oberschenkel öffnen und das Knie sinken! Auch und gerade im Trab!

Im Galopp ist das Vorgehen genauso: immer wieder sinken lassen, ins Pferd hinein. Nur so kommt man auf Dauer tief und immer tiefer ins Pferd. Mit der paradoxen Beinbewegung hingegen wird man immer wie eine Wäscheklammer oben auf dem Sattel klemmen bleiben und nie wirklich den Kontakt zum Pferd finden.

Die *sitzunabhängige Hand* und der *handunabhängige Sitz* sollten das Ziel eines jeden Reiters sein! Was bedeutet das genau? Als Reiter balanciert man nicht wie ein Seiltänzer mit den Armen, sondern einzig und allein mit der Rumpfmuskulatur, was das Reiten anstrengend macht, da die Muskulatur gefordert ist, aber nicht verspannt werden darf. Der handunabhängige Sitz ist der Sitz, der nicht mehr auf das Ausbalancieren mit Armen und Händen oder auf das Festhalten mit den Händen angewiesen ist, und das in allen drei Grundgangarten sowie in den Übergängen.

Und was ist die sitzunabhängige Hand? Das ist die Hand, die zum Maul des Pferdes gehört, sich den Bewegungen des Kopfes und des Maules anpasst und mit dem Pferd kommuniziert, ohne durch die Bewegungen des Reiterkörpers erheblich beeinflusst oder gar beeinträchtigt zu werden. Besonders deutlich wird das beim Leichttraben. Die Hand sollte sich nicht auf- und abbewegen, sondern im Verhältnis zum Pferdemaul ruhig bleiben. Das geht nur, wenn die sanft geschlossene Hand, Ellenbogen und Schultergelenke unverkrampft und locker beweglich sind und die Hände aufrecht getragen werden, in einer relativen Mittelstellung der Gelenke. Gehalten werden die Zügel vom Daumen auf dem Zeigefinger, der diesem dachförmig aufliegt. So bleibt der Ringfinger frei zum Fühlen, Führen, Filtern, Annehmen und vor allem immer zum Nachgeben.

Ohne eine sitzunabhängige Hand und ohne einen handunabhängigen, ausbalancierten, losgelassenen Sitz ist ein Reiter weder kandarenreif noch reif, ein Pferd auszubilden! Es dauert, bis man dies erlernt und erfühlt hat, man muss und kann es aber üben.

Die Ursache vieler Handprobleme liegt also ganz woanders, meist darin, dass die Reiter noch nicht ausbalanciert und in der Mittelpositur losgelassen mitschwingen können. Horst Stern formuliert es in seinem Buch *So verdient man sich die Sporen* so:

„Die ruhigen Hände sind das Ergebnis eines stillen, geschmeidigen Sitzes."[2]

Die Hand steht, im Verhältnis zum Pferdemaul gesehen, ruhig, wenn sie nicht gerade auf dieses einwirkt. Eine stille Hand ist aber keine tote Hand, so wie ein stiller Mensch noch lange nicht tot ist! Die Hand atmet und fühlt nach wie vor!

Da das Maul sich bewegt, bewegt die Hand sich natürlich auch. Mit der leichten, geschlossenen Hand fühlt der Reiter Unterkiefer und Zunge sowie

Widerstände oder Nachgeben des Genicks und des Halses und das Kauen des Pferdes schon am Ringfinger und führt das Pferd über das Gebiss am Unterkiefer. Die Hand wirkt auch versammelnd auf die Hanken ein. Bevor die Hand etwas mitzuteilen hat, macht der Reiter das Pferd immer zunächst mit dem Sitz und dem Schenkel aufmerksam. Da reicht auch eine ganz diskrete Aktion wie ein leichtes Vibrieren der Wade am Pferd bei ruhig abwartender Hand. Folgt das Pferd der Aufforderung einer Zügelhilfe, schweigt die Hand wieder. So weiß das Pferd, dass es richtig reagiert hat.

Nur die ruhige Hand kann fühlen, ob und was das Pferd zu sagen hat. Sie spricht zu ihm so viel und so deutlich wie nötig, aber, und das trifft auf jede reiterliche Einwirkung zu, so wenig wie möglich. Denn auch und gerade an der Hand kann es zur Abstumpfung kommen. Wenn ich aber nicht permanent mit dem Gebiss „plappere", reagiert das Pferd auch schon auf die kleinste geflüsterte Äußerung. Und je weiter ein Pferd ausgebildet ist, desto stiller kann die Reiterhand werden. Die „Worte", die die Hand spricht, werden immer leiser, bis das Flüstern verstummt und man sich ohne Worte versteht. Wird der Reiter eins mit seinem Pferd, braucht er nur noch zu denken – und nicht mehr zu lenken. Wer hingegen ohne Pause, ohne Punkt und Komma spricht, der lässt sein Gegenüber nicht zu Wort kommen oder der Partner stellt „auf Durchzug". Bietet jedem Pferd in jedem Ausbildungsstand immer wieder die Stille an, sie wird von allen Pferden gern und insbesondere von Korrekturpferden dankbar und erleichtert angenommen – und das gilt für alle Hilfen.

Will ich mein Pferd aufmerksam machen oder zum Kauen anregen, mache ich dies mit Schenkel und Sitz, die Hand kann still bleiben. Den Effekt sehe ich umgehend an den aufmerksam nach hinten klappenden Öhrchen und an einem Herandehnen an die ruhige Hand und dadurch ausgelöstes Kauen.

Auch das Maul des Pferdes muss übrigens nicht permanent heftig kauen, erst recht nicht mit deutlich geöffneten Lippen. Das ist eher Stresskauen. Ein gelegentliches Kauen und Schlucken, das zu einem leichten, feinen Schaum führt, reicht voll und ganz aus.

Die fühlende, folgende führende und filternde Hand des Reiters wurde schon erwähnt. Was bedeutet „filternd"? Wenn der Schwung von der Hinterhand durch das Pferd bis in die Hand hineinläuft, dann filtert die Hand diesen und lässt mehr oder weniger Bewegungsenergie heraus. Dabei wirkt sie nicht zurück, sondern bietet einen filternden Rahmen, der immer etwas „Schwung" durchlässt. Die übrige Energie wird dann in Feder- und Tragkraft umgewandelt.

Sanft filternd blockiert die Hand nicht, das Vorwärts bleibt erhalten, selbst in der ganzen Parade. Wirkt die Hand da blockierend, bleibt die Parade stecken.

Ohne die filternde Hand fallen die Pferde auseinander, da sie meist noch nicht sicher in der Lage sind, in reiner Selbsthaltung zu gehen, ohne hinter dem Zügel zu sein. Das Pferd darf aber nie zu eng werden, dann waren die Filterporen zu klein. Egon von Neindorff hat die filternde Hand gut beschrieben:

„Das Pferd durch Arbeiten mit der Hand vom Zügel wieder abzubringen wäre nun ebenso fehlerhaft wie in diesem Stadium stets weiteres Vorgehen mit der Hand. Was ihr durch Schwung und Schub der Hinterhand zugeschoben wird, muss sie vielmehr wie ein durchlässiger Filter aufnehmen."[3]

Der korrekte Sitz ist also ein komplexes Zusammenspiel vieler Faktoren. In der Ausbildung des Reitpferdes ist er von besonderer Bedeutung, denn über den Sitz wird dem Pferd die Sprache vermittelt, mit der sich Pferd und Reiter verständigen: die Hilfengebung. Beim ausgebildeten Pferd werden die Hilfen fast immer in gleicher Form, Reihenfolge und am gleichen Ort gegeben.

Nur aus einem korrekten, losgelassenen Sitz mit sitzunabhängiger Hand können korrekte Hilfen gegeben werden!

17. Der Reiter muss möglichst locker auf dem Pferd sitzen

Sitzt der Reiter einfach nur locker, wird er hin und her geworfen, er kann sich den Bewegungen des Pferdes nicht anpassen und stört es permanent in seinem Gleichgewicht. Besser ist es, sich auf dem Pferd wie ein Tänzer zu bewegen, in Haltung, gemeinsamer Balance und Harmonie.

Um die Bewegungen des Pferdes wirklich gut ausgleichen zu können und sie nicht zu stören, muss der Mensch mit seiner Rumpfmuskulatur permanent das Gleichgewicht halten. Er kann ja nicht wie ein Seiltänzer einen Stab oder seine Arme verwenden, um sich auszubalancieren, und erst recht nicht die Zügel und das Pferdemaul!

Der Reiter sollte *losgelassen* im Sattel sitzen, das heißt wie beim Pferd auch: ohne Verspannung, aber leistungsbereit und leistungsfähig! Er sitzt so ausbalanciert, dass er ohne nach vorn oder hinten umzufallen, geschmeidig auf den Füßen landen würde, wenn man das Pferd unter ihm wegzauberte. Dies gelingt nur, wenn die Wirbelsäule des Reiters lotrecht im 90°-Winkel auf der des Pferdes ausgerichtet ist.

„Locker" bedeutet nie schlabberig und unstet, sondern unverkrampft. Dennoch mit Haltung zu reiten, das ist die Kunst!

18. Der Zügel muss kurz gefasst sein!

Eines fällt in den letzten Jahren vermehrt auf: Viele junge Reiter und nicht nur, aber vor allem Dressurreiter im Sport reiten mit einem sehr kurzen Zügelmaß. Erschreckenderweise wird das teilweise auch ganz jungen Reitschülern so beigebracht. Bitte überlegt und überprüft einmal, ob das auch für Euch zutreffen könnte.

Die Arme des Reiters werden nicht gerade nach vorn gestreckt, die Oberarme sollten locker am Oberkörper herabhängen und im Ellenbogen ein deutlicher Winkel erkennbar sein. Damit beugt man Verkrampfungen und Versteifungen in Schulter-, Ellenbogen- und Handgelenk vor. Der Reiter kann dem Pferdemaul in der Bewegung aus den Schulter- und Armgelenken heraus sanft folgen. Ein Reiter mit kurzen Armen muss mit längeren Zügeln reiten, da er sonst die Arme nach vorn durchstreckt und nicht mehr in der Bewegung des Pferdemaules mitgehen kann.

Das Zügelmaß sollte immer so lang wie möglich und so kurz wie nötig sein, und nicht umgekehrt.
Der geschickte Reiter passt das Zügelmaß permanent den Anforderungen des Pferdes an und ist immer zum Nachgeben bereit. Wenn ihr nahezu die ganze Reiteinheit mit einem Zügelmaß reitet, muss das falsch sein, denn wie auch wir nicht lange Zeit eine starre Haltung einnehmen können, braucht das Pferd ebenfalls wechselnde Kopf-Hals-Einstellungen, je nach Lektion oder nach Übungsstadium in jeder Reiteinheit. Die Kopf-Hals-Einstellung und damit auch die Zügellänge variieren je nach Versammlungsgrad, sind im Vorwärts-Abwärts, in der Arbeitshaltung, in den Verstärkungen und den Pausen am langen oder mit hingegebenen Zügeln verschieden. Das Zügelmaß bestimmen demnach das Pferd und die Anforderungen, die wir gerade stellen, sowie die Anatomie des Reiters. Und der Reiter sollte bewusst darauf achten, wann das Pferd gestattet, die Zügel kürzer zu nehmen. Dann nämlich, wenn es im Laufe der Arbeitseinheit von sich aus „kürzer" wird. Der gute Reiter spürt auch, wann es an der Zeit ist, die Kopf-Hals-Einstellung des Pferdes wieder zu variieren oder eine Pause einzulegen.

Permanent zu kurz gefasste Zügel führen zu engen, hohen, verspannt (absolut) aufgerichteten Pferdehälsen und in der Konsequenz zu Verspannungen der Rückenmuskulatur der Pferde. Diese Probleme entstehen oft aus einer falschen Betonung der (vermeintlichen) Anlehnung. Ein kurzer Zügel hat mit einer korrekten Anlehnung nichts oder nur selten etwas zu tun! Die Anlehnung muss vom Pferd gesucht und vom Reiter gestattet werden und nicht umgekehrt! Man darf die Pferde nicht auseinanderfallen lassen, aber man soll sie auch nicht zusammenziehen!

19. Ich kann den nicht sitzen: Ich brauche einen anderen Sattel!

Es gibt tatsächlich Menschen, die eine Vielzahl von Sätteln besitzen. Für ein Pferd. Und immer noch können sie es nicht sitzen, denn Sitzschulung kann kein Sattel bieten, kein Sattel allein bringt ein Pferd zur Losgelassenheit. Ohne Losgelassenheit ist aber kein Pferd wirklich gut zu sitzen.

Häufig greifen Reiter mit Sitzproblemen zu Tiefsitzern mit dicken Pauschen, gerade wenn ihre Pferde viel „Go" haben. Die großen, starren Pauschen dieser „Sitzprothesen" sind aber eher ungünstig, vor allem wenn der Reiter noch nicht gelernt hat, in der Balance im Pferd zu sitzen und es insbesondere in der Bewegung nicht zu stören. Sie halten den Oberschenkel des Reiters in einer künstlichen Position fest, gaukeln einen guten Sitz nur vor und vermitteln eine Sicherheit, die sehr trügerisch ist. Der Reiter kann sich und vor allem sein Becken in diesen Sätteln kaum bewegen, und gerade diese Blockierung der Bewegung im Bereich des Beckens, der Oberschenkel und damit der Hüftgelenke verhindert den losgelassenen Reitersitz. Sobald man sich nämlich mit den Oberschenkeln an die Pauschen „anlehnt" oder sogar dazu gezwungen ist, verspannt sich gern das Bein und damit der gesamte Sitz. Die reiterliche Losgelassenheit, nicht nur der Mittelpositur, und zwangsläufig auch die des Pferdes gehen verloren, und dann kommt der Reiter erst recht nicht mehr zum Sitzen. Auch kommt es zu Druckspitzen unter den Pauschen, sobald sie das Bein in einer bestimmten Position halten. Ein Verlagern des Oberschenkels zur Hilfegebung ist ebenfalls oft kaum möglich.

Der Sattel muss Pferd und Reiter passen, die Sitzfläche darf weder viel zu groß und erst recht nicht zu klein für den Reiter sein. Ist Letzteres der Fall, kommt es zu Druckspitzen im hinteren Bereich der Sattellage.

Manche Pferde profitieren allerdings tatsächlich von Sätteln, die dem Reiter mehr Halt bieten, so dass er weniger stört und sich auch sicherer fühlen, leichter loslassen kann. Es gibt eben auch Reiter, die schaffen es nicht, die Mittelpositur wirklich loszulassen, ohne zu locker zu werden. Man muss alles im Einzelfall betrachten, gerade bei eher ganggewaltigen Pferden und wenn nicht nur in sehr langsamem Tempo geritten wird.

Doch kein Sattel dieser Welt entbindet den Reiter von der Pflicht, seinen Sitz zu schulen, und das ein Reiterleben lang!

20. Beim Kreuzanspannen und in den Verstärkungen muss ich mich richtig zurücklehnen!

Beobachtet man das Geschehen im Dressurviereck und das Training mancher Sportreiter, so fällt auf, dass sich gerade junge Reiter vor allem in den Verstärkungen oder beim Kreuzanziehen recht weit zurücklehnen.

Der „Liegeschiebesitz" des modernen Dressurreiters kommt einerseits daher, dass die Reiter ihre Pferde in den Verstärkungen nicht anders aussitzen können, andererseits kann er aber auch aus dem übertriebenen Umsetzen einer Sitzhilfe resultieren, die schon Steinbrecht erwähnte:

„Im Allgemeinen muß für diese Unterstützung der vortreibenden, wie der verhaltenden Hülfen durch Gewichtsvertheilung der Grundsatz gelten, daß ein Zurücklegen des Körpergewichtes gleichsam vorwärts schiebend, ein Vorneigen dagegen hemmend auf den Gang einwirkt."[4]

Man sollte hierbei immer beachten, dass diese Gewichtshilfen nur in minimalen Nuancen im Millimeter- oder Zentimeterbereich gegeben werden dürfen, wenn sie nicht das Gegenteil bewirken sollen. Man darf sie von unten kaum bis nicht wahrnehmen! Zudem dürfen die Gewichtshilfen nur für einen ganz kurzen Moment eingesetzt werden. Danach sollte der Reiter seinen eigenen Schwerpunkt wieder über den des Pferdes bringen, um es nicht zu stören.

Auf die Verstärkung bezogen bedeutet das, dass man durchaus vorher und in der vorbereitenden halben Parade das Kreuz anspannen kann. Tritt das Pferd dann aber an, darf der Reiter nicht hinter der Bewegung zurückbleiben, sondern sollte sich mitnehmen lassen und in der Bewegung nach vorn mitgehen. Sonst wird die Rahmenerweiterung, die in den Verstärkungen erwünscht ist, unmöglich, die Handeinwirkung wird zu stark, und es kommt zu einer vermehrten Rückenbelastung des Pferdes (und des Reiters!). Dann passieren Taktfehler oder das Pferd beginnt zu eilen.

Das Stören des Pferdes zu vermeiden, ist der allerwichtigste Grundsatz beim Reiten! Alles was stört, hilft nicht mehr. Man kann das Pferd nur mit einem minimalen Impuls unterstützen! Alles, was darüber hinausgeht, ist zu viel und führt zu schief hängenden Reitern mit eingeknickten Taillen, zu Spalt- und Stuhlsitz, Hohlkreuz und eben dem „Liegeschiebesitz".

21. Der Reiter sollte schon früh lernen, Gewichtshilfen einzusetzen

Gewichtshilfen sind ein sehr komplexes Thema. Sie setzen einen ausbalancierten, handunabhängigen, losgelassenen Grundsitz voraus, der das Pferd nicht stört. Und genau das ist der Grund, einem Anfänger nicht zu früh die Gewichtshilfen nahezubringen.

Die Gewichtshilfe ist ein entscheidendes Instrument im Konzert der Hilfen. Das Wichtigste bei ihrem Einsatz ist, das Pferd so wenig wie möglich zu stören.

Die Gewichtshilfen wirken:
- vorwärts
- rückwärts
- seitwärts
- nach unten gerichtet
- in einer Kombination aus mehreren dieser Richtungen

Nun gibt es zwei wichtige Fachbegriffe bei den Gewichtshilfen, einmal „das Pferd am Sitz haben" und dann „mit Kreuz reiten". Diese Begriffe beschreiben etwas, was nicht einfach zu erlernen ist und was tatsächlich möglicherweise auch nicht jeder Mensch erlernen kann.

Hat man sein Pferd „am Sitz", dann kann man es über die Sitzhilfen, auch Gewichtshilfen genannt, regulieren, vor allem in Takt und Tempo. Hierzu muss man gelegentlich auch „mit Kreuz" reiten, denn dies bedeutet eine vermehrte Einwirkung über den Sitz und die Gewichtshilfe auf das Pferd mit einer erhöhten „Belastung" des Rückens – nicht im Sinne einer Gewichtsbelastung, denn die ist eigentlich immer gleich, sondern in der Art der Belastung. Man kann sein Gewicht entlastend auf Gesäß, Oberschenkel und Steigbügel verteilen (junges oder rückenschwaches Pferd) oder es beim rückenstarken Pferd isoliert über die Sitzbeinhöcker in den Sattel bringen.

Was sind nun die Grundvoraussetzungen, um das Pferd „am Sitz zu haben"? Beim Reiter: Er muss sitzen können! Es muss ihm gelingen, mit seinem Gesäß und insbesondere mit seinen Sitzbeinhöckern einen stetigen, taktmäßigen Kontakt zum Pferderücken zu halten, quasi Wirbelsäule auf Wirbelsäule. Es geht um den losgelassenen Reitersitz in Balance mit taktmäßigem Kontakt zum Pferd, man könnte hier sogar von „Anlehnung" sprechen. Grundvoraussetzung beim Pferd: Es muss zumindest beginnen, sich loszulassen. Ein komplett verspanntes und aufgeregtes Pferd mit angespanntem, weggedrücktem Rücken wird man schwerlich über den Sitz reiten können. In diesen Fällen kann man lediglich das Pferd über ein möglichst störungsfreies Sitzen beruhigen, allenfalls den Takt bewusst minimal über den Sitz verzögern.

Auch dies kann aber nur ein Reiter, der in der Lage ist, sich zunächst einmal perfekt dem Pferd im Takt anzupassen. Erst dann kann man daran denken, über den Sitz den Takt zu beeinflussen.

Die Grundvoraussetzungen beim Reiter für das „Reiten mit Kreuz", das „Kreuzanziehen" sind gleich. Das Pferd muss losgelassen sein und über einen ausreichend „kräftigen", sprich gut stabilisierten Rücken verfügen. Ist dies nicht der Fall, dann reagiert das Pferd mit einem Ausweichen im Rücken nach unten und nicht mit einem Schließen von hinten nach vorn. Ebenso ist das der Fall, wenn der Reiter nicht mit den Schenkeln die Hinterhand herbeihält, sondern diese nach hinten hinaus verloren geht. Bei sehr rückenstarken Pferden, die ihren Rücken manchmal sogar etwas gegen den Reiter wölben und einsetzen, ist eine gewisse beugende Wirkung durch das Reiten mit Kreuz hingegen sogar erwünscht.

Mit der Kreuzeinwirkung muss man demnach sehr gewissenhaft und vorsichtig umgehen und darf dabei auch das Reiten von hinten nach vorn nicht vergessen. Das Pferd „am Sitz" zu haben ist schon früher möglich als das Reiten „mit Kreuz", es ist quasi eine sanfte Variante davon.

Das Reiten mit Kreuz ist die wichtigste, aber auch die am schwierigsten zu erlernende Gewichtshilfe und der Schlüssel zu allen Lektionen. Das Kreuz verbindet Schenkel und Hand des Reiters, Hinterhand und Rücken des Pferdes mit Genick und Maul. Das Pferd mit angezogenem Kreuz am Sitz zu haben, ist nur dem fortgeschrittenen Reiter möglich.

Zur Ausführung erhöht der Reiter seine Gesamtkörperspannung, kippt sein Becken minimal nach hinten, ohne in Rücklage zu geraten und wirkt mit seinen Sitzbeinhöckern nach vorwärts-senkrecht-abwärts auf den Pferderücken taktgebend ein. Entscheidend ist hierbei der nahezu perfekte Kontakt des Reiters mit seinen Sitzbeinhöckern und seiner Wirbelsäule zur Wirbelsäule des Pferdes, die dabei senkrecht aufeinander stehen. Das Pferd reagiert hierdurch auf alle weiteren Hilfen wie mit einem Verstärker, das Kreuz ist der Katalysator und verbindet alle übrigen Hilfen. Durch den Einsatz des Kreuzes können alle anderen Hilfen minimiert werden, später sogar nahezu entfallen.

Mit „Kreuz anziehen" oder „anspannen" ist nicht allein die Rückenmuskulatur gemeint, sondern die gesamte Rumpfmuskulatur und dabei vor allem auch die Bauchmuskulatur bei losgelassener Gesäßmuskulatur. Die Körperspannung wird erhöht, der Reiter streckt sich leicht nach oben und nach unten, und der Beckengürtel wird minimal nach hinten gekippt, von unten quasi nicht sichtbar.

Bei fortgeschrittenen Reitern könnte man von einem „sich ansaugenden Sitz" sprechen. Er hat nichts mit „Klemmen" zu tun, sondern entspricht einem flächigen Ansaugen der Schenkel in der Aufwärtsbewegung des Pferdes. Gefühlt „hebt" man das Pferd dadurch mit an und es entwickelt mehr Ausdruck und Kadenz. Das geschieht rhythmisch: In der Abwärtsbewegung öffnen sich die Schenkel wieder zum Abwärtsfedern, in der Aufwärtsbewegung saugen sie sich an, ohne hochgezogen zu werden oder zu klemmen. Das muss man gefühlt haben und dann ist auch ein Muskelkater in den Adduktoren nach einer längeren Reitpause kein schlechtes Zeichen. Klemmen ist dagegen eher ein Dauerzustand.

Möchte ich, dass das Pferd mehr Kadenz, Versammlung und Federung zeigt, dann kann ich dies über den Sitz unterstützen und auch deutlich machen, aber ohne zu stören: ansaugen – mithochnehmen (lassen) – öffnen – sinken lassen – federn – ansaugen - mithochnehmen (lassen) – öffnen – sinken lassen – federn. Das alles ist nicht bzw. kaum von unten sichtbar! Die Weiterentwicklung des Sitzes ist es dann, über das Kreuz das Becken, die Sitzbeinhöcker mitanzusaugen, das ist das Reiten „mit Kreuz", aber bitte ohne Rücklage! Es entspricht nur einem leichten Abkippen bzw. Anstellen des Beckens, aber dazu ist erst einmal das losgelassene Federn und Ansaugen der Schenkel zu sichern, dies gelingt nur, wenn sowohl Hüft- als auch Knie- und Sprunggelenke beweglich und nicht blockiert sind.

Die Sitzhilfen im Sinne der Gewichtshilfen ergeben sich aus den jeweils minimalen Variationen der Belastung, dem Vor- oder Zurückschieben oder Kippen des Beckens und der Sitzbeinhöcker, aus einem einseitigen Vorschieben, dem beidseitigen Vorschieben oder „Rollen" auf den Sitzbeinhöckern nach vorn oder hinten usw., je nach Bedarf. Hierbei wird die Verteilung des Gewichtes auf mehrere Zonen und anatomische Strukturen verteilt. In erster Linie auf die Sitzbeinhöcker, aber auch in gewissem Grad auf die Schambeinäste, auf die Auflagefläche des Gesäßes und der Oberschenkel und unter Umständen auf die Steigbügel.

Wie kann nun eine seitwärtswirkende Gewichtshilfe aussehen? Es kann ein leichtes Vorschieben des inneren Gesäßknochens sein, der dadurch ein wenig mehr als der äußere zu spüren ist und somit etwas mehr belastet wird. Dabei darf der Reiter aber in der Taille nicht einknicken. Dies sollte der anwesende Reitlehrer umgehend korrigieren, auch Blicke in den Spiegel können hilfreich sein. Oder das innere Bein wird „länger gemacht", etwas mehr gestreckt, das Knie kommt etwas tiefer und dadurch ein wenig mehr Gewicht auf den federnd gehaltenen Steigbügel. Diese Hilfe setzt man gern bei den Traversalen und in den Pirouetten ein, immer gefolgt vom reinen Mitgehen in der Bewegung!

Später, wenn die Körperbeherrschung sehr gut ist, kann man auch lediglich das Becken leicht vor oder zurück kippen, ohne dabei ins Hohlkreuz oder in den Rundrücken zu kommen. Durch ein minimales Vorneigen des stabil gehaltenen Rumpfes (oder des Beckens) auf den Sitzbeinen wird zum Beispiel beim jungen Pferd das Rückwärtsrichten eingeleitet. Es entlastet den Rücken und die Hinterbeine und erleichtert das in den Hinterbeinen gebeugte Zurücktreten.

Beim rückenstarken Pferd kann man senkrecht sitzen bleiben und sogar bewusst biegend und beugend mit dem Gewicht einwirken und dieses minimal nach hinten verlagern. Es gibt nämlich Pferde, die ihren Rücken nach oben gerichtet gegen den Reiter und seine Einwirkungen einsetzen. Ebenso verhält es sich bei der leicht schiebenden Gewichtshilfe, vor allem beim rückenstarken Pferd. Sie ist der unsichtbare „Anschub" (ohne sichtbare Rücklage), dem auch wieder sofort das Mitgehen folgen muss. Dies ist nicht unbedingt beim jungen Pferd anwendbar, alles zu seiner Zeit und am richtigen Ort.

Und, wie Ihr lest, ist das alles nichts für den jungen Reiter zu Beginn seines Lernens. Da steht erst einmal „nicht stören" im Vordergrund!

22. In den Wendungen und in den Seitengängen ist der Drehsitz immer deutlich zu beachten

Im Drehsitz verwindet sich der Reiter. Er dreht sein Becken in eine andere Richtung als seine Schultern. Dies geschieht beim Reiten einer Wendung oder in den Seitengängen, in denen die Pferde gebogen sind, und ergibt sich aus der korrekten Forderung, die Reiterschultern immer parallel zu den Pferdeschultern und das Reiterbecken immer parallel zum Becken des Pferdes zu führen.

Die Anweisungen zum Drehsitz führen beim Reitschüler allerdings häufig zu einer Übertreibung der Körperrotation. Tatsächlich stellt der Drehsitz allenfalls einen Bruchteil der Hilfengebung dar, und sein Einsatz sollte für den Betrachter nicht bis kaum sichtbar sein! Wie so oft ist weniger deutlich mehr. Ein von unten erkennbares gegenläufiges Verdrehen des Reiterkörpers ist mit Sicherheit zu viel und bringt das Pferd aus dem Gleichgewicht. Entscheidend ist auch hier wieder, das Pferd möglichst wenig zu stören, sondern seinen Bewegungen zu folgen. Auch kann der Drehsitz nur mit einer sitzunabhängigen Hand richtig angewendet werden, da er sonst zu einem Ziehen am inneren Zügel führen kann. Eine gute Vorstellung vom korrekten Drehsitz kann man dem Reitschüler vermitteln, wenn man diesen auf einem Bürodrehstuhl üben lässt, hierbei bemerkt er, was passiert, wenn er die Schultern entgegengesetzt zum Becken dreht und kann dies üben, aber bitte nur in minimaler, kaum sichtbarer Rotation.

23. Das Reiten im leichten Sitz ist nur etwas für Spring- und Geländereiter

Diesen Eindruck kann man gewinnen, wenn man Dressurreiter oder angehende Dressurreiter beim Reiten beobachtet, selten sieht man sie im leichten Sitz. Dabei ist das Reiten im leichten Sitz sowohl im Trab als auch im Galopp ein wichtiges Mittel in der Ausbildung eines jeden Reitpferdes und auch jedes Reiters. Das Gewicht des Reiters wird deutlicher über die gesamte Sattelauflagefläche über die Oberschenkel, Knie und die Steigbügel verteilt, da die Sitzbeinhöcker keinen spürbaren Kontakt mehr zum Pferderücken haben. Die Pferde werden weniger durch den Reitersitz gestört und lassen sich so häufig leichter los. Ihre Rückentätigkeit wird gefördert, und fast alle Pferde nehmen den leichten Sitz sehr gern an.

Zusätzlich fordert und fördert der leichte Sitz den Reiter, er schult seine Balance, seine Sattelfestigkeit und seine Körperspannung. Er lernt, gut mit den Beinen nach unten zu federn und außerdem, seine Unterschenkel unter Kontrolle zu halten.

24. Zum Dressurreiten sind möglichst lang verschnallte Steigbügel notwendig

Jeder möchte ein elegantes, langes Bein haben und das Pferd weit umfassen. Deshalb meinen viele, man solle mit möglichst lang verschnallten Steigbügelriemen reiten, erst dann sehe man aus wie ein „Dressurreiter". Dabei ist es für den guten Dressursitz viel wichtiger, dass die Winkelung der Gelenke erhalten bleibt, damit sie federn können.

Zu lang verschnallte Steigbügelriemen können zu folgenden Problemen führen:
- Stehen im Steigbügel auf dem Fußballen oder den Zehen
- mangelndes Federn in Sprung-, Knie- und Hüftgelenken
- Verlieren der Steigbügel
- Spaltsitz und Sitzen im Hohlkreuz

Ein weiteres Problem kann darin bestehen, dass das Knie zu weit unten am Pferderumpf liegt. Es muss an oder oberhalb der breitesten Stelle liegen, sonst kommen die Unterschenkel nur sehr mühsam ans Pferd und werden unruhig, eine Konstellation, die man bei kleinen Pferden mit wenig Gurttiefe und großen Reitern mit langen Oberschenkeln beobachten kann.

Wenn Ihr eines dieser Probleme habt, dann schnallt Eure Steigbügelriemen ein bis drei Loch kürzer. Dann wird möglicherweise vieles leichter, und Ihr kommt einem guten Dressursitz ein wesentliches Stück näher!

25. Das Reiten ohne Steigbügel verschlechtert den Sitz und verleitet zum Klemmen

Die Angst vor dem Reiten ohne Steigbügel, sie ist mittlerweile tief verankert, sowohl bei den Reitschülern als auch bei einigen Trainern. Es wird immer wieder behauptet, man würde vermehrt mit den Beinen und den Oberschenkeln und/oder den Knien klemmen, wenn man ohne Steigbügel reite oder sogar leichttrabe.

Nicht umsonst aber wird und wurde in der Spanischen Hofreitschule und auch in fast allen anderen seriösen Reitschulen die Sitzschulung baldmöglichst und bis hin zur Hohen Schule ohne Steigbügel durchgeführt. Kaum ein Reitschüler klemmt ohne Steigbügel mehr als mit Steigbügeln, eher umgekehrt: Nahezu alle klemmenden Reiter reiten *mit* Steigbügeln, da sie nicht sattelfest sind und den losgelassenen, ausbalancierten Reitersitz *ohne* Bügel nicht erlernt haben. Erst kommt der losgelassene Reitersitz ohne Steigbügel, *dann* wird die Verwendung des Steigbügels zum Beispiel für Gewichtshilfen und als Widerlager für den Sporneinsatz gelehrt. Der Bügel ist weder als Widerlager für die Zügelhilfen gedacht noch dazu, dass der Reiter sich dauerhaft mit seiner Hilfe ausbalanciert. Notsituationen, Springen und Geländeritte sind natürlich ausgenommen. Der ganz grüne Anfänger fühlt sich mit Steigbügeln oft erst mal sicherer, dagegen ist auch nichts einzuwenden. So bald wie möglich sollte er aber auch lernen, sich ohne die Steigbügel auf dem Pferd auszubalancieren und losgelassen locker nach unten zu federn und dabei auch immer mal die Knie und die Oberschenkel zu öffnen.

Wer jetzt skeptisch ist, der reite mal konsequent mindestens eine Reitstunde ohne Bügel und fühle und erfahre, wie man sitzt, wenn man die Steigbügel wieder aufgenommen hat. Im Idealfall macht man das mit mindestens drei Pferden nacheinander, dann klemmt kein Reiterbein mehr. Und die ganz hartnäckigen Fälle, die lässt man am besten ohne Steigbügel leichttraben. Das geht nämlich mit klemmenden Beinen auf Dauer nicht, weil man sich ganz auf die Bewegung des Pferdes einlassen, sich loslassen und mitnehmen lassen muss, man muss sich bewusst „werfen lassen", nicht aktiv aufstehen!

Diese Notwendigkeit des Reitens ohne Steigbügel für den tiefen Sitz zieht sich bis in die hohen Klassen. Wir mussten auch als weit fortgeschrittene Schüler in jeder Reitstunde die Bügel eine Zeitlang überschlagen, und auch Ingrid Klimke machte das zum Beispiel 2018 in Aachen beim Abreiten auf dem Hengst Franziskus. Es ist einfach wichtig!

Immer wieder wird behauptet, durch die Anweisung, beim Reiten ohne Bügel die Fußspitze anzuheben, werde das Bein fest, und ohne Steigbügel könne es nicht federn. Auch das stimmt so nicht, denn die Fußspitze wird nur so weit angehoben, bis der Fuß waagerecht steht, das Federn in Hüft- und Kniegelenk wird hierdurch nicht beeinträchtigt. Die leicht angehobene und nach vorn gedrehte Fußspitze macht den Unterschied aus zwischen einem zwanglosen („Juckel"-)Sitz mit schlenkernden, unruhigen Schenkeln und einem losgelassenen Dressursitz mit ruhigem, fühlendem und mitatmendem Schenkel. Wenn dabei das Hüftgelenk blockiert, muss dies korrigiert werden. Die Fußspitze wird angehoben, damit der Wadenmuskel gedehnt und bei leichter Anspannung in eine ideale Form kommt. Der Bauch des Muskels bekommt dann etwa die Konsistenz eines ausgeleierten Tennisballes, mit dem sich vortrefflich impulsartig einwirken lässt. Durch das leichte Drehen der Fußspitze nach vorn (nicht nach innen!) kommt der Oberschenkel in die ideale, flach anliegende Position, die den optimalen Kontakt zum Pferd zulässt. Das alles hat einen Sinn, aber natürlich oft erst für denjenigen, der dies auch mal gespürt hat.

HILFE(N) FÜR DAS PFERD?

26. Alle Hilfen müssen immer exakt an derselben Stelle und in derselben Art und Weise gegeben werden

Die Hilfen, das ist die Sprache, mit der Reiter und Pferd kommunizieren. Der Reiter erklärt dem Pferd mit den Hilfen, was es machen soll. Man spricht von Stimm-, Sitz-, Kreuz-, Schenkel-, Gewichts- und Zügelhilfen und von den ergänzenden Hilfsmitteln, den Sporen und der Gerte. Am Boden kommen noch die Körpersprache und die Peitschenhilfe hinzu.

Pferden müssen zunächst einmal lernen, was die Hilfen des Reiters bedeuten. Dazu muss man sie zu Beginn oder beim Korrekturpferd deutlicher einsetzen als später, wenn das Pferd schon weiß, wie es auf die Hilfen reagieren soll. Man arbeitet „vom Groben zum Feinen". Bis ein Pferd durchlässig auf alle Hilfen reagiert, ist ein weiter Weg zu bestreiten. Ein verwahrender oder (vorwärts-)seitwärtstreibender Schenkel liegt dann unter Umständen noch weiter hinten (wirklich eine gute Handbreit) als beim sehr fein zu reitenden Pferd (nur noch ein bis zwei Finger breit). Wichtig ist, das Konzert der Hilfen möglichst immer so zu spielen, dass für das Pferd eine Melodie eindeutig erkennbar ist.

Die Intensität der Hilfengebung und damit auch die Lokalisation ist also von der Reaktionsfreudigkeit und vom Verständnis des Pferdes abhängig, man spricht später davon, dass das Pferd durchlässig reagiert, gut an den Hilfen steht, wenn es rasch und richtig reagiert. Man spricht auch von „Rittigkeit", wenn Pferde die Hilfen schnell verstehen und umsetzen. Das ist dann aber eine angeborene Eigenschaft derjenigen Pferde, die von Haus aus sehr kooperativ, menschenbezogen und arbeitsfreudig sind.

Besonders wichtig: Je weiter ein Pferd ausgebildet ist, desto feiner sollten die Hilfen werden können, so weit, bis sie von unten nahezu unsichtbar erscheinen. Das werden sie nur, wenn der Reiter sie auch bewusst minimiert. Dann reagieren die Pferde auf Dauer auf immer feinere Hilfen.

27. Man muss immer mit ganz feinen Hilfen reiten

Es ist das Ziel fast jeden Reiters, mit so wenig Hilfen wie möglich reiten zu können. Hierbei darf man aber nicht vergessen, dass ein Pferd Klarheit benötigt, Sicherheit und Entschlossenheit des Reiters, damit es sich ganz auf ihn einlassen kann. Diese konsequente Entschlossenheit spüren die so sensiblen Tiere sofort. Sie können scheinbar Gedanken lesen, fühlen auch ein minimales Erhöhen der Körperspannung des Reiters direkt. Ein entschlossener Reiter mit eindeutiger, klarer Hilfengebung hilft dem Pferd. Er hilft ihm dabei, sich am Reiter zu orientieren, sich „anzulehnen". Zu zaghaft zu sitzen und einzuwirken, um ja nicht zu stören und möglichst wenig Hilfen zu geben, das verwirrt das Pferd oft eher. Ein durchhängender Zügel in einer offenen Hand zum Beispiel schlabbert eher inkonstant herum und stört das Pferd im Maul. Ein Sitz ohne eine ausreichende Körpergrundspannung kann nicht in der Balance bleiben und führt zu unruhigen Schenkeln und Händen, die nicht mehr präzise Hilfen geben können. Ein weggestrecktes Bein atmet nicht mit, sondern wirkt plötzlich wie aus heiterem Himmel ein.

Was ist also zu tun? Zunächst einmal muss der Sitz gefestigt und geschlossen werden, damit nichts mehr unkontrolliert herumwackelt und der Reiter ein Gefühl für seinen Körper und die Möglichkeiten seiner Verwendung auf dem Pferd entwickelt. Wird dies versäumt, dann wird die Ausbildung des Reiters richtig schwierig und langwierig.

Aber auch Reiter, die schon einen guten Sitz haben, „sterben gelegentlich in Schönheit" auf dem Pferd. Auch aus dem Gedanken heraus, möglichst wenig zu stören und mit möglichst geringer Hilfengebung zu reiten, vergisst der Reiter das aktive Reiten von hinten nach vorn. Dann läuft das Pferd zwar so dahin, zu Beginn auch noch „optisch nett", aber mit immer weniger Rückentätigkeit und immer weniger Motivation, weil der Reiter eben selbst wenig Motivation signalisiert und mit Kreuz und Wade nicht genügend Frische fordert.

Seid deutlich in Eurer Hilfengebung, vor allem seid eindeutig und sicher in Euren Vorstellungen, was ihr gerade reiten möchtet. Konzentriert Euch! Also nicht: „Ach, ich glaube, ich galoppier vielleicht mal an oder so....", sondern: „Jetzt galoppiere ich zur geschlossenen Seite in einem frischen Galopp an!"

Das bedeutet nicht „hinten Stechen und vorne Ziehen", sondern ruhige, aber deutliche Konsequenz, die man von unten nur daran erkennt, dass Pferd und Reiter eine Einheit bilden und sind. Am wichtigsten ist hierbei die Körperrumpfspannung des Reiters ohne Verspannung und ohne steif zu werden sowie auf Dauer das Reiten „mit Kreuz", das Reiten am Sitz.

Die Entschlossenheit der Hilfengebung ist auch für das Springreiten, das Ausreiten, den allgemeinen Umgang mit dem Pferd und zum Beispiel auch das Verladetraining ganz wichtig. Ein Mensch, der weiß, was er ausführen möchte, der ist für Pferde am leichtesten zu verstehen.

Auch in Prüfungen ist diese konzentrierte Entschlossenheit des Reiters eine Voraussetzung für den Erfolg. Wenn ich bewusst jede Ecke und jede Lektion reite, dann bin ich fokussierter, mein Pferd konzentriert sich mehr auf mich, und ich muss daher auch weniger Mühe darauf verwenden, mein Pferd bei mir zu behalten. Fordere ich Präzision von mir selbst, nehme ich das Pferd automatisch mit!

Dennoch darf und sollte ich die entschlossene Hilfengebung immer mehr minimieren, die Konsequenz und sichere Eindeutigkeit sollten hierbei allerdings erhalten bleiben.

28. Der vorwärts-seitwärts treibende Schenkel wird nicht zurückgenommen

Dieser Mythos geistert tatsächlich durch die Reitbahnen. Woher er kommt, ist nicht sicher. Man findet Hinweise darauf in der Kurzfassung der H.Dv.12 von 1937 und im Buch von Ingrid und Reiner Klimke (*Grundausbildung des jungen Reitpferdes*) und in den aktuellen *Richtlinien für Reiten und Fahren* Band 1 („allenfalls minimal zurückgenommen", „knapp hinter dem Gurt"). In den Richtlinien für Reiten und Fahren aus den 60er und 70er Jahren bis 1993 und in der wesentlich umfassenderen H.Dv.12 von 1912 sowie auch „im Seunig" (*Von der Koppel bis zur Kapriole*), bei Richard Wätjen (*Dressurreiten*) und in Wilhelm Müselers Reitlehre wird dies ganz anders erklärt, und zwar logisch, vor allem für die Pferde! Sowohl der verwahrende als auch der vorwärts-seitwärts treibende Schenkel liegen hiernach etwa eine Handbreit hinter dem Gurt. Denn in dieser Lage ist der Schenkel wesentlich besser dazu geeignet, auf die Position der Hinterhand Einfluss zu nehmen, sie entweder wieder in die korrekte Position zu bringen (verwahrender Schenkel) oder sie seitwärts übertreten zu lassen (seitwärtstreibender Schenkel). Wird dies nicht beachtet, dann wird das Pferd sich beim Schenkelweichen oder Übertretenlassen entweder ungewollt biegen oder lediglich mit der Schulter weichen und über diese wegdriften. Gerade das ungebogene Übertreten ist aber das, was wir zunächst dem Pferd und auch dem Reitschüler erklären möchten, damit sie die seitwärtstreibende Hilfe verstehen lernen, ohne Versammlung bieten oder reiten zu müssen wie bei den echten Seitengängen.

Der biegende und der vorwärtstreibende Schenkel liegen direkt hinter dem Gurt bzw. im Lot des Reitersitzes und der verwahrende und der seitwärtstreibende etwa eine Handbreit dahinter. So können sowohl das Pferd als auch der Reiter die Hilfengebung leicht und eindeutig unterscheiden.

29. Beim Reiten befiehlt der Reiter und das Pferd führt die Befehle aus

Ein guter Reiter beobachtet jede Reaktion des Pferdes beim Reiten, schon ganz automatisch und zum Teil unbewusst. Bereits beim Anreiten merkt er, mit welcher Freude oder auch nicht das Pferd antritt, wie es auf den leisen Impuls mit dem Schenkel reagiert, später dann auf das Zügelaufnehmen, ob es sich quasi von selbst beizäumt oder Widerstände bietet, sei es auch der ganz leisen Art, die von unten nicht oder kaum wahrnehmbar sind. Beim ersten Übertretenlassen, einer Vorhandwendung oder ersten Wendungen im Gange registriert der Reiter die Bereitschaft, auf die Hilfen zu reagieren, oder eben einen leichten Widerstand als Hinweis darauf, dass diese Bewegung dem Pferd gerade noch schwerfällt.

Dementsprechend gestaltet der aufmerksame Reiter die weitere Vorbereitung und die Lösungsphase, schaltet unter Umständen mit den Anforderungen einen halben Gang oder mehr zurück. Im Trab bemerkt er, ob das Pferd frisch und taktmäßig vorwärts geht oder sich leicht verhält oder Störungen im Takt anzeigt. Dies sind immer Zeichen von Verspannungen, leichten Schmerzen oder eines noch bestehenden allgemeinen Unwohlseins.

Auch mit der Qualität der Anlehnung sagt das Pferd dem Reiter so einiges. Wenn es nicht an die Hand herantreten mag, dann ist es zumeist noch nicht ausreichend losgelassen, da zwickt noch etwas, das den Durchfluss hemmt.

Geht man zur Galopparbeit über, bemerkt man, ob das Pferd gerade, im schön durchgesprungenen Dreitakt galoppiert oder ob es in die Schiefe ausweicht, weil es noch nicht ausreichend gleichmäßig durchgymnastiziert ist. Dann muss der Reiter unter Umständen die Galoppreprisen auf einer Hand kürzer gestalten und noch besser vorbereiten. Das Pferd kann ja nicht sagen: „Oh, im Rechtsgalopp schmerzt mein linkes Hinterbein!" oder „Der Sattel drückt mich im Linksgalopp an der Schulter".

Auf solche Dinge muss der Reiter von ganz allein schauen. Wenn Pferde beim Reiten etwas sagen möchten, erfolgt das oft nur sehr, sehr leise, da sie im Prinzip ihren Menschen alles recht machen möchten und von Haus aus dazu neigen, gehorsam zu sein, auch wenn es mal zwickt. Manche Pferde sind da mehr, andere weniger duldsam. Je duldsamer ein Pferd ist, desto genauer muss man hinhören, wenn es flüstert. Die Pferde, die frühzeitig deutlich anzeigen, wenn ihnen etwas unangenehm ist, sind ein Segen!

Und noch etwas zum Thema „schlechte Laune" beim Pferd: Dieser Ausdruck suggeriert etwas Negatives, ein launisches Wesen. Das passt aber eigentlich nicht zu Pferden, denn sie sind nicht „launisch", sondern sie leben ganz im Hier und Jetzt und haben immer einen Grund für ihr Verhalten. Man muss diesen Grund „nur" finden – durch ganz besonders geduldiges Zuhören!

Reiten ist ein permanenter Dialog mit dem Pferd, kein Monolog! Der Reiter spricht zum Pferd durch die Hilfen, und das Pferd spricht zum Reiter durch die Qualität der Ausführung und die Reaktion auf die Hilfen, aber natürlich auch über die Pulsfrequenz, die Atmung und das Schwitzen sowie die Mimik, das Schnauben und die gesamte Körpersprache.

30. Mit Sporen bringt man das Pferd dazu, endlich vorwärts zu gehen

Manche halten das Reiten mit Sporen für Tierquälerei, andere Reiter meinen, nur mit Sporen könnten sie ihr Pferd wirklich vorwärts reiten. Wo liegt nun die Wahrheit? Wie so oft in der Mitte.

Sporen sind für die Förderung der Versammlung gedacht, aber auch für die Verfeinerung der Hilfengebung. Dazu kann der Respekt vor dem Impuls der Wade durchaus über einen Spornimpuls unterschiedlicher Stärke *kurzzeitig* unterstützt werden. Man kann sogar die Hilfengebung mit der Wade durch den Sporn ersetzen, wenn bestimmte Behinderungen vorliegen.

Man arbeitet mit unterschiedlichen, fein abgestuften Intensitäten des Sporneinsatzes: vom Fellkontakt über den Hautkontakt bis zum Rippenkontakt, von einem leichten Anlegen bis zu einem Druck, von einem leichten Vibrieren bis zu einem deutlichen Stoß aus dem Bügeltritt heraus. Auch hierbei ist auf eine ruhige Konsequenz zu achten und das sofortige Auslassen der Hilfe bei richtiger Reaktion des Pferdes!

Nicht alle Pferde reagieren gleich sensibel. Bei vielen Pferden braucht man überhaupt keine Sporen, bei manchen durchaus Sporen und Gerte, aber *niemals* im Dauereinsatz, immer nur auf „Standby"! Der Sporn wird gern fälschlicherweise als (dauer-)treibendes Instrument verwendet. Ein Dauertreiben mit dem Sporn ist immer falsch. Getrieben werden sollte mit dem Impuls der flach anliegenden Wade, auch nicht mit dem Absatz!

Der Spornreiz soll in erster Linie das Pferd dazu bringen, seine Bauchmuskeln anzuspannen und die Hinterbeine vermehrt zu heben (Fliegeneffekt), dies sollte aber nicht in ein elektrisierendes Hochziehen ausarten, denn hierbei gehen der Takt und die Losgelassenheit verloren. Über die Anspannung der Bauchmuskulatur und das Herbeiholen der Hinterbeine wird das versammelnde Abkippen des Beckens ausgelöst, somit die Hankenbeugung und die Versammlung gefördert und die Tragekonstruktion des Rumpfes insgesamt stabilisiert.

Einseitig eingesetzt unterstützt der kurzzeitige Sporneinsatz Stellung und Biegung und durchaus auch die Reaktion auf den seitwärtstreibenden Schenkel.

Eine Verbesserung des Vorwärts über den Sporn ist nur bei manchen Pferden im Rahmen der Sensibilisierung auf den Einsatz der Wade kurzzeitig sinnvoll und dann wird der Sporn auch deutlich weiter vorn eingesetzt. So hat auch er einen treibenden Effekt, denn letztlich flieht das Pferd vor dem unangenehmen Spornstoß nach vorn. Dies entspricht aber immer schon einer Korrektur und nicht mehr der (Grund-)Ausbildung.

Um die vorwärtstreibenden Hilfen und die einseitigen Schenkelhilfen zu installieren und zu verdeutlichen, eignen sich Gerte und Stimmhilfe in Verbindung mit Lob meist wesentlich besser.

Extrem wichtig ist bei der Verwendung der Sporen die Kontrolle über das eigene Bein. Denn nur ein ruhig liegender, losgelassener, nicht klemmender Schenkel, der sicher, aber locker auf dem Steigbügel und/oder am Pferdeleib ruht, kann differenzierte Sporenhilfen geben. Ein sanftes Anlegen des Sporns kann manchmal sogar aufgeregte Pferde beruhigen, wenn sie Vertrauen in die Hilfegebung des Reiters haben.

Bei der jungen Remonte hat die Verwendung von Sporen recht wenig bis gar keinen Sinn, die ältere Remonte muss natürlich erst einmal an ihren Einsatz gewöhnt werden, darf aber nicht abgestumpft werden. Dies ist auch wieder die Aufgabe des erfahrenen Ausbilders mit dem ruhig liegenden Schenkel, der mit der flach anliegenden Wade reiten kann.

Die richtige Verwendung des Sporns ist also gar nicht so einfach. Nicht umsonst trägt die empfehlenswerte Reitlehre von Horst Stern den Titel *So verdient man sich die Sporen*.

31. Ich kann viel besser mit offenen Händen und ohne Handschuhe reiten, da habe ich viel mehr Gefühl!

Es ist immer wieder interessant, mit einer Kofferwaage oder einer Federwaage die Stetigkeit und Leichtigkeit solch einer „feinen" Zügelverbindung zu messen. Sie ist nämlich so gut wie immer sehr, sehr unregelmäßig und wesentlich stärker in den Zügelanzügen als vermutet.

Eine offene Hand kann nicht wirklich gut die feinen Bewegungen erfühlen, die das Pferdemaul macht. Dazu muss die Hand sanft geschlossen sein und unverkrampft aufrecht getragen werden. Dann kann man den Bewegungen des Pferdemaules auch viel schneller und exakter folgen, da man eine direktere und gleichmäßigere Verbindung halten kann.

Das Gleiche gilt für das Reiten mit Handschuhen. Dünne Handschuhe guter Qualität verhindern, dass die Zügel unbeabsichtigt aus der Hand herausgleiten, und verbessern ebenfalls die Stetigkeit des Zügelkontaktes zum Maul des Pferdes. Zusätzlich schützen Handschuhe die Hände. Wenn ein Herzchirurg mit Handschuhen operieren kann, dann sollte es auch möglich sein, fein mit Handschuhen zu reiten. Wer allerdings wirklich eine gute und feine, sanft geschlossene, aufrecht getragene Hand hat und ein gut ausgebildetes Pferd reitet, der kann natürlich auch ohne Handschuhe reiten, so hat man noch mehr Gefühl und kann noch „leiser" mit dem Pferd kommunizieren.

Waldemar Seunig schreibt:

> „Auch der feinstgearbeitete Handschuh nimmt etwas vom Gefühl, das die Hand mit dem Maul verbinden soll. Darum ziehen es viele bei der Arbeit vor, wenn nicht Etikette oder andere Umstände, wie Kälte oder Regen, einen Schutzüberzug der Hände geboten sein lassen, ohne Handschuhe zu reiten."[5]

32. Jede Wendung muss am äußeren Zügel geritten werden

Man macht sich in den Wendungen die diagonale Hilfengebung zu Nutze, indem man das Pferd um den inneren Schenkel biegt und an den äußeren Zügel heranreitet. Dies ist auch ein Mittel der Geraderichtung, denn wenn das Pferd korrekt gebogen ist, folgt auch in der Wendung die Hinterhand der Spur der Vorhand. Das Pferd wird zu Beginn seiner Ausbildung und zwischendurch zur Überprüfung überwiegend am Außenzügel um die Wendung geführt, er regelt das Ausmaß der Halsbiegung und begrenzt die äußere Schulter, lässt aber auch die Stellung zu. Die Anweisung an den lernenden Reitschüler, überwiegend am Außenzügel die Wendungen zu reiten, hilft diesem, nicht zu viel am inneren Zügel einzuwirken, womit er das innere Hinterbein des Pferdes blockieren würde.

Mit zunehmender Ausbildung von Reiter und Pferd wird die Wendung dann aber überwiegend über Schenkel- und Gewichtshilfen geritten und die Anlehnung bleibt beidseitig so konstant, dass das Pferd wie auf gebogenen Schienen um die Wendung geführt wird.

Das Reiten der Wendungen vorherrschend am Außenzügel gilt nur für das Reiten auf Trense. Auf Kandare und erst recht auf blanker Kandare reitet man nicht mehr am Außenzügel durch die Wendungen, das wäre fatal! Man kann allenfalls die Unterlegtrense dazu verwenden, vermehrt am Außenzügel zu führen, wenn dies nötig sein sollte. Ein Kandarenzügel, der außen vermehrt ansteht, führt unweigerlich zu einer Verkippung der Stange im Maul und die Pferde reagieren mit Widerstand und mindestens mit einem Verwerfen im Genick! Auf Kandare führt man das Pferd am Sitz und am Schenkel um die Wendung und begleitet es mit der Hand in ganz gleichmäßiger minimaler Anlehnung ohne das Vorherrschen einer Seite.

33. „Paraden" werden immer nur einseitig gegeben, und das am besten immer außen

Immer wieder liest und hört man, die halbe Parade solle ausschließlich am äußeren Zügel gegeben werden. Ja, eine annehmende oder durchhaltende Zügelhilfe im Rahmen einer halben Parade wird bei gestelltem und/oder gebogenem Pferd vorwiegend außen gegeben. Dies gilt aber ebenso wie das Führen am Außenzügel in der Wendung nur für das Reiten auf Trense, nicht für das

Reiten auf Kandare wegen der Gefahr des Verkantens der Stange bei einseitiger Einwirkung.

Auf gebogener Linie ist der Effekt eines Zügelanzuges im Rahmen einer halben Parade, der überwiegend am äußeren Zügel erfolgt, im Moment des Vorschwingens des Hinterbeines vor allem durch das Verringern des Vortriebes spür- und sichtbar, da das äußere Hinterbein, welches den weiteren Weg auf dem Kreisbogen beschreibt, natürlich im Vortritt deutlicher „gebremst" werden kann. Erfolgt die Parade in dem Moment, in dem sich das äußere Hinterbein auf dem Boden befindet, kann sie beim durchlässigen Pferd auch beugend auf die Hanken wirken. In der Wendung vermeidet man den Zügelanzug in der Parade am inneren Zügel, damit das innere Hinterbein nicht am Vortritt in Richtung des Schwerpunktes gehindert wird.

Zu deutliche Zügelanzüge am Außenzügel in den Wendungen führen aber dazu, dass die Pferde zu eng im Genick werden, denn der äußere Zügel muss die Stellung zulassen.

Auf der geraden Linie, bei ungestelltem, ungebogenem Pferd, gibt es per definitionem kein „innen" oder „außen", es sei denn in Bezug auf die Reitbahn. Auf der Geraden und bei Zäumung auf Kandare ergibt es keinen Sinn, unbedingt und nur außen zu „parieren", erst recht nicht durch ausschließliche Einwirkung mit der Hand.

Warum ist es durchaus auch sinnvoll, Zügelhilfen im Rahmen von Paraden beidseitig gleichzeitig zu geben? Sie wirken dann auf ein Bein beugend und auf das andere den Vorschwung begrenzend, beides ist sinnvoll, so ergibt sich der perfekte versammelnde Effekt der Paraden.

34. Kurze Zügelanzüge werden als Paraden bezeichnet, sie bestimmen Anlehnung und Beizäumung

Dieser Mythos hört sich zunächst einmal nicht so ungewöhnlich an, denn als Paraden werden in den Reitbahnen und auch in Büchern oft tatsächlich die Zügelanzüge bzw. die annehmenden Zügelhilfen bezeichnet. Isoliert gegebene Zügelanzüge sind jedoch keine „Paraden". Bestimmen sie Anlehnung und Beizäumung? Nein! Anlehnung wird von hinten nach vorn erritten, vom Pferd gesucht und vom Reiter gestattet. Aushaltende oder kurzzeitig annehmende Zügelhilfen können zwar vermehrt beizäumen oder versammeln und den Rahmen beeinflussen, aber immer nur im Konzert der Hilfen. Vorrangig sind immer die vorwärtstreibenden Hilfen über Sitz und Schenkel, dann erst, an dritter Stelle, rangiert die Zügelhilfe. Paraden sind keine Zügelanzüge, sondern ein vermehrtes kurzzeitiges Einschließen des Pferdes in *alle* Hilfen.

Die halbe Parade, die ganze Parade: Wozu sind sie da? Wie werden sie gegeben?
Eine *halbe* Parade ist eine Einwirkung des Reiters, mit der er das Pferd aufmerksam macht, es im Tempo oder von einer höheren in eine niedrigere Gangart zurückführt, es versammelt und mit der er das Pferd auf eine Lektion vorbereitet. Sie ist ein äußerst wichtiges und wirksames Instrument und Werkzeug des Reiters.

Die halbe Parade wird aber nicht nur mit der Hand gegeben, sondern immer und ausschließlich im Konzert der Hilfen (Kreuz-Schenkel-Hand). Sie wird je nach Pferd durch ein mehr oder weniger starkes Kreuzanziehen (Erhöhung der Körperspannung und minimal verstärkter Druck der Sitzbeinhöcker nach vorn) sowie einen mehr oder weniger leichten Schenkelimpuls eingeleitet und die Reaktion des Pferdes darauf von der filternden Hand beidseits aufgenommen und reguliert, und zwar möglichst durch die ganz kurzzeitig aus- bzw. durchhaltende Zügelhilfe. Eine halbe Parade bedeutet somit ein kurzes deutlicheres Einschließen des Pferdes in die reiterlichen Hilfen.

Nicht jede annehmende Zügelhilfe ist eine halbe Parade, auch wenn das umgangssprachlich oft vermischt wird! Isoliert gegebene Einwirkungen mit der Hand auf das Maul des Pferdes haben mit halben Paraden nicht viel zu tun. „Klingeln", „Abspielen" oder „Durchstellen" sind unnötige Manipulationen, die das Pferd optisch in eine bestimmte Form bringen können und sollen, in eine Form und Haltung, die es durch echte Paraden und vor allem ein Reiten von hinten nach vorn entwickeln sollte.

Sollte zur Verdeutlichung oder Korrektur eine annehmende Zügelhilfe für Bruchteile einer Sekunde (ein- oder beidseitig) erforderlich sein, folgt immer ein sofortiges Nachgeben.

Die *ganze* Parade besteht aus halben Paraden, mindestens aus zwei, einer zum Aufmerksammachen des Pferdes und einer zur eigentlichen Durchführung. Hierbei bleibt die Hand (mit „der Hand" sind in der Fachsprache immer beide Hände gemeint, das kommt noch aus der Zeit, in der viel mehr einhändig geritten wurde) unter Umständen beidseits gleichzeitig einen Bruchteil länger „stehen", ohne zurückzuwirken. Beim weit ausgebildeten Pferd genügen oft schon das Denken ans Durchparieren und Ausatmen bei anliegender Wade. Unter Umständen kann man in der ganzen Parade die Oberschenkel leicht öffnen (bei weiterhin anliegender Wade), damit das Pferd sich leichter zusammenschieben kann (versammelnder Effekt der ganzen Parade). Je nach Pferd, Rückenbeschaffenheit und Alter setzt man eine mehr oder weniger deutliche Gewichtshilfe im Sinne des Anspannens des Oberkörpers und des Wirkens der Gesäßknochen nach unten und minimal vorn ein (Kreuzanziehen). Auch hierbei ist das Auslassen der Hilfen nach erfolgter Parade besonders wichtig. Weder die halbe noch die ganze Parade dürfen stecken bleiben. Und sie werden eben nicht nur einseitig, nicht nur außen und nicht ausschließlich mit dem Zügel gegeben.

35. Verwirft sich das Pferd im Genick, muss die Hand auf der Seite ansteigen, auf der das Ohr tiefer steht

Wie immer stellt sich für eine sinnvolle Korrektur die Frage nach dem Warum: Es geht nicht darum, eine bestimmte Form oder Haltung des Pferdes wiederherzustellen, sondern darum, die Ursache zu bearbeiten, das Gesamtproblem zu lösen. Dies ist beim Verwerfen im Genick oft die Schiefe des Pferdes und eine dadurch bedingte unregelmäßige Anlehnung. Häufig liegt es auch daran, dass die Pferde sich zu eng im Hals machen oder gemacht werden, so dass es zu unangenehmem Ganaschendruck auf einer Seite kommt. Oder das Verwerfen ist ein Zeichen zu früher Versammlung in den Seitengängen.

Besser, als eine Hand höher zu tragen und damit nur das Symptom zu bearbeiten, ist es, das Pferd zunächst im Trab auf nur leicht gebogenen Linien im frischen Vorwärts geradezurichten, dabei auf die beidseitig gleichmäßige, leichte Anlehnung und ein geöffnetes Genick zu achten und die saubere Genickstellung nur langsam zu steigern, und das mit häufigem Handwechsel bis zur Volte. Auf das Ausweichen des inneren oder auch äußeren Hinterbeines als Ursache ist ebenfalls zu achten. Konterlektionen zu reiten, kann hierbei hilfreich sein, aber in Maßen und immer wieder aufgelöst in eine etwas tiefere Dehnungshaltung im Vorwärts.

Eine weitere Ursache für ein Verkanten im Genick ist das Reiten am Außenzügel der Kandare in den Wendungen, wenn der Reiter noch nicht in der Lage ist, das Pferd sauber mit beidseits gleichmäßig anstehender Stange zu führen. Auch hier löst ein Anheben der inneren Hand nicht das eigentliche Problem.

36. Man muss ständig „abspielen", „klingeln" und das Pferd rechts/links „durchstellen"

Dieser Mythos, der wie ein Gespenst durch alle Reithallen schwebt, liegt uns besonders am Herzen. Leider hört man viel zu oft diese merkwürdige Anweisung der TrainerInnen und ReitlehrerInnen: „Spiel mal innen ab", „leicht mit dem Zügel klingeln" oder: „Stell den mal richtig rechts/links durch!" Diese Anweisungen haben mit der Reitlehre nichts zu tun, und man wird sie auch in keinem seriösen Lehrbuch finden!

Die korrekte Zügelhilfe ist eines der schwierigsten Kapitel in der Reiterei. Hierbei geht es sehr oft auch um die Kunst des richtigen Augenblicks!

Das korrekt ausgebildete Pferd begibt sich mit dem Aufnehmen der Zügel in eine natürliche Haltung des Kopfes mit der Stirnlinie leicht vor oder an der Senkrechten bei leichter Anlehnung. Dies hat nichts mit dem Einnehmen einer starren Form zu tun, sondern mit einem willigen Nachgeben im Genick und dem Vertrauen in eine gefühlvolle Reiterhand und die Gesamteinwirkung des Reiters. Es zeigt sich eine deutlich in der Kontur abgegrenzte obere Halsmuskelgruppe, das Pferd trägt den Kopf frei und selbst und drückt nicht gegen die Reiterhand. Man sollte das Pferd nicht mit dem Zügel und der Hand ausbinden oder in Form zwingen!

Vergegenwärtigen wir uns nun einmal die Hilfengebung mit der Hand, immer im Konzert der Hilfen mit Sitz und Schenkeln betrachtet. Der wichtigste Grundsatz vorab: *Eine sinnvolle strafende Zügeleinwirkung gibt es nicht!*

Das Pferd wird von den Zügeln, Kreuz und Schenkeln des Reiters „eingerahmt". Der Reiter trägt seine vom Körper unabhängigen, in den Handgelenken lockeren mittig über dem Widerrist befindlichen Hände aufrecht (und

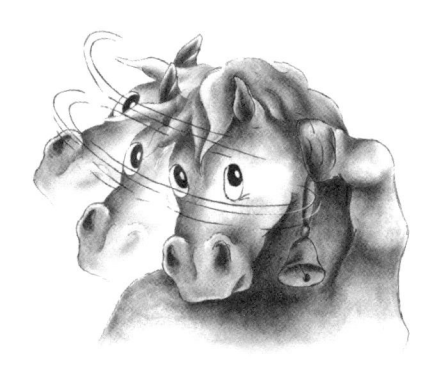

gefühlt auch das Pferd) vor sich her. Ellenbogen, Unterarm, Handrücken, Zügel und Pferdemaul bilden eine weder nach unten noch nach oben unterbrochene Linie. Die Unterschenkel umfassen sanft das Pferd, das mitschwingende Becken des Reiters vermittelt zwischen Schenkel- und Zügelhilfen und gibt mit ihnen zusammen den Takt an. Es besteht eine stetige, nicht starre Verbindung zum Pferdemaul, das Pferd nimmt Anlehnung an beiden Händen und kaut zufrieden auf dem Gebiss. Die Reiterhand folgt ruhig den Bewegungen des Pferdemauls. Dies ist aber noch keine Zügelhilfe im klassischen Sinne.
Die wichtigste und erste zu besprechende Zügelhilfe ist die nachgebende!

„Die freundliche Hand des Reiters soll immer zum Nachgeben bereit sein!", sagte Egon von Neindorff.[6]

Macht dein Pferd etwas gut und richtig, hat es schön reagiert, belohnt es immer wieder mit einem Leichterwerden der Hand. So lernt es auch, sich zunehmend selbst zu tragen. Dabei geht es oft nur um Millimeter oder wenige Zentimeter. Konkret geht man leicht mit der Hand vor oder lässt die Zügel ein wenig aus der sanft geschlossenen Hand herausgleiten, oder man öffnet die kurzzeitig aktiv geschlossene Hand wieder leicht. Danach erhält man wieder den sanften Kontakt, den das Pferd ja sucht und finden darf, sobald man gefühlvoll nachtreibt. Auf jede annehmende Zügelhilfe folgt umgehend eine nachgebende!
Kommen wir zur nächsten und gleich zur schwierigsten Zügelhilfe:

Die durchhaltende oder auch aushaltende Zügelhilfe: Es ist diese Hilfe, bei der sich das Pferd „am Gebiss abstößt", von sich aus leicht wird und sich dadurch selbst belohnt.
Die Reiterhand wird dabei kurzzeitig „festgestellt", ohne zurückzuwirken, vor allem ohne zurückzuwirken in dem Moment, in dem das Pferd im Genick nachgibt und/oder beginnt zu kauen. Es wird im Normalfall *keine* annehmende Zügelhilfe gegeben! Weder werden „Schwämmchen ausgedrückt" noch das Handgelenk eingedreht, allenfalls die Hand vor dieser Hilfe etwas deutlicher geschlossen, ohne dadurch einen Zügelanzug zu geben, man geht dieser Verkürzung entsprechend mit beiden Händen leicht vor. Die etwas deutlicher geschlossene Hand erleichtert die durchhaltende Zügelhilfe.
Die meiste Zeit geht die Hand mit der Maulbewegung des Pferdes mit. In einer Parade zum Beispiel kann die durchhaltende Zügelhilfe zur Anwendung kommen.

Der Reiter reitet sein Pferd von hinten an die ruhig und kurzzeitig (!) feststehende Hand heran. Dazu fixiert er die Hand über den Unterarm am besten durch ein kurzzeitiges, deutlicheres Anlegen der Ellenbogen an den Reiterkörper. So ist es leichter, *nicht* mit der Hand zurückzukommen, wenn das Pferd im Genick oder in der Parade nachgibt. Aber auch das gelingt nur, wenn der Reiter ausbalanciert sitzt und sich nicht am Zügel festhält, denn das ist das Entscheidende, dass die „Selbstbelohnung" des Pferdes durch sein Nachgeben gewährleistet ist.

Im Idealfall beginnt das Pferd zu kauen und sich selbst zu tragen. Die Dauer der durchhaltenden Zügelhilfe sollte sich auf den Bruchteil einer Sekunde beschränken. Die Hand darf nicht dauerhaft starr einwirken.

Der sehr geschickte Reiter kann später diese Hilfe jederzeit einbauen und auch mit anderen kombinieren, das Pferd macht die Erfahrung, dass die Hand nie unangenehm rückwärts wirkt, wenn es nachgibt. Das ist ein ganz wichtiger Aha-Effekt für das Pferd!

Hat der Reiter aber noch keine sitzunabhängige Hand und keinen handunabhängigen ausbalancierten Sitz, sollte er dies nicht ausprobieren. Denn dann macht das Pferd die Erfahrung, dass „es" nach wie vor „zieht", auch wenn es nachgegeben hat. Dann ist es besser, kurzzeitig mal im Konzert der Hilfen eine annehmende Zügelhilfe zu geben und, ganz wichtig, danach muss der Reiter von sich sofort wieder nachgeben.

Ein weiterer wichtiger Punkt: Die durchhaltende Zügelhilfe wird meist beidseits gleichzeitig ausgeführt! Sie einseitig anzuwenden ist technisch noch anspruchsvoller, zum Beispiel zum „Losmachen" vom Zügel, wenn sich das Pferd einseitig auf denselben stützt. Hierbei wird das Pferd mit dem gleichseitig eingesetzten Sporn und der einseitig durchhaltenden Hand von dieser „losgemacht". Dies ist aber nur dem reiterlichen Könner vorbehalten.

Die durchhaltende Zügelhilfe kennt das junge Pferd übrigens, wenn es korrekt ausgebunden an der Longe vorbereitet wurde, schon bevor ein Reiter auf ihm sitzt, denn das ist genau die Hilfe, die ein Ausbinder dem Pferd gibt. Es kann sich an diesem abstoßen, ohne dass dieser dabei rückwärts wirkt und lernt so, sich durch Nachgeben selbst zu belohnen und selbst zu tragen.

Die annehmende Zügelhilfe: Wenn das Pferd nicht im Genick nachgibt (aus welchen Gründen auch immer), beim Reiten einer Wendung oder wenn man die Stellung und Biegung wechselt, kommt unter Umständen auch die annehmende Zügelhilfe zum Einsatz. Das ist der Fall, wenn die Sitzhilfen zusammen mit den aushaltenden und nachgebenden Zügelhilfen nicht ausreichen. Einleiten muss man die annehmende Zügelhilfe wie alle Hilfen durch leicht vermehrten Einsatz des vortreibenden Schenkels, mindestens durch einen etwas deutlicheren Kontakt mit der Wade bei angespanntem Kreuz (Rücken-, Rumpf- und Bauchmuskulatur). Durchgeführt wird die annehmende Zügelhilfe als kurzer, minimaler einseitiger oder beidseitiger Zügelanzug: entweder durch Schließen und erneutes Öffnen der Hand (beginnend mit dem Ringfinger, dies reicht meist schon), durch kurzzeitiges Ein- und Wiederausdrehen des Handgelenkes oder durch kurzzeitiges Zurücknehmen des ganzen Armes (um wenige Millimeter bis Zentimeter) mit sofortigem Wiedervorgehen und Wiedereinnahme der stetigen Verbindung zum Maul. Der gegenseitige Zügel verändert bei einseitigem Zügelanzug seine Position nicht, sonst führt der Zügelanzug lediglich dazu, dass das Gebiss durchs Maul gezogen wird, und, bei wechselseitiger Durchführung, zum allseits bekannten „Riegeln".

Die verwahrende Zügelhilfe: Sie ersetzt zusammen mit dem verwahrenden Schenkel zum Beispiel in der Wendung die Bande. Der äußere Zügel wirkt verwahrend, er begrenzt die Stellung des Halses, lässt sie aber auch zu und kontrolliert die äußere Schulter des Pferdes.

Was tut man, wenn das Pferd nun im Genick nachgegeben, sich gestellt hat?
Man hält seine Hände nach dem eigenen Nachgeben mucksmäuschenstill im Verhältnis zum Pferdemaul und bietet immer wieder millimeterweises Vorgehen an, damit das Pferd sich vertrauensvoll an die Hand anlehnt und herandehnt. Ein Verhalten, das man leider nur bei wenigen Reitern beobachten kann. Man muss nicht permanent mit der Hand auf die Pferde einreden, man darf auch mal schweigen und nur zuhören, genauso, wie es in einem guten Dialog sein sollte.
Insgesamt wird von Reitern wesentlich häufiger zu viel als zu wenig mit der Hand eingewirkt, denn der Mensch zeichnet sich durch sein handwerkliches Geschick aus, was leider den Pferden nicht unbedingt zugutekommt. Bedenkt, dass jede Handeinwirkung im Maul des Pferdes ankommt, hier gilt: *So viel wie nötig, aber so wenig wie möglich!*
Es sollte auch keine Handeinwirkung nötig sein, um das Pferd zum Kauen anzuregen, kauen sollte ein Pferd, weil es eine gute Anlehnung gesucht und gefunden hat. Nach der Lehre wird das Kauen über die flache Wade angeregt. Durch den leichten Vorwärtsimpuls stößt sich das Pferd am Gebiss ab, was nichts anderes bedeutet, als dass es beginnt zu kauen.

Ach ja, und dann gibt es noch „Paraden". Paraden sind keine isoliert gegebenen Zügelanzüge oder Handeinwirkungen, sondern immer ein Einschließen des Pferdes in *alle* Hilfen. „Durchstellen", „Abspielen", „Runterspielen", „Klingeln" sind also allesamt keine klassischen Hilfen, sondern „Betrug an der Anlehnung"! Sie können dazu führen, dass das Pferd eine bestimmte, scheinbar die erwünschte Haltung einnimmt. Diese ist aber nicht das Resultat von Losgelassenheit, Anlehnung und Durchlässigkeit, sondern „hingefummelt", und die meisten Pferde sind dann hinter dem Zügel!

37. Macht das Pferd sich fest, muss man am Gebiss abspielen!

Eigentlich ist es ja doch erstaunlich, dass es wirklich Pferde gibt, die sich schwer auf die Hand legen. Das müsste doch für sie sehr unangenehm sein, wenn sie denn so empfindlich im Maul sind, wie wir annehmen. Wie kommt es also dazu?

Es besteht ein Unterschied zwischen einer etwas deutlicher spürbaren Anlehnung und einem „Auf-die-Hand-Legen". Erstere ist Folge der Schubkraft des Pferdes. Je größer die Schubkraft und je schwächer (noch) die Tragkraft des Pferdes, desto mehr Anlehnung wird es suchen. Trotzdem wird es auf dem Gebiss kauen, und die Anlehnung wird in verkürzten Gangarten oder der Versammlung auch etwas leichter, nie wird sie gefühlte Zentner ausmachen.

Ein Pferd dagegen, welches sich auf die Hand legt, kaut zumeist nicht mehr oder kaum, hat die Zähne buchstäblich zusammengebissen und liegt dauerhaft sehr schwer auf dem Zügel, gern auch noch ungleich und im schlimmsten Fall hinter der Senkrechten.

Kommen wir zunächst zum beidseitigen „Auf-der-Hand-Liegen": Oft hat das Pferd in diesen Fällen nie gelernt, sich selbst zu tragen. Häufig tritt das Problem auch bei Pferden auf, die hinten überbaut und/oder mit viel Schub aus der Hinterhand ausgestattet sind und sich nicht im Gleichgewicht befinden.

Die alten Meister wie Gustav Steinbrecht zum Beispiel waren in der Lösung solcher Probleme rabiat. Sie machten die Pferde mit einem kräftigen Spornstoß von der aushaltenden Hand wieder los, und zwar mit richtig scharfen, auch verletzenden Sporen. Nun möchten wir sicher nicht mehr, dass das Blut spritzt, und die Wenigsten beherrschen die für diese Technik unbedingt erforderliche durchhaltende, nicht zurückwirkende Zügelhilfe.

Hilfe(n) für das Pferd?

„Klingeln", „Abspielen" oder andere Manipulationen mit der Hand am Gebiss im Maul des Pferdes sind aber auf keinen Fall eine Alternative! Dies sind eher kosmetische Versuche, das Problem einzig und allein vorn zu lösen. Sie bringen die Pferde allenfalls hinter den Zügel und verderben das Vertrauen in die Reiterhand. Besser, und der Lehre entsprechend, ist es, leicht in der Hand zu bleiben, nicht zu ziehen, sondern die geschlossene Hand immer wieder ruhig fühlen, filtern und vor allem wieder nachgeben zu lassen – denn zum Ziehen gehören immer zwei.

Zunächst einmal muss das Pferd lernen, sich zumindest kurzzeitig immer wieder einmal selbst zu tragen. Deshalb sollte der Reiter so wenig Widerstand wie möglich mit der Hand bieten: Auf eine leichte Hand kann man sich nicht legen. Man beginnt mit kleinen, einfachen Übungen, im Schritt mit wenig Zügelkontakt über den Sitz durchzuparieren zum Beispiel. Auch mit Übergängen Trab/Schritt/Trab in ruhigem, taktmäßigem Tempo lassen sich manche dieser Pferde lösen. Bei jedem Antretenlassen ist penibel darauf zu achten, mit der Hand sehr leicht zu bleiben, ebenso bei und vor allem nach jeder Parade. Das Reiten in ruhigem Tempo mit vielen Übergängen hilft dem Pferd zu verstehen, dass es sich nicht mehr auf die Hand legen muss und bringt es in ein besseres horizontales Gleichgewicht, reines Vorwärtsreiten ist hier meist nicht die Lösung.

Vorhandwendungen und einige Tritte übertreten lassen fördern ebenfalls das Kauen und das Abstoßen am Gebiss. Auch das Reiten im Schulterherein ist für Pferde, die sich auf die Hand legen, eine wunderbare Übung, oder auch das Konterschulterherein, falls sie zum Davoneilen neigen, wenn man sie des stützenden Zügels beraubt.

Abkauübungen an der Hand[7] lockern die verkrampfte Kaumuskulatur.

Gelingt dies alles wieder gut, kann man das Pferd durch ganze Paraden und versammelnde Lektionen etwas mehr auf die Hinterhand setzen und diese vermehrt zum Tragen bringen. Ein freieres Tempo ist dann nur beim Zügel-aus-der-Hand-kauen-Lassen zu wählen, welches immer wieder auch zur Entspannung einzubauen ist.

Weitere Gründe für beidseitiges Auf-die-Hand-Legen sind zu viel Handeinwirkung und Ganaschenzwang (schmerzhafter Druck durch zu wenig Platz für die Ohrspeicheldrüse zwischen Backenknochen und Hals). In beiden Fällen stoßen die Pferde auch gern mal nach unten und versuchen so, dem Reiter die Zügel aus der Hand zu reißen. Das ist immer ein Alarmzeichen!

Bei Ganaschenzwang ist immer wieder ein sehr vorsichtiges Beizäumen in etwas tieferer Einstellung gefragt, dann hat die Ohrspeicheldrüse im geöffneten

Genickwinkel ein wenig mehr Platz. Außerdem sollte man immer wieder die Zügel aus der Hand kauen lassen und mit wechselnder Biegung und Stellung nach rechts und links durch häufige Handwechsel auf gebogenen Linien arbeiten. Mit der Zeit bildet sich die Oberhalsmuskulatur deutlicher heraus, während die Unterhalsmuskulatur weniger ausgeprägt ist, so dass für die Ohrspeicheldrüse etwas mehr Raum entsteht.

Ein anderes Thema ist das einseitige Liegen auf der Hand. Es entspricht dem Losmachen von der Anlehnung auf der jeweils anderen Seite und ist Folge der natürlichen oder angerittenen Schiefe des Pferdes und/oder einer Ungeschicklichkeit des Reiters. In diesen Fällen ist an der Geschicklichkeit des Reiters oder an der Geraderichtung des Pferdes zu arbeiten und daran, dass es den gegenseitigen Zügel wieder annimmt.

Zusammenfassend lässt sich sagen: Man sollte nicht nur vom „schweren" Zügel wegkommen, sondern zum „leichten" Zügel hinreiten! Ein häufig versäumter, wichtiger Weg!

38. Beim Rückwärtsrichten führt man das Pferd mit wechselseitigen Zügelanzügen Tritt für Tritt zurück

Merkwürdigerweise wird das Rückwärtsrichten immer wieder so gelehrt. Man findet es zum Beispiel bei Richard L. Wätjen in seinem hervorragenden Buch *Dressurreiten*, aber weder bei Seunig, Müseler noch in den Richtlinien. Wätjen schreibt:

„Das versammelte, korrekt hingestellte Pferd ist aus dem Stand der Ruhe durch die wechselseitigen Zügelanzüge zum Zurücktreten zu veranlassen."[8]

Versäumt wird, zu erklären, bei welchen Pferden ein solches Vorgehen sinnvoll ist. Hierzu können wir eine mündlich überlieferte Erläuterung von Werner Schönwald, eines Schülers von Otto Lörke, nennen. Er sagte, dass beispielsweise großrahmige Stuten im Rechtecktyp mit hochstehenden Sprunggelenken tatsächlich von einem Rückwärtsrichten mit wechselseitiger diagonaler Hilfengebung profitieren und es ihnen so etwas leichter fällt, eine Hankenbeugung zu entwickeln. Die Hand wird etwas höher getragen, senkt sich aber bei Durchlässigkeit des Pferdes sofort wieder.

Es stellt sich bei einer solchen wechselseitigen Zügeleinwirkung die Frage, ob man sich an den Vorder- oder an den Hinterbeinen orientiert. Da ein versammelnder Effekt gewünscht wird, wäre es allenfalls sinnvoll, wechselseitig beugend auf die Hinterbeine einzuwirken. Aber ob das Pferd so genau unterscheiden kann, welches seiner Beine gerade gemeint ist? Die größte Gefahr beim wechselseitigen Zurückführen liegt in einem Schwanken beim Zurücktreten durch ein Ausweichen der Hinterhand, was der Reiter über seinen Sitz und die verwahrenden Schenkel verhindern muss.

Sinnvoller ist es also, das Pferd mit beiden Händen Tritt für Tritt zurückzuführen, dabei wirkt man auf das Hangbein rückführend und auf das Standbein beugend ein. Was will man mehr? Die übrige Hilfengebung sollte natürlich ebenfalls bedacht eingesetzt werden. Die Zügel werden nach dem Halten leicht verkürzt, die Unterschenkel geben einen minimalen Vorwärtsimpuls und werden sofort beidseits verwahrend zurückgenommen, um ein eventuelles Ausweichen der Hinterhand zeitnah korrigieren zu können. In der Sitz- bzw. Gewichtshilfe entlastet man den Rücken und die Hinterhand des jungen Pferdes minimal, indem man sich ganz leicht nach vorn beugt, es ist eher ein entlastendes Kippen des Reiterbeckens nach vorn. Beim weit ausgebildeten Pferd kann man auch den Rücken und die Hinterhand leicht belasten bzw. beugen, indem man das Becken und den Oberkörper minimal nach hinten kippt. Dies sollte aber von unten nicht zu sehen sein, allenfalls für das sehr geschulte Reitlehrerauge.

Und wie erlernt das junge Pferd das Rückwärtsrichten? Zunächst schon vom Boden aus, indem man von unten übt, das Pferd ein paar Tritte zurück treten zu lassen und eine Stimmhilfe, ein Stimmkommando installiert. Am sinnvollsten und gebräuchlichsten ist „Zuuuuuurück!", gefolgt von „braaaaav", sobald das Pferd wie gewollt reagiert.

Die Vorhandwendung eignet sich ebenfalls hervorragend für die Vorbereitung des Rückwärtsrichtens, da hierbei sowohl die Hinterhand kontrolliert wird als auch die verhaltenden Hilfen im Zusammenhang mit der Bewegung auf der Stelle erlernt werden. In der Vorhandwendung bieten fast alle Pferde das Rückwärts an, wenn man den äußeren Zügel etwas deutlicher stehen lässt, das Pferd dann an beiden Zügeln sanft zurückführt und zusätzlich die Stimmhilfe einsetzt. Reagiert das Pferd wie gewünscht, dann loben wir es und bei jedem Tritt zurück wird sofort wieder nachgegeben. Das Rückwärtsrichten sollten wir aber nicht bei jeder Vorhandwendung abfragen, sonst verbindet das Pferd die Vorhandwendung immer mit dem Rückwärtsrichten, was auch nicht erwünscht ist.

Sehr gelehrige und durchlässige Pferde bieten das Rückwärtsrichten auch aus den ganzen Paraden heraus an.

Wichtig ist, das Pferd langsam zurück treten zu lassen, es soll nicht zurückeilen oder -fliehen oder sich zurückschieben. Nur im ruhigen, erhabenen Zurücktreten kann es die saubere diagonale Fußfolge zeigen. Es sollte weder schräg noch breitbeinig zurück treten, hier ist der Einsatz des verwahrenden Schenkels gefragt. Die Sporen gehören beim Rückwärtsrichten nicht ans Pferd, wie man es leider häufig sieht.

Die genannten Übungen müssen sich jederzeit ins frische Vorwärts auflösen lassen! Auch im Rückwärtsrichten sollte die Vorwärtstendenz immer erhalten bleiben.

Steigerungsformen sind die Schaukel, bei der das Pferd zwischen Schritt und dem Rückwärtsrichten fließend wechselt, idealerweise so durchlässig, dass das erhobene Bein in der Luft die Bewegungsrichtung ändert, und das flüssige Antraben und Angaloppieren aus dem Rückwärtsrichten heraus.

Die Grundvoraussetzung für das Rückwärtsrichten ist immer ein losgelassenes Pferd, das sicher an die Hand des Reiters herantritt und durchlässig auf halbe und ganze Paraden reagiert. Ist diese Vorbedingung nicht erfüllt, ist es nicht anzuraten, sich an diese Lektion heranzuwagen, fehlerhafte Ausführungen und Widerstände sind sonst vorprogrammiert. Das Rückwärtsrichten ist ein Prüfstein der Durchlässigkeit und hat einen versammelnden, die Hanken beugenden Effekt. Bei korrekter Ausführung tritt das Pferd in diagonaler Fußfolge und relativer Aufrichtung gerade und flüssig Tritt für Tritt zurück.

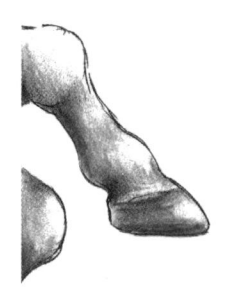

IMMER SCHÖN VORWÄRTS-ABWÄRTS?

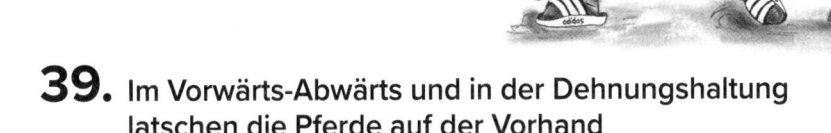

39. Im Vorwärts-Abwärts und in der Dehnungshaltung latschen die Pferde auf der Vorhand

Rein physikalisch betrachtet, wird in einer tiefen Dehnungshaltung (Vorwärts-Abwärts) die Vorhand des Pferdes tatsächlich mit etwas mehr Gewicht belastet als in hoher Aufrichtung. Ob hierdurch Schäden entstehen, wird davon bestimmt, wie lange man so reitet, in welchem Tempo, mit was für einem Pferd und ob Vorschäden bestehen. Wie ausgeprägt ist die natürliche Schiefe des Pferdes? Wird ein Vorderbein anders belastet als das andere, oder fußt das Pferd leicht schräg auf? Welches Gewicht bringt der Reiter in den Sattel, reitet er ausbalanciert? Ein gesundes Pferd ist darauf ausgelegt, mit der Vorhand den Großteil seines Gewichtes zu tragen. Durchaus auch im Trab sieht man Pferde auf der Weide mit der Nase „im Sand".

Was bedeutet Reiten im Vorwärts-Abwärts eigentlich?
Oft wird es von den Kritikern gleichgesetzt mit „Low, Deep and Round" (LDR), mit „Rollkur" oder mit von Schlaufzügeln zusammengezogenen Pferden. Das hat aber mit dem Reiten im korrekten Vorwärts-Abwärts nichts zu tun!
Vorwärts-Abwärts ist das Reiten in einer tiefen Dehnungshaltung, bei der sich das Pferd bei aktiv fußender Hinterhand und locker an- und abspannender Rückenmuskulatur nach vorn und unten an die Reiterhand herandehnt, ohne mit dem Hals oder im Genick so weit abzukippen, dass es mit der Stirnlinie dauerhaft hinter die Senkrechte kommt. Diese Haltung hilft (nicht nur jungen) Pferden, den Rücken über das Nackenband zu stabilisieren und den Reiter mit möglichst wenig Kraftaufwand zu tragen. Sie zeigt meist einen gesunden Rücken und Hals an, denn einen Rücken oder Hals, der zwickt, den dehnt man nicht

so gern. Pferde erholen sich auch in dieser Haltung, auch die Ganaschen haben Ruhe und Platz.

Eigentlich ist schon der Begriff des Vorwärts-Abwärts irreführend, da es weniger um „vorwärts" im Sinne von schnell nach vorn und erst recht nicht um „abwärts" wie beim Bergabreiten geht, sondern um das bereitwillige Dehnen des Pferdes nach vorne/unten über ein Längen der gesamten Oberlinie. Nach der Lehre sollte sich ein Pferd eigentlich immer in einer Dehnungshaltung befinden. Auch in Arbeitshaltung sollte es sich vertrauensvoll an die Hand herangedehnt haben. Und in der Versammlung spricht man dann von oberer Dehnungshaltung. Das Pferd längt die Halslinie nach vorwärts-aufwärts über die schön ausgeprägte Oberhalsmuskulatur. Diese Haltung ist aber anstrengend und sollte auch vom älteren Pferd nicht zu lange verlangt werden, und die Aktivität der Hinterhand, der Takt und die Losgelassenheit der Rückenmuskulatur dürfen dabei nicht verloren gehen. Ein stetiger Wechsel zwischen Arbeitshaltung, tiefer Dehnungshaltung im Vorwärts-Abwärts und hoher Dehnungshaltung im Vorwärts-Aufwärts in der Versammlung erleichtert dem Pferd die Arbeit und beugt Verspannungen und Widerständen vor.

Wie reitet man ein korrektes Vorwärts-Abwärts? Müssen alle Pferde im Vorwärts-Abwärts gearbeitet werden? In jeder Ausbildungsphase? Und wie lange?
Die Tiefe der Haltung wird vom Exterieur und vom Ausbildungsstand des Pferdes bestimmt. Die „Nase im Sand" als ganz tiefe Dehnungshaltung ist keine Haltung für den Mitteltrab auf hartem Boden, fürs Bergabreiten oder für ein Pferd, welches gebäudemäßig sehr vorhandlastig ist, weil überbaut und mit sehr muskulösem Hals. Da muss das Reiten in dieser Haltung auf den Schritt reduziert bleiben. Im Trab und Galopp fordert man dann bei diesen Pferden nicht mehr Tiefe als auf Buggelenkshöhe. Das Vorwärts-Abwärts in der tieferen Dehnungshaltung bietet man dem älteren Pferd zur Erholung, zum Lösen und zum Abspannen am Ende der Trainingseinheit immer wieder an.
Wie gesagt geht es auch beim Vorwärts-Abwärts um das wichtigste Thema der Reiterei: um das Tragen des Reitergewichtes und um die Rückentätigkeit des Pferdes, also das ungehinderte An- und Abspannen seiner Rückenmuskulatur. Das junge Pferd hat zumeist noch nicht die Kraft, allein über die Bauchmuskulatur, die Rumpfmuskulatur und die Beugungsfähigkeit der Hinterhand den Rücken zu stabilisieren. Es fällt ihm viel leichter, dies über ein Fallenlassen

des Halses zu bewerkstelligen. Dazu ist kaum Kraft erforderlich, nahezu alle jungen Pferde bieten es an. Dies macht man sich zu Nutze und reitet die meisten jungen Remonten überwiegend in einer Dehnungshaltung des Halses nach vorn/unten, auch wenn die Pferde dadurch zunächst die Vorhand zwangsläufig etwas mehr mit Gewicht belasten. Deswegen reitet man auch nicht im scharfen Tempo vorwärts-abwärts und erst recht nicht in Verstärkungen. Ein korrekt gerittenes Vorwärts-Abwärts ist eine tiefere Dehnungshaltung für das ruhige Arbeitstempo oder den Mittelschritt des losgelassenen Pferdes, beim ausgewachsenen Pferd mit entsprechender Kraft und Balance auch kurzzeitig für den Galopp.

Nun argumentieren manche, zum Anreiten junger Pferde brauche man das Vorwärts-Abwärts nicht. Wenn die Muskulatur schon an der Hand gestärkt werde, dann könne man den Rücken gleich über die Versammlung, die Hankenbeugung und das Abkippen des Beckens stabilisieren. Das ist aber nicht richtig. Denn so ist es für das Pferd wesentlich schwieriger, die Rückenmuskulatur im Sinne des lockeren An- und Abspannens schwingen zu lassen. Die so ausgebildeten Pferde halten die Rückenmuskulatur fast immer eher fest als die Pferde, die zu Beginn ihrer Ausbildung in etwas tieferer Dehnungshaltung mit locker schwingendem hergegebenen Rücken geritten wurden. Das ändert sich, wenn sich die obere Halsmuskulatur ausgebildet hat, so dass in der Aufrichtung auch eine obere Dehnungshaltung des Halses erreicht werden kann. Dann genügt eine leicht vermehrte Lastaufnahme der Hinterhand in Verbindung mit der Aufrichtung des muskulösen Oberhalses nach vorn-oben zur Stabilisierung des Rückens.

Eines der entscheidenden Missverständnisse ist, dass man das ältere Pferd ebenfalls viel und dauerhaft vorwärts-abwärts mit ganz tiefer Kopf-Hals-Position arbeiten sollte. Hier reicht es oft vollkommen aus, die Pferde auch zum Lösen in Arbeitshaltung zu reiten und das Vorwärts-Abwärts als tiefere Dehnungshaltung lediglich immer mal wieder kurzzeitig in Form eines Überprüfens der Dehnungsbereitschaft oder in Pausen zu nutzen und im Schritt und Halten die Pferde abkauen zu lassen.

Die Dehnungs*bereitschaft* des Pferdes an die freundliche Hand des Reiters ist der Grundpfeiler und der Hauptgradmesser für die korrekte Rückenmuskulaturtätigkeit des Pferdes. Selbstverständlich kommen immer zunächst Zwanglosigkeit, Gleichgewicht und Takt, dann aber daraus resultierend Losgelassenheit und Anlehnung.

Ziel ist also nicht das permanente Vorwärts-Abwärts, wie einige denken, sondern die Geraderichtung und das regelmäßige Gymnastizieren des Pferdes bei locker arbeitender Rückenmuskulatur, damit es den Reiter möglichst schadlos tragen kann und sich körperlich und geistig positiv entwickelt, und das in wechselnden Kopf-Hals-Positionen und unterschiedlichen Versammlungsgraden, um einer einseitigen Überlastung zuvorzukommen.

Und dann gibt es da noch die Korrekturpferde. Da kann es dann durchaus vorkommen bzw. nötig sein, dass man eine ganze Zeit lang in reiner tieferer Dehnungshaltung (aber nicht eng!) eingestellt arbeitet, aber auch dann nur so lange, bis der Rücken „da" ist und damit auch die Anlehnungs- und Dehnungsbereitschaft.

Reitet in Dehnungshaltung! Reines Vorwärts-Abwärts-Reiten ist eine Hilfestellung für das junge Pferd oder das Korrekturpferd, ein gutes Werkzeug in der Lösungsphase oder zur Erholung und Gesunderhaltung, aber möglichst nur im gemäßigten Tempo. Dehnungshaltung bei aktiver Hinterhand und Rückenmuskulatur sowie Zügel aus der Hand kauen lassen sind gute Mittel zur Korrektur und Überprüfung der Rückentätigkeit des Pferdes.

40. Mein Pferd hat nicht die Kraft, in Dehnungshaltung zu gehen

Immer wieder hört oder liest man Erfahrungsberichte, dass junge Pferde sehr eng geritten werden müssen, weil sie angeblich nicht die Kraft dazu hätten, sich im sauberen Vorwärts-Abwärts (tiefe Dehnungshaltung) zu bewegen. Das hört man gelegentlich noch bei einem Pferdealter von neun Jahren nach etwa viereinhalb Jahren Ausbildung. Wann soll denn die Kraft endlich da sein, mit zwölf oder mit 16 Jahren? So lange sollen die Pferde eng geritten werden und dabei gesund bleiben? Eher wahrscheinlich ist dann die Entwicklung von Arthrosen im Bereich von Hals und Genick und Schäden im Bereich des Rückens, denn die reelle Losgelassenheit ist verhindert worden.

Es fehlt nicht den Pferden die Kraft für ein Vorwärts-Abwärts oder eine saubere Dehnungshaltung, in den meisten Fällen verhindert sie der Reiter. Die Pferde sind sehr eng eingestellt, und permanent gibt der Reiter auch noch zusätzliche „Paraden". Wenn das Pferd den Kopf mal hebt oder das Genick öffnen möchte, dann wird es wieder „abgespielt", oder es erfolgt direkt eine andere Handeinwirkung. Selten sieht man einen Reiter auf einem zu eng eingestellten jungen Pferd mit einer wirklich ruhigen, dem Maul folgenden und immer wieder nachgebenden Hand.

Was machen wir, wenn unsere Kraft schwindet? Wir machen eine Pause und erholen uns. Geht dem Pferd die Kraft aus, lässt es meist erschöpft den Kopf und damit den Hals fallen. Manche Pferde kippen dann aber auch hinter die Senkrechte ab oder sie begeben sich in eine „Giraffenhaltung". Wenn die Kraft wirklich nicht da ist, sollte man eine Pause einlegen, die Zügel hingeben, auch mal absitzen. Was soll es denn bringen, das Pferd weiter so eng zu reiten, wenn es keine Kraft hat? Diese Kraft muss das Pferd erst entwickeln und der Reiter das Pferd sich immer wieder dehnen lassen.

Jedes Pferd kann jedem Reiter mal zu eng werden. Das ist weder verwerflich noch immer zu vermeiden. Aber man darf das nicht einfach monate- und jahrelang so hinnehmen! Man sollte direkt darauf reagieren: sofort das Nachgeben anbieten und an der Zwanglosigkeit arbeiten, nicht an der Anlehnung. Anlehnung kann sich nur entwickeln, wenn die Pferde über Zwanglosigkeit und Takt zur Losgelassenheit kommen. Man kann Anlehnung nicht mit der Hand herstellen. Man kann nur die Pferde dazu veranlassen, sie selbst zu suchen und an der angebotenen Hand vertrauensvoll zu nehmen!

Und ja, auch Pferde mit einem leichten Genick können in der Grundausbildung lernen, dieses zu öffnen und geöffnet zu halten. Sehr hilfreich ist hierfür das einhändige Reiten oder das Reiten mit der Zügelbrücke. Die Einwirkung mit der Hand wird weniger und nahezu alle Pferde öffnen dann den Genickwinkel. Man muss daran arbeiten, dass das Pferd das Gebiss annimmt und Vertrauen in die Reiterhand entwickelt. Das beginnt schon an der Longe. Ein zu kurz ausgebundenes junges Pferd mit einem leichten Genick wird sich an die falsche enge Haltung gewöhnen, bevor überhaupt ein Reiter auf ihm gesessen hat. Lässt man schon beim Longieren die Ausbinder wirklich lang genug, dann lernen diese jungen Pferde bereits in diesem Stadium, durch den Körper sich dehnend an das Gebiss heranzutreten, ohne im Genick zu eng zu werden, und entwickeln die nötige Kraft. Dann werden aus diesen wunderbaren jungen Pferden auch keine jungen Korrekturpferde. Lässt man sich und den Pferden genügend Zeit, dann können sie auch die Kraft entwickeln, die sie dazu brauchen, um sich selbst zu tragen und sich dauerhaft in einer für sie günstigen Haltung zu bewegen. Fehlt die Kraft, muss man sie aufbauen. Geht die Kraft zur Neige, muss man eine Pause machen. Spätestens dann!

41. Der falsche Knick bildet sich zwischen drittem und viertem Halswirbel

Dies liest man immer wieder im Netz und hört es in den Reithallen, es stimmt aber nicht, denn der falsche Knick ist anatomisch vorgegeben. Der erste (Atlas) und der zweite (Axis) Wirbelkörper sind anders geformt als die weiteren Wirbelkörper C3 bis C7, das Nackenband ist am Hinterhauptbein und erst ab C3 angeheftet, und so kommt es an der Verbindungsstelle vom zweiten zum dritten Wirbelkörper zu einer anatomisch bedingten Schwachstelle, die nachgibt, wenn das Pferd sich überzäumt oder überzäumt wird. Zunächst kann dies elastisch kompensiert werden und reversibel sein, das heißt, der Knick bildet sich auch wieder zurück und ist nur haltungsabhängig. Werden diese Strukturen aber dauerhaft überdehnt, kann es zu Folgeschäden kommen und dieser Knick, der sich auch optisch erkennbar bildet, lässt sich kaum oder nicht mehr vermeiden.

Der Haken am falschen Knick ist aber nicht nur ein optischer, sondern eben auch ein funktioneller. Denn an dieser Stelle verpufft die Durchlässigkeit in beide Richtungen. Der Reiter spürt die Hinterhand des Pferdes nicht mehr in seiner Hand und die verhaltenden und versammelnden Paraden verpuffen ebenso im zu starken Nachgeben an dieser Schwachstelle. Aber insbesondere schwingt das Pferd eben nicht mehr über den Rücken sauber bis an die Hand heran. Die reelle Losgelassenheit und Anlehnung sind nicht gegeben!

Was ist zu tun, wenn man ein Pferd hat, das dazu neigt? Meist sind dies recht junge, sehr elastische Pferde mit leichtem Genick. Sehr gut tut diesen Pferden das einhändige Reiten und das Reiten mit hingegebenem Zügel. Denn eigentlich immer wirkt der Reiter als handwerklich begabtes Wesen noch zu viel mit der Hand ein. Der Takt und die Losgelassenheit des Rückens sind absolut in den Vordergrund zu stellen. Ganz wichtig ist auch, mit diesen Pferden nicht zu viel Biegearbeit machen zu wollen und man darf sie vor allem nicht im Hals stellen, allenfalls im Genick. Sie verbessern sich meist deutlich, wenn im geraden Geradeaus erst einmal die Stabilität und Stetigkeit der Halsbasis verbessert wird.

Merke: „Ein Hals im falschen Knick darf niemals seitlich gebogen werden!" Sonst hat man ruckzuck auch einen von oben zu sehenden falschen Knick zur Seite im Hals, der noch schwieriger zu korrigieren ist.

Ein ganz wichtiger Punkt bei diesen Pferden kann das korrekte Longieren sein! Oft werden gerade sie von Beginn an viel zu eng verschnallt ausgebunden.

Da ist es besser, nicht auszubinden, allerdings laufen viele dieser Pferde dann im Giraffenmodus. Also empfiehlt es sich auch hier, korrekt, das heißt wirklich lang verschnallt auszubinden und erstmal im Trab Zwanglosigkeit und Losgelassenheit an der Longe zu erarbeiten. Das wird gern unterschätzt und versäumt bei solchen Pferden. Oft sind sie schon im falschen Knick, bevor ein Reiter auf ihnen gesessen hat.

Auch fachgerechte Stangen- und Cavalettiarbeit hilft in diesen Fällen oft sehr, denn das fördert die Losgelassenheit und damit auch die Dehnungsbereitschaft.

DIE SKALA DER AUSBILDUNG, EIN KORSETT?

42. Die Skala der Ausbildung ist rein linear zu betrachten

Früher, etwa bis in die 70er Jahre, herrschte diese Vorstellung noch vor. Mittlerweile findet man auch in den Richtlinien der FN Skizzen, die veranschaulichen, dass die Skala der Ausbildung eben nicht rein linear zu betrachten ist, denn alle Punkte beeinflussen sich gegenseitig. In der Ausbildung des Pferdes geht man aber trotzdem aus gutem Grund zunächst auch zeitlich gesehen nach dieser Richtlinie vor. Zur Veranschaulichung, wie die einzelnen Stufen miteinander zusammenhängen, bietet sich eine erweiterte Skala der Ausbildung an. Man könnte sie folgendermaßen zusammensetzen, und es ist bei Problemen immer empfehlenswert zu überprüfen, an welchem Punkt dieser Skala die Ursache zu finden sein könnte:

1. Vertrauen: in den Menschen, die Umgebung, das Zubehör, die Haltungsform
2. Zwanglosigkeit: die Vorstufe der Losgelassenheit, bestimmt durch den Wegfall physischer und psychischer Spannung
3. Takt: die Herstellung und Erhaltung des Taktes. Das Gleichmaß der Bewegung und der Reinheit der Gänge darf nie verloren gehen und ist Grundvoraussetzung für alle anderen Punkte.
4. Losgelassenheit: ergibt sich aus Zwanglosigkeit und Takt mit einer Prise mehr an Vorwärts
5. Anlehnung: ergibt sich aus 4. von ganz allein, wird vom Pferd gesucht und vom Reiter gestattet
6. Schwung: beinhaltet 4. und bedeutet das Durchschwingen der Bewegung durch den ganzen Körper und dann die Entwicklung der Schubkraft

7. Geraderichtung: von Beginn an zu beachten!
8. Balance: in allen Punkten zu beachten, kann sich nur mit einem ausbalanciert sitzenden Reiter ergeben
9. Versammlungsfähigkeit: Versammlung, ergibt sich aus 1.–8., Umwandlung der Schubkraft in Trag- und Federkraft und Kadenz in relativer Aufrichtung
10. Durchlässigkeit: ergibt sich aus allen vorangegangenen Punkten

Wichtig ist in der Ausbildung der Pferde immer, ihre Zufriedenheit, die Reinheit der Gänge, Gehlust und Motivation zu erhalten und im Idealfall zu steigern.

43. Die Skala der Ausbildung ist nur für Warmblüter geeignet

Die Skala der Ausbildung ist für alle Pferde und alle Pferderassen wichtig und geeignet, denn:

„Alle Pferde gehen gerne richtig." (Paul Stecken)[9]

Entgegen allen Klischees können und sollten unbedingt auch Friesen, iberisch gezogene Pferde, Araber und Vollblüter sowie Kaltblüter und Ponys unter Berücksichtigung der Skala der Ausbildung geschult werden, wenn man sie auf Dauer gesunderhaltend reiten möchte!
 Ohne Takt und Losgelassenheit kann kein Pferd auf Dauer verschleißarm geritten werden. Auch die Geraderichtung ist für jedes Pferd wichtig, um eine unregelmäßige Belastung unter dem Reiter zu vermeiden. Ebenso sollte der Schwung, der aus der Losgelassenheit resultiert, nie verloren gehen, da er der Gradmesser für das gymnastizierende Durchschwingen ist. Die Anlehnung ergibt sich aus der Losgelassenheit von ganz allein. Allenfalls auf eine höhergradige Versammlung kann man unter Umständen verzichten, wenn man überwiegend gerade und geradeaus im Gelände unterwegs ist. Versammlung ohne Losgelassenheit und Takt dagegen ist für jedes Pferd auf Dauer schädlich und ist somit keine echte Versammlung.
 Gerade Pferde mit etwas schwierigerem Exterieur müssen korrekt geritten werden, auch wenn sie vielleicht etwas länger auf dem Weg dorthin brauchen und der Ausbilder alle Register der Lehre ziehen muss, die zur Verfügung stehen.

44. Schulterherein im Schritt ist *die* lösende Lektion überhaupt!

Fragt man die Teilnehmer von Seminaren oder im Internet nach lösenden Lektionen, wird gern das Schulterherein im Schritt genannt.

Was ist „Schulterherein"? Es handelt sich um eine Lektion in Versammlung, in Biegung und Stellung und mit entsprechender Aufrichtung im Seitwärts. Das Pferd ist nach innen gestellt und gebogen, die Vorhand tritt dabei so weit in die Bahn bzw. nach innen, dass von vorn gesehen drei Beine oder Spuren erkennbar sind, von innen nach außen: 1. das innere Vorderbein, 2. das äußere Vorderbein und dahinter das innere Hinterbein, 3. das äußere Hinterbein. Grundvoraussetzung hierfür ist ein bereits gelöstes Pferd in sauberer Anlehnung und ein taktmäßiges Schreiten oder Treten. Das Ganze wird auch noch im Schritt geritten, in der schwierigsten und störanfälligsten Gangart des Pferdes, mit vielen Möglichkeiten, sich der korrekten Ausführung zu entziehen, und mit der Gefahr, das Vorwärts zu verlieren. Schulterherein eignet sich deshalb allenfalls zur Lösung des weit ausgebildeten Pferdes, dem diese Lektion leichtfällt. Voraussetzung ist außerdem ein sehr versierter Reiter, der spürt und kontrolliert und korrigiert, wenn die Ausführung nicht mehr korrekt erfolgt!

Wir sollten uns klarmachen, was wir in der Lösungsphase überhaupt erreichen wollen: Wir möchten, dass das Pferd über die Zwanglosigkeit und den Takt zur Losgelassenheit und damit zur Anlehnung findet, dass es arbeitsfähig, arbeitswillig und arbeitsbereit wird.

Viele meinen sie zu kennen, die *Lektionen der Lösungsphase,* und nennen als solche: Volte im Schwenken, Vorhandwendungen, Schenkelweichen, Viereck verkleinern und vergrößern, taktmäßiges Traben auf leicht gebogenen Linien, das Reiten einfacher Übergänge, Freispringen, Stangen- oder Cavalettiarbeit, Longieren, Boden- oder Handarbeit, Doppellongenarbeit, Reiten im leichten Sitz, im Gelände bummeln, freilaufen lassen und zehn bis zwanzig Minuten Schritt am hingegebenem Zügel. Mit Ausnahme des Schrittreitens mit hingegebenem oder am langen Zügel sind die wenigsten der genannten Übungen für das einzelne Pferd wirklich lösende Lektionen. Sie sind für die Mehrzahl der Pferde Lektionen, die in die Arbeits-und Übungsphase gehören: Wenn das Pferd die diagonalen Hilfen nicht verstanden hat, fallen Vorhandschwenk, Vorhandwendungen und Schenkelweichen für die Lösungsphase aus. Zulegen und Aufnehmen und alle weiteren Übergänge verlangen den Einsatz der halben Paraden und einen sehr sicheren Takt, plus einen Hauch an Verbindung, fast

Die Skala der Ausbildung, ein Korsett?

schon Anlehnung. Lösendes Freispringen lockert das Pferd, welches dies kennt und sich nicht aufregt, Stangen- und Cavalettiarbeit ebenso.

Longieren muss vom Reiter gekonnt sein, sonst löst es nicht, sondern macht das Pferd fest, meist durch zu kurz verschnallte Ausbinder, und verdirbt den Takt, vor allem, wenn auf kleinem Kreis „zentrifugiert" wird. Ein lösendes Longieren sollte möglichst auf einem 20-Meter-Zirkel erfolgen. Gleiches gilt für die lösende Arbeit an der Doppellonge. Ein Pferd, das an normaler Longe nicht einwandfrei zu arbeiten ist, gehört nicht an eine Doppellonge. Das macht nicht locker, sondern bretthart in Maul und Rücken.

Das Reiten im leichten Sitz sollte der Reiter in Trab und Galopp beherrschen. Nur wenn er in der Lage ist, dabei in der Balance zu sitzen, wird sich das Pferd loslassen.

Im Gelände bummeln löst Pferde, die dies gern und oft machen, ist für manche aber zunächst ein angstmachendes Szenario – gerade für manche Dressurpferde, mit denen (leider) selten ausgeritten wird.

In die Lösungsphase gehört *nur* und *ausschließlich* das, was ein Pferd jederzeit gern und spielend leicht erledigt. Und dies sollte auch für den Reiter gelten. Auch er kann sein Pferd nur in Lektionen oder Übungen lösen, die er beherrscht, in denen er sicher ist und deren Hilfengebung ihm vertraut ist. Nur diese Übungen führen zum Ziel, zur Leistungsfähigkeit und zur Leistungsbereitschaft.

Die echten Seitengänge im Schritt gehören nach der Lehre eher weniger bzw. gar nicht zu den lösenden Lektionen. Es gibt wenige Pferde, die sich über diese Arbeit lösen lassen, die dadurch zur Ruhe kommen, zu kauen beginnen und geschmeidig werden, die ihre diagonale Bauchmuskulatur wechselseitig dabei an- und abspannen und deren Dehnungsbereitschaft sich hierdurch auslösen lässt. Für die meisten Pferde ist diese Vorgehensweise nicht geeignet, sie bauen dadurch eher mehr Spannung auf und lassen sich zum Beispiel besser im lockeren Galopp oder im Trab auf gebogenen Linien lösen.

Wenn Widerstände bei der Arbeit in den Seitengängen im Schritt auftreten, muss man immer bedenken, dass dies einen Grund hat. Und die Lösung dieser Probleme liegt dann eben nicht mehr in der Schrittarbeit und gehört erst recht nicht in die Lösungsphase! Versucht man so, die Pferde zu lösen, dann kommt es wirklich zu Taktfehlern und Gangunreinheiten, und die Pferde wehren sich je nach Duldsamkeit immer deutlicher, werden unwillig. Sich in der Lösungs- und ggf. auch in der Arbeitsphase zunächst mit wenigen Tritten seitwärts zu begnügen, fällt vielen Reitern besonders schwer, ist aber wichtig. Auch der häufige Hand- und Seitenwechsel und das immer wieder kurzzeitige Entlassen in eine andere Haltung sind notwendig, um Verspannungen vorzubeugen. Dies gilt sowohl für die echten Seitengänge als auch für das Schenkelweichen, die Volte im Schwenken und die Vorhand- und Hinterhandwendung.

Das Schulterherein, oft auch als das „Aspirin der Reitkunst" bezeichnet, ist eher ein „Therapiemittel" für die Geraderichtung der Pferde. Die Dosis macht den Unterschied zwischen „Heilmittel" und „Gift"!

45. Alle Pferde müssen in vollkommener Zwanglosigkeit in allen drei Gangarten ihren Takt finden

Dieser Grundsatz gilt für viele Pferde, aber eben nicht für alle: Thema ist das Pferd mit wenig Körperspannung. Was braucht dieses Pferd? Was braucht es nicht? Es braucht wenig Zwanglosigkeit, denn das ist seine leichteste Übung! Die Pferde kommen quasi schon zwanglos und mental losgelassen in die Reitbahn. Das hat nichts mit der erwünschten körperlichen Losgelassenheit zu tun, die über das Durchschwingen durch den Körper und Leistungsbereitschaft und Leistungsfähigkeit definiert ist! Was diese Pferde ebenfalls nicht brauchen, ist pseudoversammelnde „Bodenarbeit". Hierbei schlurfen sie gemütlich herum, gern noch von kreuz nach schräg über schief, was keinerlei positiven Effekt hat. Auch bei diesen Pferden ist das Longieren manchmal wenig hilfreich, da es hierbei sehr schwierig ist, die Pferde korrekt zu schließen.

Was diesen Pferden aber durchaus helfen kann, ist die klassische Arbeit an der Hand, bei der das durch ausreichend lang verschnallte Ausbinder eingerahmte Pferd von hinten nach vorn geschlossen und aktiviert wird.

Diese Pferde sollten unter dem Reiter lernen, immer baldmöglichst eine „positive" Körpergrundspannung aufzubauen und dann auch zu halten. Das ist für sie extrem anstrengend und das können sie auch nicht lang halten. Daher brauchen sie kurze Reiteinheiten, diese aber regelmäßig, kein langes Herumgeschlurfe unter dem Reiter, das ist für sie Gift! Sie brauchen kein oder wenig Reiten mit hingegebenem Zügel, oder dies nur kurz und im fleißigen Schritt. Auch vertragen sie das in Trab und Galopp meist nicht und fallen nur auseinander. Der Reiter sollte sie immer so bald wie möglich von hinten nach vorn schließen, wobei er ultravorsichtig mit der Hand sein muss, denn diese Pferde machen sich sonst einfach eng im Hals, um nicht durchschwingen zu müssen.

Hier sind kurze und frische Arbeitsreprisen gefragt: ein frisches Arbeitstempo, Übergänge von hinten nach vorn geritten, kurze Galoppreprisen gut durchgesprungen, um die meist auch schwache Bauchmuskulatur anzusprechen, Wendungen im Gange nur unter Erhalt eines fleißigen Hinterbeines mit leichter Hand, Antraben aus dem Halten in frischem Tempo oder angaloppieren, Mittelgalopp, durchparieren zum Trab und zulegen. Aber alles nicht so lange, 20 Minuten dieser Arbeit bringt diese Pferde oft an und über ihre Grenzen und dann verweigern sie sich, indem sie triebig werden, sich auf die Hand legen oder hinter der Hand „verschwinden".

Pferde mit einer geringen Körpergrundspannung stehen oft nicht hoch im Blut und sind niemals „Gewichtsträger". Sie sind oft schon mit ihrem Eigengewicht überfordert. Und nein, das betrifft nicht nur „kalte" Rassen. Diese Pferde sind oft zusätzlich noch überbeweglich, weil ihnen die muskuläre Stabilität fehlt.

Woran erkenne ich nun solche Pferde? Ihr Bewegungsmuster ist eher flach, die Schwebephase im Trab wenig bis nicht ausgeprägt. Der im Dreitakt durchgesprungene Galopp fällt vielen von ihnen besonders schwer. Wenn sie es allerdings schaffen, den gut durchgesprungenen Galopp zu halten, ist es für sie eine der wichtigsten gymnastischen Übungen. Diese Pferde schaffen es aber eben auch, sowohl den Hals fallen als auch den Brustkorb gleichzeitig absinken zu lassen, da auch der muskulär-bindegewebige Anteil des Halteapparates des Brustkorbes betroffen ist. Das Gefühl des Reiters ist dabei, dass die Pferde den Sitz plötzlich nicht mehr ausfüllen. Die Vorderbeine wirken oft „zu kurz geraten" aufgrund des abgesunkenen Brustkorbes.

Die Eigenmotivation dieser Pferde ist meist gering, sie haben selten einen großen Bewegungsdrang. Sie wirken oft auch triebig oder legen sich auf die Hand und eilen unter dem Reiter davon, zudem geraten sie gern hinter die Senkrechte. Sie erscheinen eher schwerfällig in ihren Bewegungen und sind oft auch schnell kurzatmig, ohne dass andere organische Ursachen gefunden werden können. Sobald sie die Körperspannung nicht mehr halten können, neigen sie zum Stolpern. Knie-, Rücken- und Sehnenprobleme sind häufig anzutreffen. Ein weiteres mögliches Zeichen: Die Unterlippe hängt nicht nur nach, sondern schon vor dem Reiten schlapp herunter. Wallache sind häufiger betroffen, da ihnen das Testosteron fehlt, das hier noch etwas ausgleichen kann.

Erst, wenn der Reiter in der Lage ist, bei diesen Pferden eine entsprechende muskuläre Stabilisierung sicher und sofort abrufen zu können, dann können sie auch auf Dauer schadlos „tragen".

ANLEHNUNG: EINE FRAGE DER HALTUNG?

46. Die Anlehnung muss immer leicht sein

Nein, die Anlehnung kann auch mal stärker sein. Zum Beispiel beim jungen Pferd, das vor allem Schubkraft und noch wenig Tragkraft mitbringt, und in den Verstärkungen. Auch exterieur- und temperamentbedingt gibt es Pferde, die durchaus etwas mehr Anlehnung suchen und diese auch brauchen.

Das Problem solcher Aussagen ist die verschobene bis verschrobene Vorstellung von Anlehnung. Gerade bei Sportreitern wird sie mit Haltung und Beizäumung gern gleichgesetzt.

Was bedeutet Anlehnung? Anlehnung ist die stetige, ruhige, aber dennoch federnde Verbindung zwischen Pferdemaul und Reiterhand, hergestellt durch die Bereitschaft des Pferdes, den Kontakt zur freundlichen Reiterhand zu suchen und zu behalten, damit eine Kommunikation auch über die Hand zwischen Pferd und Reiter möglich ist. Die Bewegung des Pferdes schwingt vom Hinterbein über den Rücken bis in die Hand des Reiters hinein. Je leichter, aber konstanter sie ist, desto besser und angenehmer ist sie zumeist für Pferd und Reiter. In der Versammlung ist sie leichter als in der Verstärkung, bei der sie dem Pferd helfen kann, einen gewissen Spannungsbogen zu halten. Das Pferd, welches die Anlehnung sucht, beginnt bei der freundlich angebotenen Reiterhand auf dem Gebiss zu kauen, gibt im Genick nach und entspannt die Unterhalsmuskulatur, entsprechend dem Fachausdruck „es stößt sich vom Gebiss ab". Und ja, es zäumt sich in Folge der Anlehnung bei aktivierter Hinterhand auch bei, begibt sich in eine bestimmte Haltung, die aber nicht durch die Reiterhand aktiv hergestellt und geformt werden darf. Die Werte und die Ziele scheinen sich jedoch verschoben zu haben. Ziel scheint nur noch das „Reiten in Anlehnung" zu sein, und hierunter wird dann eine konstante Beizäumung verstanden.

Die Krönung der Anlehnung in der weiteren Folge ist die Durchlässigkeit, der Bewegungsfluss zwischen Hinterhand, Rücken, Hals, Genick, Pferdemaul und Reiterhand ist ungestört in alle Richtungen, am liebsten beidseits gleich stark ausgeprägt.

Die Qualität der Anlehnung zeigt vieles auf, was der Reiter über die Verfassung und den Ausbildungsstand des Pferdes wissen möchte. Die Bereitschaft zur Anlehnung zeigt das Pferd mit zunehmender Losgelassenheit. Takt, Losgelassenheit und Anlehnung gehen Hand in Hand. Der Reiter aktiviert ein wenig mehr an Vorwärts, als das Pferd in der Zwanglosigkeit anbietet, und löst so die Dehnungs- und Anlehnungsbereitschaft des Pferdes aus. Die Anlehnung ist dabei immer etwas, was das Pferd anbietet, nicht etwas, das der Reiter mit der Hand herstellt.

47. Ein Pferd muss immer in deutlicher Anlehnung gehen!

Widersprechen sich Anlehnung und Selbsthaltung? Das könnte man meinen, denn es wird vielen Pferden viel zu selten die Gelegenheit gegeben, sich wirklich selbst zu tragen. Immer soll das Pferd „an die Hand ziehen", „in Anlehnung gehen". Dies führt dazu, dass viele Reiter ängstlich bemüht sind, diese Anlehnung von sich aus herzustellen und zu halten und dadurch viel zu viel mit der Hand einwirken.

Sinnvoller wäre es, mit der Hand – und damit sind beide Hände gleichzeitig gemeint – im Millimeter- und Zentimeter-Bereich wirklich vorzugehen, immer wieder leicht zu werden, das Weiche und Leichte immer wieder anzubieten, beim Anreiten, beim Antraben, beim Angaloppieren, in der Ecke, in der Versammlung. Lasst die Pferde sich immer wieder auch selbst tragen. Sobald wie möglich sollte man auch schon dem jungen Pferd immer wieder die Möglichkeit dazu bieten, wenigstens für Sekunden (-bruchteile am Anfang). Nur so kann sich die tragende Oberhalsmuskulatur wirklich schön entwickeln! Dann entwickeln auch Stuten „Hengsthälse".

Voraussetzung ist natürlich, dass die Pferde durchs Genick treten und durchlässig am Sitz und an den vorwärtstreibenden Hilfen stehen. Die Anlehnung an die Hand wird im Laufe der Ausbildung immer mehr von der Anlehnung an den Sitz des Reiters abgelöst, Klaus Balkenhol hat dies auch schon einmal so in einem seiner Alte-Meister-Kurse erklärt.

Nur so bekommt man die Pferde wirklich vor sich. Und keine Angst, die wenigsten machen sich sofort nach oben frei oder heben sich heraus, die meisten sind erfreut und erstaunt, dass man ihnen vertraut. Und sie lieben es eigentlich alle. Wir erinnern uns: „Alle Pferde gehen gern richtig" (Paul Stecken), und dazu gehört eben auch, dass sie sich im Laufe ihrer Ausbildung zunehmend selbst stolz tragen und tragen dürfen.

Kaum noch jemand setzt in der täglichen Arbeit das Abfragen der Selbsthaltung ein, was früher selbstverständlich war. Das Überstreichen wird nur eingebaut, weil es in Prüfungen verlangt wird, selten wird darüber nachgedacht, warum das so ist, und selten wird es korrekt durchgeführt, indem die Zügelverbindung auch wirklich für einen Moment aufgegeben wird und das Pferd kurzzeitig allein über den Sitz geritten wird.

Wichtig ist, dass die Dehnungsbereitschaft erhalten bleibt und der Reiter diese auch immer wieder abfragen kann, indem er nach einer Phase des Nachgebens und der Selbsthaltung wieder nachtreibt und das Pferd dann die Anlehnung an die Hand erneut sucht.

Die Forderung nach der permanenten, unbedingten Anlehnung kann den Tod der Selbsthaltungsfähigkeit bedeuten! Selbsthaltung bei erhaltener Dehnungsbereitschaft und das Pferd am Sitz und an den vorwärtstreibenden Hilfen, das sollte das Ziel sein!

In der Versammlung *muss* die Anlehnung leichter werden! Je versammelter, desto leichter! In Tempowechseln könnt Ihr dann immer wieder überprüfen, ob Ihr Euer Pferd wirklich noch vor Euch habt. Nicht jede leichte Verbindung bedeutet, dass ein Pferd hinter dem Zügel ist.

48. Das Pferd muss an die Hand ziehen!

Das ist ein in Mode gekommener Ausdruck dafür, dass das Pferd die Anlehnung suchen sollte. Es geht beim Reiten aber ums Dehnen und nicht ums Ziehen!

Als Fachausdruck gibt es das Ziehen aus gutem Grund nur in folgenden Zusammenhängen: Das Pferd zieht zum Sprung, es zieht den Sprung an oder es zeigt einen deutlichen Zug nach Vorwärts. Das bedeutet, dass es gern springt und von sich aus beschleunigt, wenn in Richtung eines Hindernisses geritten wird bzw., dass es gut vor und an den vorwärtstreibenden Hilfen steht. Wenn ein Pferd „nicht zieht", dann schwingt es nicht im gesicherten Vorwärts durch den Körper.

Anlehnung: Eine Frage der Haltung?

Wieso sollte das Pferd „an die Hand ziehen"? Wenn es zieht, dann zieht es den Zügel, die Reiterhand nach vorn und spannt noch dazu die Halsmuskulatur in unerwünschter Weise an. Wir sehen das bei Pferden, die sich auf die Hand legen, was ja im Prinzip ein zu starkes „An-die-Hand-Ziehen" bedeutet, diese Pferde bilden einen deutlich erkennbaren, ausgeprägten Unterhals aus.

Wollen wir das wirklich? Wollen wir nicht eher ein Pferd, welches sich auf Grund der fließenden Vorwärtsbewegung, der aktiven Hinterhand- und Rückenmuskulatur an die Hand herandehnt? Das ist bewegungstechnisch etwas ganz anderes als „Ziehen": Beim Herandehnen längt das Pferd seine Oberlinie, beim Ziehen drückt es gegen das Gebiss und schiebt aktiv das Maul vor.

Es ist zwar nachvollziehbar, was die Ausbilder meinen, wenn sie diesen Ausdruck verwenden, aber er ist ausgesprochen unglücklich gewählt! „Ziehen" sollte bei der Entwicklung der Anlehnung nichts, weder das Pferd und erst recht nicht der Reiter.

Das Pferd dehnt sich an die Hand heran, es stellt die Anlehnung her, die ihm die freundliche, filternde, immer zum Nachgeben bereite Reiterhand gewährt!

Die Reiter der Pferde mit dem leichten Genick sollten sich von der Vorstellung verabschieden, sie müssten mehr „an die Hand ziehen". Dieser Ausdruck impliziert eine Anlehnungsstärke, die diese sensiblen Pferde überhaupt nicht bereit sind zu „liefern". Es reichen ein paar Gramm mehr als das Zügelgewicht als Anlehnung. Viel entscheidender als die Kilogramm der Anlehnung ist ihre Stetigkeit und die Dehnungsbereitschaft der Pferde, sie zeigt die korrekte Rückentätigkeit an! Es kommt überhaupt nicht darauf an, dass da viel Zug herrscht, im Gegenteil, es sollte eine stetige, minimale Anlehnung sein, mit einer jederzeit abrufbaren Dehnungsbereitschaft an eine dem Maul fein folgende Hand! Wenn sich das junge Pferd mal „raushebt" und so aus Versehen das Genick öffnet, dann sollte man dies durchaus zulassen und nicht sofort über eine Handeinwirkung unterbinden. Sinnvoller ist es, geduldig von hinten nach vorn weiterzureiten und die Hand nur anzubieten. Sehr hilfreich ist auch, oft einhändig geführt oder mit Zügelbrücke zu reiten, so minimiert man weiter die Handeinwirkung und nahezu alle Pferde öffnen dann auch das Genick. Was diese jungen, zu engen Pferde vor allem nicht brauchen, sind „Paraden" mit der Hand. Es geht nicht darum, das Pferd vorn allein zu lassen oder auseinanderfallen zu lassen, nein, man gibt durchaus auch einen Rahmen vor. Aber man sollte auch mit wenig Anlehnung zufrieden zu sein und den Fokus vor allem auf die Dehnungsbereitschaft über das Arbeiten des Rückens legen.

49. Ein Pferd darf nie mit der Stirnlinie hinter die Senkrechte kommen

Dieser Satz hat durchaus seine Berechtigung, führt aber oft dazu, dass Laien mit dem Winkelmesser an der Bande oder am Viereck stehen und kaum, dass ein Pferd mit der Nasenlinie hinter die Senkrechte kommt, „Rollkur!" rufen.

Neben dem bewussten Reiten im „Low, Deep and Round" (LDR) und beim Reiten in „Rollkur" gibt es vielfältige Ursachen für eine zu enge Hals-Kopf-Einstellung, und die Lösungen werden dementsprechend unterschiedlich sein.

Bei einem jungen Pferd und/oder einem Pferd mit sehr leichtem Genick empfehlen sich immer wieder Pausen mit hingegebenem Zügel, sobald das Pferd beginnt, im Genick zu eng zu werden. Das Argument der fehlenden Kraft zieht nicht als Begründung, solch ein Pferd permanent deutlich hinter der Senkrechten zu reiten. Wie schon besprochen, muss man dem Pferd ermöglichen, die nötige Kraft zu entwickeln, und sobald sie schwindet, eine Pause einlegen! Kein Pferd muss exterieurbedingt permanent zu eng eingestellt werden, auch nicht die Pferde mit dem hohen Halsaufsatz und dem leichten Genick. Es kann allerdings viel reiterliches Geschick erfordern, das Öffnen des Genickwinkels auch zu erreichen. Das Aufrichten über die Hand oder die Öffnung des Genickwinkels über die Versammlung sind wenig aussichtsreich, wenn diese Pferde einmal „abgetaucht und abgeknickt" sind. Auch bei ihnen muss man in erster Linie den Rücken dazu bringen loszulassen, um die Dehnungsbereitschaft zu erarbeiten.

Ein Spezialfall sind Korrekturpferde, die sich bei leichtestem Handkontakt (Zügelgewicht) hinter den Zügel verkriechen. Das ist ein Thema für sich. Da kommt es dann unter Umständen auch auf die Gebisswahl an, eventuell muss man zeitweise auch auf eine gebisslose Zäumung ausweichen oder längere Zeit einhändig reiten. Oft sind es Pferde, die schon in jungen Jahren Angst vor dem Gebiss und vor allem vor der Handeinwirkung des Reiters entwickelt haben.

Es ist wenig sinnvoll, ein Pferd per Winkelmesser zu beurteilen. Man muss immer die Gesamtsituation betrachten. Arbeitet die Rückenmuskulatur ungehindert? Ist das Hinterbein aktiv? Kaut das Pferd ruhig, aber nicht hektisch? Wirkt es zufrieden, und ist es kooperativ? Dass ein Pferd kurzzeitig hinter die Senkrechte gerät, wird jedem Reiter immer mal wieder passieren und ist auch nicht dramatisch, solange man das sofort zu korrigieren versucht und weiß, wo die Ursachen liegen.

50. Ein bisschen „LDR" schadet nicht

Zunächst einmal, was bedeutet „LDR"? Und gibt es einen Unterschied zur Rollkur? Sowohl beim Reiten „low, deep and round" (LDR) als auch bei der „Rollkur" werden die Pferde bewusst und aktiv mit der Hand deutlich eng und tief eingestellt. Bei der „Rollkur" wird hierfür auch Kraft und Gewalt eingesetzt, beim Reiten im „LDR" erfolgt dies technisch etwas „milder" mittels „Durchstellen" und „Flexen". Der Hals des Pferdes wird hierbei dauerhaft zu stark gerundet und auch noch (wechsel-)seitig gebogen. Die Reiter tun das, um das Pferd besser kontrollieren zu können, und angeblich, um das Pferd besser über den Rücken reiten zu können.

Die Ganaschen des Pferdes werden hierbei gequetscht, das Nackenband dauerhaft überdehnt, die Knochen der Halswirbelsäule gestaucht und die Gelenke unter Umständen geschädigt und deformiert.[10] Es kommt häufig zu vorzeitigen Verschleißerscheinungen (Arthrose) im Bereich der Halswirbelsäule, und es entwickelt sich ein dauerhaft erkennbarer falscher Knick. Durch die ständige Überdehnung und Überspannung des Nackenbandes und der Muskulatur und durch die Verspannungen im Bereich der kleinen und größeren Halsmuskeln halten viele Pferde reflektorisch auch den Rücken fest, um den Schmerzen zu entgehen, oder aber sie lassen den Rücken durchhängen. Man sieht bei diesen Pferden zum Beispiel im Halten, dass sie die Hinterbeine nach hinten hinausstellen, um den geplagten Rücken zu entlasten.

Die Reiter haben oft Probleme, die Pferde mit dem festen Rücken in den nicht reell erarbeiten Verstärkungen zu sitzen. Die Pferde sind allerdings meist brav und gut kontrollierbar, da sie es aufgegeben haben, sich gegen diese Art der „Gymnastizierung" zu wehren. Probleme in der Ausbildung werden so kaschiert, und sie geht vermeintlich schneller voran.

Gerne werden ganz junge Pferde in einer besonderen Spielart der Rollkur gearbeitet, die sich noch katastrophaler auswirkt. In einer Art hohen Rollkur werden die Pferde in einer absoluten Aufrichtung, eng und kurz im Hals eingestellt, mit verkrampften Rückenmuskeln und strampelnden unnatürlichen, aber für den Laien eindrucksvollen Bewegungen geritten. So entwickeln sich die sogenannten Schenkelgänger im Gegensatz zu den Rückengängern, die ihren Rücken hergeben. Diese Art, die jungen Pferde zu arbeiten, kann sie schon in ganz jungen Jahren ruinieren. Die Zahl der sehr jungen Pferde mit Kissing Spines und Fesselträgerschäden spricht da für sich.

Leider haben sich viele, auch sehr erfolgreiche internationale Sportreiter zu solchen Methoden bekannt und wenden sie an, obwohl sie auf Grund ihrer Fähigkeiten, ihres Talentes und der Qualität ihrer Pferde auch den etwas mühsameren und ein wenig längeren klassischen Weg gehen könnten. Diese Entwicklung ist extrem bedauerlich, da diese Reiter auch eine Vorbildfunktion haben.

Selbstverständlich kann ein Pferd immer mal hinter die Senkrechte kommen. Das erfordert dann aber ein *sofortiges* Vorlassen, Längen des Halses und Herabsetzen der Ansprüche, bis das Pferd sich wieder tragen kann, an die Hand herantritt und man es wieder vor sich hat.

Es geht nicht darum, mit dem Winkelmesser an der Bande oder am Rand des Abreiteplatzes zu stehen, sondern darum, zu beurteilen, ob hinter dem zu sehenden „engen und tiefen" oder „engen und hohen" Einstellen ein Ausbildungskonzept steht. Bewusstes extremes Engmachen des Pferdes im Hals ist immer tierschutzrelevant, und nicht erst nach zehn Minuten (die FEI hat beim Abreiten das Trainieren im LDR für zehn Minuten am Stück erlaubt).

Es geht auch ohne! Dies zeigen hervorragend arbeitende, klassisch ausbildende Reiter sowohl der Vergangenheit als auch der Gegenwart immer wieder auf höchstem Niveau.

51. Die Nasenlinie etwas hinter der Senkrechten ist nicht so schlimm

Jedes Pferd kann mal zu eng werden oder hinter die Senkrechte geraten, das ist auch nicht schlimm, wenn man darauf entsprechend reagiert, das Pferd sofort wieder vorlässt und/oder eine Pause macht.

Aber wie sieht es aus, wenn das Pferd dauerhaft folgende Dinge zeigt?
- hinter dem Zügel gehen
- fehlende Anlehnung
- falscher Knick
- fehlende Dehnungsbereitschaft an die Hand heran

Warum sind diese Phänomene überhaupt ein Problem? Pferde, die sich zu stark beizäumen oder zu stark beigezäumt gearbeitet werden, blockieren durch die Überdehnung und Verspannung der Halsmuskulatur die reguläre Arbeit auch der Rückenmuskulatur, sie finden so nicht zur reellen Losgelassenheit, und sie können sich auch nicht mehr im Genick stellen, da es zu einer natürlichen knöchernen Blockade des Genicks kommt. Nun kommt es wie immer zunächst darauf an, die Ursache zu finden:

Warum dehnt sich das Pferd nicht vertrauensvoll an die Hand heran?
- In den meisten Fällen ist dies „angeritten", durch zu viel Handeinwirkung zu Beginn oder im Verlauf der Ausbildung
- Das Pferd nimmt die vorwärtstreibenden Hilfen nicht ausreichend an.
- Der Reiter hat sein Pferd nicht „am Sitz"!
- Das Pferd hat Balance- und/oder Taktprobleme, eilt unter dem Reiter davon und verkriecht sich dabei.
- Auch Rückenprobleme aller Art kommen als Ursache in Frage, das Pferd verspürt dann Schmerzen beim Dehnen.
- Schlechte Hufstellung kann ein Grund sein.
- Zahn- und Zahnungsprobleme können sich ebenfalls ungünstig auswirken.
- Sattel, Zäumung oder Gebiss können unpassend sein und dem Pferd Probleme bereiten.
- Auch exterieur- und interieurbedingte Gründe kann es geben (leichtes Genick und eine gewisse Veranlagung, sich in Stresssituationen eher zu verhalten und eng zu werden).

Nun ist das Kind respektive Pferd in den Brunnen gefallen, was tun? Diese Pferde wirklich zu korrigieren ist meist nur sehr, sehr erfahrenen Reitern möglich, und auch die brauchen dabei vor allem Zeit und Geduld.

Ist die Ausrüstung passend und das Pferd sonst gesund, dann kann man am besten wieder ganz von vorn beginnen, bei Zwanglosigkeit und Takt ohne jegliche Beizäumung, und das zunächst an der Longe, unter dem Reiter am besten mit hingegebenem Zügel mit ruhigem Führpferd im Gelände. Oder man beginnt mit dem Longieren über Stangen und Cavaletti in ruhigem und taktmäßigem Tempo, zunächst durchaus auch nur am Kappzaum mit blind eingeschnalltem (nicht verwendetem) Gebiss. Hat das Pferd wieder gelernt, in Zwanglosigkeit den Hals locker fallen zu lassen, dann beginnt man im Trab mit sehr lang verschnallten Ausbindern, an denen das Pferd einen Kontakt finden kann.

Es kann aber sein, dass dies bei sehr maulempfindlichen Pferden nicht ans Ziel führt. Dann sollte man es vorsichtig mit einem wirklich sehr gut geschulten

Reiter versuchen, der dem Pferd zunächst in der Maulbewegung perfekt folgen kann, ohne mit der Hand zurückzuwirken. Denn eines muss in jedem Fall gewährleistet sein, wenn das Pferd den Kontakt herstellen möchte: Die Hand darf lange Zeit nicht agieren, sondern immer nur reagieren und dem Maul des Pferdes folgen, damit es wieder oder überhaupt Vertrauen in die Reiterhand fasst.

Hilfreich und die wichtigste Sofortmaßnahme für viele Pferde sind auch eine einhändige Zügelführung und ein Gebiss, das wirklich ruhig im Maul liegt. Früher wurde aus diesem Grund das hannoversche Reithalfter verwendet und zumeist einfach gebrochene, nicht zu dicke und nicht zu dünne Wassertrensen. Auch Schenkeltrensen werden gern angenommen und liegen ruhig im Maul.

Liegt das Problem eher in der Akzeptanz der vorwärtstreibenden Hilfen, so ist daran mit ruhiger Konsequenz und eindeutiger Hilfegebung zu arbeiten.

Hat das Pferd ein Balanceproblem und eilt davon, ist es über den Sitz zu beruhigen, und man sollte versuchen, es über einen ruhigen Takt zur Zwanglosigkeit zu bringen. Es kann auch helfen, auf gebogenen Linien zu arbeiten und viele Übergänge vom Schritt zum Trab zu reiten. Auch das Übertretenlassen hilft vielen dieser Pferde, das Reiterbein wieder zu akzeptieren. Überhaupt ist das vorsichtige Übertretenlassen für wenige Schritte sehr gut dazu geeignet, die Dehnungsbereitschaft an die Hand heran auszulösen und so das Genick zu öffnen. Die Dehnungsbereitschaft muss aber vom Reiter dann auch angenommen und die Dehnung zugelassen werden.

Und dann gibt es noch die Pferde, bei denen auch diese Vorgehensweisen nicht ans Ziel führen. Dann bleibt Folgendes: im taktmäßigen Arbeitstrab die Verbindung von der eher tief stehenden, aber nicht heruntergedrückten, auch schon mal breit getragenen Reiterhand aus sanft und fein mitgehend herzustellen, egal wie eng das Pferd dabei wird, und dann wirklich taktmäßig vorwärts zu reiten, bis das Pferd beginnt, an die Hand heranzutreten und man dann langsam, aber wirklich ganz langsam, ohne die Verbindung wieder aufzugeben, mit der Hand vorgehen und das Zügelmaß verlängern kann. So kann das Pferd lernen, die Anlehnung wieder zu akzeptieren und Vertrauen entwickeln.

Bei allen diesen Pferden ist auch später noch eines ganz, ganz wichtig: Der Reiter sollte möglichst nicht oder so wenig wie möglich mit der Hand einwirken, sondern hauptsächlich über den Sitz reiten. Die Hand des Reiters darf bei diesen Pferden niemals zurückwirken, allenfalls aushaltend eingesetzt werden, und auch das nur in Bruchteilen von Sekunden. Denn diese Pferde werden auch in Zukunft immer mit einem Zu-eng-Werden reagieren, wenn Stress, Aufregung oder zu viel Handeinwirkung hinzukommen.

Nur in Ausnahmefällen, bei nur ganz kurzzeitigem Engmachen und bei einem stabilen, guten Rücken, kann der sehr erfahrene Reiter mit einzelnen aufrichtenden Arrêts (kurze, minimale einseitige, nach oben gerichtete Zügelanzüge) arbeiten, die aber mit Nachtreiben und sofortigem Vorlassen einhergehen müssen.

Auch auf von hinten nach vorn gerittene halbe oder ganze Paraden reagieren viele Pferde mit einem Aufrichten und mit einem Öffnen des Genicks, wenn die Hand dabei nicht rückwärts wirkt, das Pferd sich durch die versammelnde Wirkung der Übung hinten mehr setzt und vorn aufrichtet und man dies auch zulässt.

Bei alldem ist unbedingt auf die ungehinderte Tätigkeit der Rückenmuskulatur zu achten. Diese darf sich weder verspannen noch in der Aktivität nachlassen, sie muss sich ungehindert an- und wieder entspannen können. Dann kann man sitzen, dann ist die Hinterhand aktiv, und dann ist das Pferd auch jederzeit bereit, sich nach vorwärts-abwärts und an die Hand heran zu dehnen. Grundvoraussetzung für die Dehnungsbereitschaft an die Hand heran sind immer Takt, Zwanglosigkeit und Losgelassenheit.

Auch beim Thema Engwerden ist eines vorbeugend besonders wichtig: die Reaktion des Reiters auf die Reaktionen des jungen Pferdes. Jedes junge Pferd wird mal mehr oder weniger deutlich auf Außenreize reagieren. Das ist normal und auch gut so. Denn wir wollen ja keine Roboter, die ohne eine Regung das Viereck umkreisen. Wie gehen wir nun damit um, wenn ein Pferd kurz scheut oder kurz den Kopf hebt, sich „heraushebt"? Die meisten Reiter, wirklich 99 Prozent, reagieren mit einer „Parade" oder dem, was sie dafür halten, nämlich einem oder mehreren Zügelanzügen. Das Pferd wird „abgespielt" oder „heruntergespielt", und dann wundert sich der Reiter, dass es hinter die Senkrechte gerät, und erklärt sich das Ganze so: „Das Pferd hat noch nicht die Kraft, sich korrekt zu halten." Dabei ist das in den meisten Fällen schlichtweg hausgemacht! Gerade, wenn das Pferd mit dem leichten Genick mal den Kopf hebt, seid doch froh! Was wollt Ihr denn? Ein offenes Genick! Und wenn das Pferd das Genick mal öffnet und sei es, weil es mal kurz aufschaut, was macht Ihr dann? Ihr „arbeitet es wieder herunter"? Nichts, wirklich nichts ist unnötiger und schädlicher für solch ein junges Pferd mit einem leichten Genick. Nun, was sollt Ihr alternativ machen, wenn diese jungen Pferde sich aus der Anlehnung und Beizäumung herausheben? Ihr solltet einfach weiterreiten und Euch an Eurem Pferd freuen, lächeln und ganz gelassen weiter von hinten nach vorn an die ruhig dargebotene Hand heranreiten. Ihr werdet staunen, wie wunderbar das funktioniert und wie schön die Genicke geöffnet bleiben, wenn Ihr Euch besser diszipliniert!

52. Das Genick muss immer oben sein!

Nein, der Rücken muss immer „da" sein!

Beim Reiten im Vorwärts-Abwärts, in der mittleren und tieferen Dehnungshaltung ist das Genick nicht der höchste Punkt des Pferdes. Aber die Nase muss vorn bleiben, damit das Nackenband nicht überdehnt wird. Und dann kann man beginnen, Aufrichtung zu erarbeiten. Die Aufrichtung des Pferdes ergibt sich bei der reellen Arbeit aus zunehmender Versammlung als Nebenprodukt von ganz allein. Dann sprechen wir von relativer Aufrichtung, da sie sich relativ zur Versammlung ergibt. Die relative Aufrichtung beginnt mit den halben und später ganzen Paraden beim jungen Pferd, die es dazu bringen, sich selbstständig aus der tiefen Dehnungshaltung langsam aufzurichten. In den ersten Ausbildungsjahren ist nur diese relative Aufrichtung erwünscht. Je mehr sich das Pferd hinten senkt, desto höher hebt es sich vorn, grob gesagt ähnlich einer Wippe.

Das Pferd muss hierfür in einem längeren Ausbildungsprozess erst einmal die erforderlichen Kräfte entwickeln. Dazu muss als Erstes der Rücken aktiv und ungestört schwingen bei tätiger Hinterhand und die Dehnungsbereitschaft an die Hand heran gesichert sein. Diese Dehnungsbereitschaft sollte auch jederzeit wieder abrufbar sein, auch nach vorwärts-abwärts in der tiefen Dehnungshaltung als Überprüfung, ob in der Aufrichtung der Rücken immer noch gut mitarbeitet.

Die verpönte Form der absoluten Aufrichtung wird entweder von der Hand des Reiters hergestellt oder bedingt durch das Exterieur der Pferde (sehr hoch aufgesetzte Hälse) angeboten, wobei ihre noch nicht ausgereifte Ausbildung die Aufrichtung oft noch gar nicht zulässt (junges Pferd mit leichtem Genick oben hingestellt).

Das zusätzliche Aufrichten mit der Hand und damit noch weitere Beugen des Rückens und der Hinterhand ist nach der Lehre überwiegend der Hohen Schule vorbehalten, dem weit ausgebildeten Pferd mit kräftiger Muskulatur und stabilem Rücken und dem weit geschulten Reiter, der bemerkt, wenn ihm der Rücken „verloren" geht. Die absolute Aufrichtung im Sinne der maximal möglichen Aufrichtung in höchster Versammlung ist ein Mittel für den Könner und das perfekt durchlässige Pferd, das die diskrete versammelnde und damit aufrichtende Einwirkung der Hand auch wirklich bis über die Hanken und bis in den Hinterhuf durchlässt. Seunig beschreibt das so:

> „Die direkte, oder wie sie auch genannt wird, absolute Aufrichtung, wird uns höchstens bei einem ganz besonders feinfühligem Pferde, das sich, der Einwirkung entgegenkommend, von selbst am Zügel aufnimmt und abstößt, wie eine reife Frucht in den Schoß fallen."[11]

Die Möglichkeiten der Aufrichtung werden begrenzt durch das Exterieur der Pferde, die Kraft ihrer Hinterhand und der Gelenke derselben, durch die Länge des Rückens, den Halsansatz und andere Exterieurgegebenheiten sowie den Ausbildungsstand des Pferdes.

Ein kurzer, strammer Rücken mit hohem Halsansatz verführt dazu, den Hals oben hinzustellen mit angespannter, verspannter Rückenmuskulatur, erkennbar an zumeist kleinen, flachen Tritten und fehlender Dehnungsbereitschaft an die Hand.

Bei langem, weichem Rücken und hohem Halsansatz besteht die Gefahr des Absinkens des Rückens, erkennbar an einer matt folgenden Hinterhand. Auch hier fehlt die Dehnungsbereitschaft.

Die „Trinker der Lüfte" haben zwar Kopf und Genick oben, aber den Rücken komplett angespannt und durchaus auch mal durch- bzw. weggedrückt. Der Reiter bemerkt das daran, dass er keine Chance hat, zu sitzen. Das Pferd ist im permanenten Fluchtmodus. Das hat mit erarbeiteter Aufrichtung im reiterlichen Sinne nichts zu tun.

Ein Pferd mit eher schwachen Gelenken und schwachem Bindegewebe hat insgesamt Probleme, eine reelle Versammlung zu halten und braucht längere Zeit der geduldigen Ausbildung, um keinen Schaden zu erleiden.

Und dann haben wir noch die Pferde mit tief angesetztem Hals, am ungünstigsten noch hinten überbaut. Sie kommen hinsichtlich der Aufrichtung und Versammlung schnell an ihre körperlichen Grenzen.

Das Maß der Aufrichtung richtet sich also nach dem Grad der Ausbildung und nach den Exterieurbedingungen des Pferdes.

53. Der Kopf muss runter!

Dies ist eine häufige Forderung, die gestellt wird, da angeblich sonst Pferde nicht gesunderhaltend zu reiten seien und nicht über den Rücken gehen. Es wird dabei oft übersehen, dass es um das ganze Pferd geht, und nicht nur um eine bestimmte Kopf-Hals-Haltung des Pferdes, die egal wie herbeigeführt werden muss.

Nun hat der junge Reitschüler beim Lehrpferd oder seinem Reitpferd noch Probleme mit der Beizäumung, mit der Anlehnung, das Pferd hebt sich raus.

Was ist zu tun, vor allem, wenn man noch nicht so erfahren ist? Als Erstes einmal sollte man sich davon befreien, dass der Kopf „runter" muss, dass das Pferd eine bestimmte Form annehmen soll, die man mit der Hand herstellt. Zunächst muss der Reiter lernen, das Pferd von hinten nach vorn an die Hand heranzureiten. Was bedeutet das? Wie wird dies erreicht?

Der Reiter lässt das Pferd zwanglos gehen, er fordert erst einmal nichts, sondern lässt es seinen Takt finden. Dann nimmt er vorsichtig die Zügel auf, bis er einen leichten Kontakt zum Pferdemaul verspürt. Man bietet eine Verbindung an, man bietet die Hand an – nicht die Anlehnung!

Die muss das Pferd suchen und finden können! Wichtig ist, dabei ein wenig mehr vorwärts zu reiten als im zwanglosen Bummeln. Im Idealfall dehnt sich das Pferd durch die größere Aktivität und das deutlichere Schreiten oder einen deutlicheren Schub in der Trabbewegung an die Hand heran. Und nun muss die Hand dies erst einmal fühlen und filtern, erst einmal einen ruhigen Kontakt halten, das Tempo darf hierbei nicht langsamer werden. Dann kann man darauf warten, dass das Pferd beginnt, am Gebiss zu kauen und im Genick von sich aus nachzugeben.

Nun sollte der Reiter etwas (!) „leichter werden" mit der Hand, sie darf auf keinen Fall zurückziehen. Aber der Reiter darf die Zügel auch nicht wegwerfen, sonst kann das Pferd die Anlehnung nicht finden und fällt auseinander.

So entsteht ein gegenseitiges Kontakthalten ohne Ziehen, und genau das macht die korrekte Anlehnung aus. Weder Pferd noch Reiter ziehen, sie halten einen stetigen, ruhigen, atmenden Kontakt zueinander. Hat das Pferd im Genick nachgegeben, zeigt sich eine schön gewölbte Halsoberlinie, und die Unterhalsmuskulatur wirkt entspannt.

Am besten übt man dies als Anfänger auf dem Schulpferd erst einmal im Stand. Das Pferd wird gerade hingestellt, die Zügel mit sanftem Kontakt aufgenommen, ohne irgendeine Aktion mit ihnen auszuführen. Dann macht der Reiter sein Bein lang, federt im Fußgelenk etwas deutlicher nach unten, hält Kontakt mit der Wade und wackelt einfach mal mit den Zehen. Bei sehr vielen Pferden reicht dieser minimale Impuls mit der Wade schon aus, dass sie beginnen, auf dem Gebiss zu kauen. Dann lobt man das Pferd und lässt nach einem kurzen Moment die Zügel lang oder lässt sie herauskauen, damit das Pferd versteht, dass es wie gewünscht reagiert hat. Diese Übung wiederholt man immer mal wieder im Stand und dann zunächst einmal im Schritt. Wichtig ist, wenn das Pferd sich wieder heraushebt, dies nicht mit der Hand verhindern zu wollen, sondern immer „von hinten" mit der Korrektur zu beginnen, indem man das Pferd zunächst wieder mit der Wade aufmerksam macht. Nachhaltig hilft es weder, vorn abzuspielen, zu klingeln, mit der Hand ausbinden zu wollen noch „durchzustellen". Sinnvoll ist nur, die ruhige Hand anzubieten und eher an Filtern zu denken. Auch hierbei sollte die Linie Pferdemaul, Handrücken, Ellenbogen nicht unterbrochen werden. Die Hand kann allenfalls leicht angehoben werden nach dem alten Leitspruch „Hohe Hand zäumt (bei), tiefe Hand bäumt (auf)!" Gelingt es im Trab noch nicht, dann geht man wieder zurück zum Schritt oder sogar zum Halten.

Bevor man daran denkt, an der Beizäumung zu arbeiten, sollte das Pferd gelöst sein, zum Beispiel locker an der Longe, durch einen kleinen Ausritt, durch Stangentreten oder kleine Sprünge. Es eignet sich alles, was das Pferd gern macht und gut kann. Weitere Übungen, die ein Nachgeben des Pferdes im Genick fördern können, sind die in Ruhe gerittene Vorhandwendung und immer mal ein paar Tritte übertreten zu lassen sowie das Reiten von Wendungen im Gange und alle einfachen Übergänge. Hierdurch werden bei vielen Pferden die Dehnungsbereitschaft und ein Nachgeben im Genick ausgelöst. Zwischendurch kann man auch mal eine Pause machen und die Zügel hingeben und dann wieder neu beginnen, und dies am besten wie immer begleitet durch kompetente Anleitung.

Im Prinzip hilft aber nur üben, üben, üben und fühlen, fühlen, fühlen. Und man sollte als Reiter immer daran denken: Der Motor und der Beginn jeder Aktion müssen hinten liegen!

54. Man muss das Genick des Pferdes bearbeiten und lockern!

Immer wieder hört oder liest man die Aufgabenstellung, das Pferd im Genick zu lockern. Man meint, man müsse „ans Genick rankommen". Was bedeutet denn das? Das Pferd ist im Genick fest. Warum ist es das? Meist, weil es in sich schief ist oder weil es anatomische oder medizinische Probleme hat. Viele Strukturen, von den Zähnen, über die Kiefergelenke, den Hals, den Rücken, das Becken bis zu den Hufen können ursächlich mitbeteiligt sein. Kaum ein Pferd ist „einfach nur so" im Genick fest und muss isoliert dort locker gemacht werden. Es kann vorkommen, dass das Genick eher steif, weil breit und unbeweglich ist, aber das ist dann auch oft eher ein Fall für den Physiotherapeuten.

Viel häufiger liegt die Ursache wesentlich weiter hinten oder sitzt im Sattel! Gern wird zum „Lockern" dann überstellt, mal rechts und mal links „durchgestellt", und fast immer werden die Pferde so eng im Genick. Dann ergibt sich ab einem bestimmten Punkt eine natürliche knöcherne Blockierung des Genicks und das Pferd kann sich gar nicht locker im Genick bewegen. Versucht man das in einer engen Einstellung dennoch zu erreichen, dann fügt man ihm Schmerz zu. Das merkt man nicht unbedingt, denn Pferde können nicht sprechen, sie können nicht „Autsch!" sagen.

Pferde mit einem breiten Genick und dicken Ganaschen sind dort oft tatsächlich relativ unbeweglich und man kann und muss dann an der Geschmeidigkeit arbeiten, aber immer in Maßen, nie in enger Einstellung und immer mit ausreichend langen Pausen. Denn auch schmerzende Ganaschen bereiten dem Pferd keine Freude! Die Ganaschenfreiheit bildet sich erst mit Ausbildung der Oberhalsmuskulatur und Entspannung der Unterhalsmuskulatur durch die errittene Selbsthaltung. Wichtig ist, das ganze Pferd zur Losgelassenheit zu bringen und in der korrekten geraderichtenden Biegearbeit die Schiefe zu korrigieren, denn dann lässt es meist auch das Genick los. Stellung im Genick ist nur zu fordern, bis der Mähnenkamm überkippt, ohne dass das Pferd zu eng und zu kurz im Hals gemacht wird.

MIT SCHWUNG DURCH DEN ALLTAG

55. Der Schwung sollte rein aus der Versammlung heraus entwickelt werden

Die ersten Hilfen, die ein junges Pferd als Grundlage für die gesamte weitere Ausbildung lernen muss, sind die vorwärtstreibenden. Über die Entwicklung der Schubkraft der Hinterhand tritt das Pferd an den Zügel heran und nimmt die Anlehnung. Der Rücken des Pferdes schwingt, ist hergegeben und die Beine federn taktmäßig, energisch und mühelos, niemals krampfhaft und gespannt:

„Der Reiter muss sich auch hierbei stets mit seinem Sitz und seinen Bewegungen dem Pferde anpassen, seinen Schwerpunkt mit dem des Pferdes in Einstimmung bringen und elastisch mitschwingen. Er fühlt deutlich in beiden Händen und unter beiden Gesäßknochen, dass die Arbeit der Hinterhand sich in federnder Tätigkeit der Rückenmuskeln und in ruhigen und gleichmäßigen Tritten äußert."[12]

Seunig sieht im Schub die erste Vorstufe des Schwungs:

„Schub ist das weite Vortreten der Hinterbeine in Richtung des Fußpunktes der gemeinsamen Schwerlinie Reiter-Pferd mit kräftigem Abschub vom Boden, um sich an der Vorwärtsbewegung und am Tragen der gemeinsamen Last von Pferd und Reiter vermehrt zu beteiligen. Der Schub ist die erste Stufe der Entwicklung des Gangmechanismus und Vorstufe des Schwunges. Da zu seiner Entwicklung menschliche Einwirkung gehört, ist der Schub nicht mehr rein natürliche, sondern bereits eine durch dressurmäßige Einwirkung sicht- und fühlbar werdende, ihn verbessernde Begleiterscheinung des Ganges. Schwung entsteht aus dem kraftvollen Schub und der im weiteren Verlaufe der systematischen Arbeit erlangten

Biegsamkeit der Gelenke der Hinterhand, woraus sich ein federndes Abstoßen der Hinterbeine vom Boden ergibt, das zugleich ein elastischer Abschwung schon vor vollendeter Streckung nach rückwärts ist."[13]

In den *Richtlinien für Reiten und Fahren* der FN (Band 1) finden wir zum Thema Schwung Folgendes:

„Der Schwung wird definiert als die Übertragung des energischen Impulses aus der Hinterhand über den schwingenden Rücken auf die Gesamt-Vorwärtsbewegung des Pferdes."[14]

Er zeige sich auch in einer ausgeprägten Schwebephase mit Hinterbeinen, die gut nach vorn durchschwingen, der Reiter werde in der Vorwärtsbewegung flüssig mitgenommen, das Pferd bewege sich losgelassen mit schwingendem Rücken, begleitet von einer weichen, sicheren Anlehnung. Die Dynamik des Schwunges entwickle sich aus allen großen Gelenken der Hinterhand und führe zu einer frei aus der Schulter schwingenden Vorhand.

Hat das Pferd seine Schubkraft über die Schwungentfaltung weiterentwickelt, dann ist es reif, diese Schubkraft auch vermehrt in überwiegende Trag- und Federkraft umzuwandeln.

Dies ist ein dynamischer Prozess, denn über die Verbesserung der Feder- und Tragkraft wird auch wieder die Entwicklung der Schubkraft aus der Versammlung heraus verbessert.

Warum nun erst die Schub- und dann die Tragkraft? Der Sinn liegt in der Schonung der Hinterhand, denn sie ist von Haus aus für die Schubentwicklung gebaut. Arbeitet man zu früh mit der reinen Trag- und Federkraft, werden Sehnen und Gelenke der Hinterhand überlastet. Wird beides moderat und in einer ausgeglichenen, fachgerechten Art und Weise kombiniert, so entwickelt sich aus der Schubkraft die Feder- und Tragkraft der Versammlung und daraus wieder eine verbesserte Schubkraft im Sinne einer zunehmenden Schwungentwicklung nach vorwärts-aufwärts, den Reiter in der Bewegung mitnehmend, aus der gespannten Feder der Hinterhand heraus, mit weit ausgreifenden taktmäßigen Bewegungen aller Gliedmaßen auch aus einer freien Schulter heraus, mit zunehmendem Raumgriff und Bodengewinn und in einer deutlichen Rahmenerweiterung.

Es entsteht für den Reiter ein Gefühl des Davonschwebens, das süchtig macht, ohne dass es sich um „schwebende Tritte" handelt, sondern um gerades und taktmäßiges Gehen in perfekter Losgelassenheit.

56. Am ausdrucksvollen Mitteltrab erkennt man den versierten Reiter!

Ein Thema zum Schmunzeln? Sicher auch! Klar ist das ein tolles Gefühl, wenn man mit dem neuen Pferd im „schwungvollen" Stechtrab durch die Halle schwebt und bewundernde Blicke von den „Profis an der Bande" erntet. Viele Menschen können auch kaum etwas anderes bei Pferden beurteilen. Und eigentlich können sie auch das nicht. Dieser schwebende Stechtrab wird eben gern mit einem sauber errittenen Mitteltrab oder reell erarbeitetem „Schwung" verwechselt. Der Kopf und der Hals der oft noch jungen Pferde werden oben hingestellt und dort mit kurzem Zügel fixiert, und dann kann das Pferd toll „strampeln", da es mit dem M. brachiocephalicus den Oberarm hochziehen kann. Wird dieses Ziehen zum Hochreißen, dann reißen auch schon mal Muskelfasern, und später sieht man dann den sogenannten Lanzenstich seitlich unten am Hals der Pferde.

Der Rücken und die Rückenmuskulatur der Pferde sind bei einem solchen „Auktions- oder Championatsmitteltrab" dann meist fest angespannt und die Wirbelsäule nach unten durchgedrückt, da das junge Pferd keine Chance hat, sie über das Nackenband zu stabilisieren und ihm noch die Kraft der Rumpfmuskulatur fehlt. Dies führt unter Umständen gerade bei recht jungen, hoch talentierten Pferden schon zum Syndrom der Kissing Spines: Die Dornfortsätze der Rückenwirbelsäule berühren sich beim Reiten, und dies führt zu Entzündungen und Folgeschäden.

Und so ist das Ganze dann leider doch wieder nicht zum Schmunzeln.

57. Galoppverstärkungen sind nicht so wichtig wie die Trabverstärkungen

Oft stehen die Trabverstärkungen im Fokus des Interesses und auch der Ausbildung. Der Mitteltrab und der starke Trab sollen möglichst spektakulär aussehen. Die wenigsten widmen auch den Galoppverstärkungen die nötige

Aufmerksamkeit. Diese werden gern zu vorsichtig oder schief geritten, manchmal könnte man den Eindruck haben, dass vor allem angehende Dressurreiter sogar ein wenig Angst vor dem Galopp haben. Das ist schade! Denn auch und gerade in den Galoppverstärkungen können Punkte gesammelt werden. Auch hier sind Raumgewinn und Rahmenerweiterung und vor allem Geraderichtung gefragt! Traut Euch und übt!

Hierzu eignen sich in der dressurmäßigen Arbeit einige saubere und vor allem gerade Sprünge, die aus der Versammlung heraus entwickelt werden. Eine wichtige Vorübung für den geradegerichteten Galopp ist der Galopp im Schultervor und im Schulterherein und hieraus die Entwicklung der Galoppverstärkungen. Durch häufiges Angaloppieren auch aus dem Schritt, dem Halten und dem Rückwärtsrichten und durch Cavalettiarbeit wird der Galopp erhabener und die Verstärkungen ausdrucksvoller. Um den Galopp generell zu verbessern, bieten sich lange Galoppstrecken im Gelände und auf der Rennbahn und auch das Springtraining an.

Ein wirklich gerade, nach vorwärts-aufwärts gesprungener starker Galopp ist dann mindestens so eindrucksvoll wie ein gut entwickelter starker Trab!

DIE SCHIEFE DES PFERDES: NOBODY IS PERFECT!

58. Die Geraderichtung des Pferdes beginnt erst mit den Seitengängen

Betrachtet man die Skala der Ausbildung, könnte man auf die Idee kommen, dass man die Geraderichtung des Pferdes zunächst einmal nicht so sehr beachten müsse: Takt, Losgelassenheit, Anlehnung, Schwung – und dann erst kommen die Geraderichtung und die Versammlung. Das stimmt aber so streng hierarchisch oder chronologisch betrachtet nicht. Alle Punkte der Skala der Ausbildung greifen ineinander und sind eher als ein enges Geflecht zu betrachten, die als Ganzes die Perfektion ergeben. Fällt ein Punkt heraus, werden alle anderen Punkte ebenfalls miterfasst.

Was bedeutet „geradegerichtet"? Die Hinterhand sollte der Spur der Vorhand immer folgen, die Vorhand geht voraus, die Hinterhufe spuren beidseits symmetrisch in Richtung der Spur der Vorderhufe, und zwar auf geraden wie auf gebogenen Linien. Im Idealfall sind alle Wirbelkörper der gesamten Wirbelsäule des Pferdes gleichmäßig aufeinander und auf die zu reitende Linie ausgerichtet. Weicht das Pferd mit dem inneren Hinterbein nach innen aus, muss dieses wieder „eingefangen" werden und auf die Spur der Vorhand neu ausgerichtet werden. Spurt das Pferd hinten beidseits eher breiter als vorne, hält man es durch Reiten in erster und zweiter Stellung zu einem schmaleren Fußen an. Ergeben sich Knicke in der Wirbelsäule, müssen diese wieder geradegerichtet werden.

Die Schiefe des Pferdes und das Arbeiten daran ist das tägliche Brot eines jeden Reiters, Ausbilders oder Reitlehrers.

Die meisten Pferde sind nämlich nicht symmetrisch, sondern haben eine Seite, die etwas stärker gebogen ist und damit muskulär mehr oder weniger verkürzt, und eine Seite, die eher gedehnt ist und sich dafür nicht so leicht biegen lässt. Man spricht von einer hohlen Seite und einer Zwangsseite oder steifen Seite, wenngleich das so nicht ganz richtig ist, da eigentlich beide Seiten steif sind.

Ist ein Pferd eher rechts hohl, äußert sich das folgendermaßen: Im Freilauf bewegt es sich eher in Rechtsstellung. Es driftet auf der rechten Hand in der Wendung über die Schulter weg und lässt sich auf der linken Hand ungern stellen und biegen. Man hat den Eindruck, dass es sich auf die linke Hand legt. Rechts nimmt es die Anlehnung nicht an. Auf der steifen Seite tritt es nicht an den Außenzügel heran, was die korrekte Stellung und Biegung fast unmöglich macht. Das Pferd hat ein muskuläres Problem auf der hohlen Seite, da es diese nur schlecht dehnen kann. Beim links hohlen Pferd ist es genau umgekehrt, es nimmt den linken Zügel nicht an, legt sich auf den rechten, verweigert die Rechtsstellung und -biegung und läuft auf der linken Hand in den Wendungen über die Schulter weg.

Und dann gibt es noch die Sonderformen der Schiefe, bei denen die Pferde von oben betrachtet S-förmig verbogen sind. Solche Pferde geradezurichten ist selbst für einen Meister seines Faches sehr anspruchsvoll, da man sie zunächst nicht biegen darf, sondern erst einmal stetig und gerade ausrichten muss, dies insbesondere durch eine stetig und gerade bleibende Halsbasis.

Zum besseren Verständnis noch ein Ausflug in die Händigkeit des Menschen: Beim Menschen gibt es Rechts- und Linkshänder. Bestimmt wird die Händigkeit beim Menschen durch den Sitz des Sprachzentrums. Die Händigkeit des Menschen bestimmt auch seine Geschicklichkeitsverteilung bei der Feinmotorik und die Kraftentfaltung bei der Grobmotorik, dies aber eher als indirekte Folge der Händigkeit.

Auch beim Pferd gibt es eine sensorische und motorische Seitigkeit (Händigkeit).[15] Auf der sensorischen Ebene zum Beispiel verwenden Pferde ihre Augen und Ohren seitenbezogen unterschiedlich. Ein Auge ist meist führend in der Wahrnehmung, so dass Pferde auch unterschiedlich reagieren, je nachdem, ob sie von links oder von rechts an einem Objekt vorbeigehen. Motorisch setzen die Pferde gern immer ein bestimmtes Bein nach vorn beim Grasen, wenden am liebsten in eine Richtung oder stoßen sich mit einem bestimmten Hinterbein lieber zum Sprung ab. Diese Händigkeit kann die Schiefe der Pferde ebenfalls beeinflussen, man kann sie mit dieser aber nicht gleichsetzen.

Manche Pferde leiden unter einer ausgeprägten angeborenen Schiefe, andere zeigen diese erst unter Belastung und als Kompensation und Ausweichmechanismus. Sobald dem Reiter jedoch auffällt, dass ein Pferd sich schief macht, sollte er sofort handeln! Dies gilt auch und gerade für das junge Pferd. Das Geraderichten beginnt schon vor dem Reiten in der Vorbereitung des jungen Pferdes an der Longe. Der erste, wichtigste Schritt zur Geraderichtung ist das Lehren der diagonalen Hilfengebung auf großen gebogenen Linien, an der Longe und unter dem Reiter. Tritt das Pferd sauber an den äußeren Zügel oder den äußeren Ausbinder, ist eine erste Grundvoraussetzung erfüllt.

Gern orientieren sich junge Pferde im Laufe der Zeit auch an der Bande und schieben sich quasi „immer an der Wand lang", mit dem Effekt, dass Schultern und Kruppe gleich weit von der Bande entfernt gehen und das Pferd somit schief läuft, denn es ist vorn schmaler als hinten. Hierauf gilt es unbedingt sofort zu reagieren. In diesen Fällen leitet man das junge Pferd gefühlvoll insgesamt ein bisschen deutlicher von der Bande weg. Die schon etwas ältere Remonte kann man auch mal auf den zweiten Hufschlag ausrichten und über das Reiten großer gebogener Linien wieder geraderichten. Später kommt auch ein Schultervor in Betracht. Einfach schief weiterreiten sollte man niemals. Taktmäßig, gerade und vorwärts, von hinten nach vorn, darauf sollte immer geachtet werden.

Warum ist nun die Geraderichtung schon des jungen Pferdes wichtig? Nur ein geradegerichtetes Pferd kommt zur reellen Losgelassenheit. Wobei Losgelassenheit nicht mit Zwanglosigkeit übersetzt werden darf, sondern eine Stufe weitergeht. Läuft das Pferd über längere Zeit unter dem Reiter schief, kommt es zu einer ungleichmäßig ausgeprägten Belastung der Beine und zu Verspannungen der Rücken- und Halsmuskulatur. Die Anlehnung wird unregelmäßig, und die Durchlässigkeit geht verloren oder entwickelt sich nicht wie gewünscht. Es geht in der Ausbildung des Pferdes nicht weiter. Der Reiter wird unzufrieden und das Pferd immer verspannter. Ein Teufelskreis entsteht, aus dem man schon viel früher hätte ausbrechen sollen. Durch das Reiten älterer Remonten schief und im hohen Tempo kommt es dann auch zu vorzeitigem Verschleiß, der sich vor allem in Fesselträger- und sonstigen Sehnenschäden zeigt.

Ein geradegerichtetes Pferd geht nicht von schräg nach seitwärts, sondern locker vorwärts *gerade, geradeaus* und auf *gebogenen* Linien.

Wie kann ich nun meinem jungen Pferd weiterhelfen, symmetrischer zu werden? Wie kann ich es „geraderichten"? Oberste Priorität haben immer die Zwanglosigkeit der Bewegungen und der Takt des Pferdes, um die Losgelassenheit zu bewahren.

Wird das Pferd angeritten, sollte es von Anfang an, sobald es zwanglos trabt und sich dann durch ein leichtes „Mehr" an Vorwärts an die Hand herandehnt, eine gleichmäßige Verbindung in der Reiterhand finden können. Zunächst ist hierbei noch nicht auf Stellung oder Biegung zu achten, sondern auf die gleichmäßige Verbindung und das taktmäßige Traben, auf der schwerer biegbaren Seite zu Beginn durchaus eher in gerader Stellung oder sogar in leichter Außenstellung.

Die Dehnbarkeit der verkürzten Seite kann man durch das Reiten auf großen gebogenen Linien fördern, indem man hierbei wie beim Longieren darauf achtet, dass das Pferd auch an beide Zügelhände gleichmäßig herantritt (geraderichtende Biegearbeit). Später kommen vorsichtige Dehnübungen durch Übertretenlassen hinzu, auch das Reiten von Vorhandwendungen und vorsichtiges Schenkelweichen fördern das Herantreten an den nicht angenommenen äußeren Zügel.

Häufiges Zügel-aus-der-Hand-kauen-Lassen entspannt die Muskulatur und entlastet den Rücken des Pferdes. Unbedingt zu vermeiden ist, immer nur eine Seite des Pferdes zu bearbeiten. Dies führt nur zu weiteren Verspannungen.

Im Verlauf der Ausbildung muss man weiterhin sehr konzentriert an der Geraderichtung des Pferdes arbeiten. Auch hierbei kommt es vor allem darauf an, die Anlehnung gleichmäßig zu erhalten bzw. sogar in den Wendungen eher am Außenzügel zu führen. Das Pferd muss erst langsam lernen, seine verkürzte Seite zu dehnen und seine schwer biegbare zu verkürzen. Das geht nur über die vorsichtige Beeinflussung der aufgewärmten Muskulatur bei gleichbleibender Anlehnung. Auf der schwer biegbaren Seite unterstützen die innere Wade und der Sitz des Reiters die Biegung, und auf der verkürzten Seite dehnt man das Pferd vorsichtig. Hierbei kommt eher dem verwahrenden Schenkel eine Bedeutung zu.

Geraderichten durch Seitengänge: Kommen wir zur Wertigkeit der Seitengänge im Trab beim Geraderichten (unter der Voraussetzung, dass der Reiter die Seitengänge beherrscht!). Schultervor und Schulterherein eignen sich auf beiden Händen durchaus dazu, die Geraderichtung zu verbessern.

Auf der hohlen (schwer dehnbaren) Seite wird das innere Hinterbein besser kontrolliert und dazu veranlasst, Richtung Schwerpunkt zu treten, und man reitet mit dem inneren Schenkel an den äußeren Zügel heran, an dem das Pferd

Die Schiefe des Pferdes: Nobody is perfect!

sich dann abstoßen kann und sollte. Auf der steifen (schwer biegbaren) Seite wird die Biegung innen verbessert und das Pferd außen gedehnt und mit dem inneren Schenkel über die diagonale Hilfengebung an den äußeren Zügel herangeritten, der naturgemäß nicht gern angenommen wird. Eine Steigerungsform wäre auf der steifen Seite das Reiten im Travers und auf der hohlen Seite das Reiten im Renvers, um die hohle Seite zu dehnen.

Seitengänge entsprechen in der Praxis oft eher einer „Überkorrektur", und man sollte damit nicht übertreiben, auch da sie versammelnd wirken bzw. eine Versammlungsfähigkeit voraussetzen, für die das Pferd erst einmal die nötige Kraft entwickeln muss. Ein weiterer Nachteil der Seitengänge ist, dass sich das Pferd zuweilen in ein übermäßiges Weichen entzieht, welches dann wieder zu ungünstiger Belastung führt. Dies gilt insbesondere für das Reiten im Travers. Generell muss man Seitengänge immer ins Vorwärts und in die lockere Dehnungshaltung auflösen.

Ein weiterer wichtiger Punkt: Die Schiefe des Pferdes kann man nicht allein mit der Hand bearbeiten! Es bringt überhaupt nichts, wenn ein Pferd sich auf den inneren Zügel legt, hier „abspielen" zu wollen, da das Problem nicht im inneren Zügel, sondern im nicht angenommenen äußeren liegt.

Udo Bürger hat das eindrücklich beschrieben: „Die übliche Widersetzlichkeit besteht darin, daß solche Pferde auf oder gegen den linken Zügel stürmen, an den rechten aber für nichts in der Welt herantreten, eher steigen, als sich korrekt nach rechts abwenden zu lassen. Die Korrektur heißt: Ran an den rechten Zügel trotz Augenrollen und Zittern."[16]

Der Reiter darf nicht versuchen, durch Manipulationen mit der Hand etwas zu erreichen oder zu erzwingen. Erschwerend kommt oft überhaupt die mangelnde manuelle Geschicklichkeit des Reiters hinzu, da kein Mensch mit beiden Händen gleich versiert und gefühlvoll agieren kann. Hier helfen nur hohe Konzentration und Übungen zur Handgeschicklichkeit auch außerhalb des Reitens (Erlernen eines Musikinstrumentes, Zehnfingerschreiben auf der Tastatur, Maus und Zahnbürste mit der schwächeren Seite handhaben etc.).

Das wichtigste Ziel der dressurmäßigen Ausbildung sind nicht eng gerittene Wendungen und Seitengänge kreuz über quer, sondern das gerade Geradeaus in federnder Bewegung mit schwingendem Rücken und gleichmäßig arbeitender, unverkrampfter Muskulatur!

59. Man muss schon früh in Stellung führen, das richtet die Pferde gerade

Die Halsbasis ist der widerristnahe Teil des Halses. Vielen ist der Stellenwert der Stetigkeit dieser Körperpartie nicht bewusst. Wozu ist sie erforderlich? Man benötigt ihre gerade Stetigkeit für Versammlung und Geraderichtung, da an der Halsbasis sehr viele Muskelgruppen zusammentreffen, zum Beispiel die Brustmuskulatur, die für die Versammlung und die Tragefunktion des Pferdes unerlässlich ist. Auch alle Bewegungen der Vorhand laufen über die Muskelketten dieser Region und werden hier koordiniert. Der Hals des Pferdes ist jedoch immer der beweglichste Teil des Körpers. Klassischerweise sollte also zunächst die Stabilität und Stetigkeit der Halsbasis und der dortigen Muskulatur erarbeitet werden, bevor man sich an Biege- oder Stellungsarbeit macht. Für die Durchlässigkeit ist zudem die korrekte Ausrichtung aller (Hals-)Wirbelkörper aufeinander unumgänglich, so dass die Wirbelsäule ungehindert in alle Richtungen schwingen kann. Sonst bilden sich unerwünschte Knickstellen, die Biegung der Wirbelsäule ist nicht mehr sanft und gleichmäßig. Versteift das Pferd sich in einem der Segmente, ist dieser Bewegungsfluss gestört und damit die Durchlässigkeit nicht mehr gegeben.

Stellungs- und Biegearbeit ist wie so vieles „Meisterarbeit am fortgeschrittenen Pferd", erst recht vom Boden aus. Es ist nämlich darauf zu achten, dass sich das Pferd in jedem Teil der Halswirbelsäule gleichmäßig und nur minimal nach einer Seite beugt bzw. biegt. Es hat im Hals viele Möglichkeiten, auszuweichen, Widerstände zu bieten und sich zu entziehen. Am schwierigsten sind sogenannte Schlangenhälse, die sowohl angeboren als auch antrainiert sein können.

Ein isoliertes Abknicken an der Halsbasis oder sogenannte „lose Hälse" machen eine korrekte Durchlässigkeit und die Geraderichtung des gesamten Pferdes unmöglich! Das Üben der Beweglichkeit beginnt deshalb nie an der Halsbasis widerristnah, sondern im Genick, sichtbar am Überkippen des Mähnenkammes, wenn das Nackenband auf eine Seite kippt. Dabei verlässt das Lot des Kopfes zunächst nicht den Raum zwischen den Vorderbeinen.

Gerade hier kann man eine Menge falsch machen, und genau dies sieht man auch häufig. Es wird „in Stellung" geführt und geritten, wobei die Hälse allenfalls an der Halsbasis (widerristnah) abgeknickt sind und die Pferde über die äußere Schulter ausfallen, was für die weitere Ausbildung wirklich eine mittlere Katastrophe bedeutet!

60. Die Geraderichtung im Galopp ist in der Ausbildung des Pferdes erst später dran

Wir erinnern uns: Ist das Pferd geradegerichtet, folgen die Hinterbeine den Vorderbeinen in der Spur, auf geraden und gebogenen Linien und in den Seitengängen in Stellung und Biegung.

Die meisten Pferde galoppieren aber mehr oder weniger mit der Hinterhand leicht nach innen, sie schieben mit dem inneren Hinterbein innen am Vorderbein vorbei. Es ist für die Pferde weniger anstrengend, so zu galoppieren, sie entziehen sich auf diese Weise der Lastaufnahme mit dem inneren Hinterbein. Sie lehnen sich mit der Schulter gefühlt außen an der Bande an und weichen mit der Kruppe nach innen aus. Das sieht man leider bis in höhere Klassen immer mal wieder. Und dies hat oft auch gar nichts mit der natürlichen Schiefe der Pferde zu tun, sondern eher mit ihrer unterschiedlichen Breite vorn und hinten und ihrer Bequemlichkeit.

Was also tun? Zunächst ist festzuhalten: Die Geraderichtung erfolgt bereits in der Jungpferdeausbildung auch im Galopp! Beim jungen Pferd macht man sich dafür die große gebogene Linie zu Nutze und richtet dabei automatisch die Schultern des Pferdes im Wenden nach innen. Später dann geht es auf die geraden Linien. Auch hier ist zunächst darauf zu achten, nicht zu nah an der Bande entlang zu reiten, die Schultern des Pferdes immer wieder auf die Mitte des Hufschlages auszurichten. Mit dem inneren Schenkel wird das innere Hinterbein des Pferdes unter Kontrolle gehalten. Jedes Abwenden unterstützt uns dabei.

Mit dem älteren, schon besser ausbalancierten Pferd kann man dann anspruchsvoller an der Geraderichtung arbeiten, indem man im Galopp im Schultervor und später im Schulterherein reitet. Das Pferd lernt hierbei, das innere Hinterbein deutlicher zu belasten und zu beugen, es beginnt, versammelter zu galoppieren. Dabei ist unbedingt darauf zu achten, den Durchsprung und den Galopptakt zu erhalten. Gefestigt wird dies dann durch das Reiten von Tempounterschieden im Galopp, bei denen die Geraderichtung erhalten bleibt. Denn gern geht beim Sprüngeverlängern oder im Mittelgalopp die Geraderichtung wieder verloren. Das Pferd weicht mit der Kruppe nach innen aus, um es sich leichter zu machen. Auch das Galoppieren auf dem zweiten Hufschlag und auf der Mittellinie ist eine gute Übung zur Überprüfung und Korrektur der Schiefe im Galopp.

Mit äußerster Vorsicht ist Travers im Galopp zu reiten, erst wenn das Pferd jederzeit geradegerichtet galoppiert, kann man damit beginnen. Ansonsten verführt es die Pferde, in die bequeme Schiefe im Galopp auszuweichen. Anstatt vermehrt Gewicht mit der Hinterhand aufzunehmen, treten sie dann gern am Schwerpunkt vorbei, ohne die Hanken zu beugen! Und oft folgt dann die Hinterhand nicht mehr sicher der Vorhand, doch auch im Travers sollte die Vorhand immer führen!

Auch die Konterlektionen im Galopp fördern die Geraderichtung. Man kann sich im Außengalopp dann wieder die Bande zu Nutze machen, denn jetzt kann es der Geraderichtung förderlich sein, die Schultern des Pferdes der Bande zu nähern.

61. Die Vorhand wird immer auf die Hinterhand eingestellt und nicht umgekehrt!

Dieser diskussionswürdige Leitspruch ist wohl eine Verkürzung des wirklich sinnvollen Grundsatzes, nach dem die Vorhand immer führen muss und die Hinterhand ihr folgen soll, möglichst genau in der Spur der Vorhand, und dass der vermeintlich leichtere Teil des Pferdes (die Vorhand) auf die stärker tragende und schiebende Säule der Hinterhand ausgerichtet werden soll, kann und muss.

Wenn nun dieses Führen der Vorhand und Folgen der Hinterhand nicht mehr gegeben ist, muss man immer schauen, worin die Ursache liegt, statt blind einem vermeintlichen „Grundsatz" zu folgen.

Beispiel: Driftet die Hinterhand in der Wendung im Gange (etwa einer Volte im Trab) nach außen weg, hat es keinen Sinn, die Vorhand ebenfalls driften zu lassen, damit man auch ja dem Prinzip folgt. Man muss vielmehr die Hinterhand mit dem verwahrenden Schenkel wieder in die Spur bringen, auf die Vorhand und die Linie einstellen, das Tempo vermindern, wenn es zu hoch war, oder die Volte weniger klein reiten, wenn das Pferd noch überfordert ist. Weicht ein Pferd, weil es rechts hohl ist, mit der Hinterhand nach rechts aus und geht gegen den rechten Schenkel, kann ich zwar die Vorhand auf die Hinterhand einstellen, so dass es optisch wieder so wirkt, als ob Fußung und Führung stimmen, aber wesentlich sinnvoller ist es, die hohle Seite entsprechend zu dehnen, indem ich die Hinterhand mehr unter Kontrolle bringe, das Pferd in sich geraderichte, Vorhand und Hinterhand aufeinander einrichte, in einem

Die Schiefe des Pferdes: Nobody is perfect!

dynamischen Prozess über die Verbesserung der Dehnbarkeit der Muskulatur. Viel wichtiger als der isolierte Lehrsatz ist die ganzheitliche Betrachtung. Ziel ist, das Pferd in sich geradezurichten, es auf die gerittene Linie einzustellen. Die Vorhand spielt im Bewegungsfluss immer die führende Rolle, die Hinterhand als Motor schiebt, und dies möglichst gleichmäßig, damit kein Vorderbein überlastet wird.

Fällt das Pferd dagegen in der Wendung auf die innere Schulter, liegt das daran, dass es sich innen nicht biegen mag, da nützt dann auch ein „Ausrichten der Vorhand auf die Hinterhand" wenig, das Pferd muss lernen, gebogen um die Wendung zu laufen.

Anders ist es, wenn die Vorhand wegdriftet, die Schultern des Pferdes nicht unter Kontrolle sind, es sich zum Beispiel mit der Schulter zu nah an der Bande orientiert, dann muss die Vorhand tatsächlich auf die Hinterhand ausgerichtet werden, ebenso, wenn ein Pferd in den Wendungen über die äußere Schulter wegläuft.

„Die Vorhand auf die Hinterhand einrichten" ist ebenfalls ein wichtiger Leitsatz, wenn man ihn auf das Schultervor und das Schulterherein anwendet. Diese Lektionen sind Korrekturmittel für viele Dinge. Erst wenn das Schulterherein wirklich auf beiden Händen im Trab gleich gut gelingt, ist ein Pferd so weit gymnastiziert, dass man an Travers denken kann, denn auch im Travers und Renvers spielt die Vorhand immer die führende Rolle. Beginnt man zu früh mit dem Travers, weicht die Hinterhand lediglich aus, statt vermehrt zu tragen. Ist das der Fall, muss ich sowohl die Schultern wieder deutlicher vorrichten als auch das entsprechende Hinterbein über meine flache Wade wieder einfangen. Würde der „Grundsatz", dass die Vorhand auf die Hinterhand eingestellt wird, immer zutreffen, dann bräuchten wir den verwahrenden Schenkel nicht.

DIE VERSAMMLUNG: ALLE MAL HERKOMMEN!

62. Versammlung ist Tragkraft

Ja, aber nicht nur!
Versammlung ist gekennzeichnet durch vermehrte Trag- und Federkraft insbesondere der schmaler fußenden Hinterhand und durch eine deutlichere Kadenz in der Bewegung.

Woran erkenne ich Versammlung? Das Pferd schließt sich, wirkt optisch kürzer, richtet sich auf. Die Bewegungen werden erhabener, kadenzierter und ausdrucksstärker sowie federnder, dabei durchaus fleißig im erhaltenen Takt der jeweiligen Gangart. Die Schritte, Tritte und Sprünge verkürzen sich, die Unterstützungsfläche des Körpers, gebildet durch die vier Gliedmaßen, wird kleiner. Der Reiter kommt gut zum Sitzen, und die Anlehnung wird leicht.

Erkennbar ist Versammlung auch daran, dass das Pferd hörbar leiser auftritt. Es entlastet die Fesselköpfe, die Fesselträger und die Sprunggelenke, wenn alle Gelenke der Hinterhand mitfedern und nicht nur die unteren. Dadurch wird Überlastung vorgebeugt.

Mit welchen Übungen arbeitet man am besten daran, Schubkraft in Trag- und Federkraft umzuwandeln? Wie erarbeitet man Versammlung?

Grundvoraussetzung sind Takt und Losgelassenheit, eine saubere Anlehnung und eine gute Schubkraftentwicklung. Bei alldem muss sich das Pferd in einer möglichst guten Geraderichtung und in sicherer Balance befinden. Der Reiter benötigt einen losgelassenen, geschmeidigen, ausbalancierten Sitz und eine sitzunabhängige, immer zum Nachgeben bereite Hand.

Die Erarbeitung zunehmender Versammlung ist ein langsamer Prozess, der sich im Rahmen der Ausbildung bei entsprechender Eignung von ganz allein ergeben sollte. Erste leicht versammelnde Übungen sind schon das Reiten (sogar schon das korrekte Longieren) von Wendungen und halben Paraden, da das Pferd hierbei lernt, mit den Hinterbeinen mehr Last aufzunehmen und schmaler zu fußen: in den Wendungen mit dem inneren Hinterbein, das etwas deutlicher Richtung Schwerpunkt fußt, und mit beiden Hinterbeinen in den halben und ganzen Paraden, die von hinten nach vorn geritten werden. Gerade durch das Reiten von zunächst einfachen und später schwierigeren Übergängen fördert man die Versammlungsbereitschaft und -fähigkeit zu Beginn der Ausbildung.

Eine weitere Übung ist das Reiten des Mitteltrabes! Auch wenn sich das zunächst paradox liest, ist er die Grundvoraussetzung für die spätere Versammlung, denn der Mitteltrab und die Verlängerung der Tritte aus dem Arbeitstrab heraus (nicht der starke Trab, der aus der Versammlung entwickelt wird) zeigen an, ob die Schubkraftentwicklung weit genug fortgeschritten ist! Schließlich wollen wir ja die Schubkraft zunehmend in Trag- und Federkraft umwandeln. Seunig schreibt:

„Als Maßstab, wie weit man beim Biegen und Versammeln gehen darf, dienen **Raumgriff und Schwung im Mitteltrab.**"[17]

Korrektes Rückwärtsrichten vermittelt dem Pferd eine erste Vorstellung von Hankenbeugung, hieraus dann anzutraben oder sogar anzugaloppieren ebenso, wobei die Hand wirklich leicht werden muss. Denn in der Versammlung trägt das Pferd sich zunehmend selbst! Die ersten versammelnden Übungen im Schritt sind das Kurzkehrt und die Hinterhandwendung, im Galopp das Zirkelverkleinern unter Beibehaltung des Durchsprunges und der Kontergalopp sowie häufiges Angaloppieren. In Trab und Galopp wirken auch die Tempiwechsel, Verstärkungen mit etwas deutlicherer Anlehnung und das Aufnehmen in leichter Anlehnung versammelnd.

Generell einen versammelnden Effekt haben alle Wendungen im Gange in sauberer Biegung, dann das Reiten in erster und zweiter Stellung, später das Schulterherein und noch deutlich später der Travers.

Falls entsprechendes Fachwissen und Erfahrung vorhanden sind, kommt die versammelnde Arbeit an der Hand hinzu, die ebenfalls langsam und mit viel Geduld entwickelt werden will.

Das Allerwichtigste bei all dieser Arbeit ist: Die Versammlung und die Aufrichtung werden nicht mit der Hand hergestellt, und die Geraderichtung muss hierbei unbedingt beachtet werden! Die Aufrichtung sollte sich aus der zunehmenden

Lastaufnahme der Hinterhand von allein ergeben, man spricht von relativer Aufrichtung. Die Hand hat nur eine filternde und allenfalls den Rahmen über das Zügelmaß mitvorgebende Aufgabe, dabei hat sie ruhig, aber nicht fest zu stehen. Ergeben sich Widerstände, legt sich das Pferd auf die Hand, wird es immer enger im Hals oder verwirft es sich im Genick, ist dies sofort entweder im Vorwärts und/oder mit dem Vorgehen beider Hände zu korrigieren oder eine Pause einzulegen. Jegliche Widerstände oder Probleme sind immer ein Zeichen von entweder noch mangelnder Vorbereitung oder falscher reiterlicher Einwirkung, nie von „Faulheit" des Pferdes. „Faulheit" in diesen Dingen ist immer ein Zeichen, dass es dem Reiter nicht gelungen ist, die Motivation des Pferdes zu erhalten und/oder dass die Übungen dem Pferd unangenehm bis schmerzhaft sind. Denkt immer daran: Es kann sich nicht laut äußern! Als Pause reicht manchmal ein kurzes Reiten in der etwas tieferen Dehnungshaltung nicht aus, man muss gelegentlich die Zügel komplett hingeben, eine Pause im Halten machen oder sogar kurzzeitig absitzen.

Auch und gerade bei der Erarbeitung der Versammlung gibt das Pferd die Zeit vor, die es braucht! Und die ist auch abhängig vom Ausbildungsstand, Ex- und Interieur, vom Talent des Pferdes und den Fähigkeiten des Reiters.

63. Das Pferd muss von der Vorhand!

Jedes Pferd läuft (auch) auf der Vorhand, denn es ist ein Vierbeiner. Ein Pferd ist von Haus aus so gebaut, dass die Vorhand eher eine tragende und die Hinterhand eher eine beschleunigende Aufgabe hat. In der freien Natur lebt das Pferd die meiste Zeit mit gesenktem Hals. 60 bis 70 Prozent des Körpergewichtes ruhen je nach Kopfhaltung des Pferdes ohne Reiter auf der Vorhand. Nur beim Steigen, in der Levade, in den Schwebephasen der Grundgangarten und in der Einbeinstütze hinten im Galopp ist die Vorhand unbelastet. Eine tiefe Kopf-Hals-Einstellung ist ebenfalls immer mit einer etwas deutlicheren Belastung der Vorhand verbunden. Wäre die Vorhand nicht dazu geeignet, größeren Belastungen standzuhalten, könnte kein Springpferd auf Dauer schadlos überleben. Die Belastungen durch das Landen nach dem Sprung sind für die Vorhand unvergleichlich höher als das reine Reiten (deshalb kann ein Pferd auch bei sehr guter Vorbereitung nur eine begrenzte Anzahl von schweren Sprüngen in seinem Leben unbeschadet ausführen).

Belasten wir nun das Pferd mit dem Reitergewicht, kann es tatsächlich auf Dauer zur Überlastung der Vorhandstrukturen kommen, vor allem, wenn das

Pferd sich nicht im lateralen Gleichgewicht befindet, schief läuft und ein Vorderbein mehr belastet als das andere. Fehlstellungen der Vordergliedmaßen wirken sich besonders ungünstig und den Verschleiß fördernd aus. Solange das Pferd in der dressurmäßigen oder übrigen täglichen Arbeit aber geradegerichtet ist und sich nicht dauerhaft in hohem Tempo und/oder in engen Wendungen fortbewegt, macht dies meist gar nicht so nicht viel aus.

Ein Pferd belastet die Vorhand beim Reiten übermäßig, wenn der Takt verloren geht, das heißt, wenn zum Beispiel im Trab das Vorderbein eher auftritt als das diagonale Hinterbein, man nennt dies eine gebrochene Diagonale.

Ein guter Gradmesser für eine übermäßige Belastung der Vorhand ist auch die Lautstärke des Auffußens. Beginnt ein Pferd vorn laut zu „trampeln", ist der federnde Halteapparat des Brustkorbes überfordert und sofort eine Pause einzulegen, am besten abzusitzen!

Die Hinterhand des Pferdes ist wie gesagt nicht von Natur aus darauf ausgerichtet, größere Gewichte zu tragen. Sie ist dazu konstruiert, das Pferd rasch zu beschleunigen, den Schub zu liefern. Gegenüber der Vorhand hat sie aber den Vorteil, dass durch die vermehrte Winkelung der Gelenke eine bessere Federmöglichkeit des gesamten Beines gegeben ist. Daher kann es durchaus sinnvoll sein, der Hinterhand auf Dauer auch etwas mehr Gewichtsbelastung zuzumuten. Dies muss aber sehr behutsam geschehen, da sich die Strukturen hierfür erst um- und ausbilden und „reifen" müssen. Dies gilt sowohl für die Muskeln als auch für die Faszien, Sehnen und Gelenkstrukturen, das Bindegewebe.

Belastet das Pferd beim Reiten die Hinterhand zu früh und nicht gleichmäßig, also geradegerichtet, oder bestehen von Haus aus Fehlstellungen der Hinterhand, drohen auch dieser frühzeitige Verschleißerscheinungen wie Spat, Fesselträger-/Sehnenschäden oder Kniegelenksprobleme.

Immer wieder kommt daher die Frage auf, wie man die Muskulatur eines Reitpferdes aufbauen könne und wie die Aktivität der Hinterhand zu verbessern sei. Dabei kommt es zunächst einmal darauf an, was man darunter versteht. Das Hinterbein kann kräftiger abfußen, sich höher anheben oder weiter untertreten, oder es ist eine Kombination von allen drei Bewegungen gewünscht. Was braucht das Pferd dazu? Kraft! Und die muss es erst entwickeln.

Die Aktivität der Hinterhand entwickelt sich normalerweise von ganz allein im Laufe der korrekten Ausbildung. Gefördert wird sie durch Bewegung und allgemeines Training, wenn dies fachgerecht durchgeführt wird, das heißt, wenn die Arbeit vielseitig genug gestaltet wird.

Um die Schubkraft zu fördern, die später in der Versammlung in Trag- und Federkraft umgewandelt wird, reicht das lockere Vorwärts in der Bewegung und das Klettern im Gelände, auch Gymnastikspringen kann man anbieten. Um die Kraft zu fördern, die das Bein anhebt, eignen sich ebenfalls das Reiten auf verschiedenen auch nicht so einfachen Untergründen sowie das Stangentreten, Cavalettitraining und Springgymnastik. Auch das gelegentliche und nicht zu lang andauernde Arbeiten in tiefen Böden kann hilfreich sein, belastet aber schnell die Sehnen übermäßig.

Das erhöhte Abfußen der Beine übt man in eher kurzen Stangen- und Cavalettiabständen, wobei die Stangen langsam auch erhöht werden können, das weitere Vorfußen dann über weiter gelegte Stangen und über raumgreifendes Schreiten, Traben und Galoppieren, gern im Gelände.

Je weiter die Ausbildung fortschreitet, desto anspruchsvoller können die Anforderungen auch an die Hinterhand werden. Versammelnde Lektionen im Wechsel mit Verstärkungen erhöhen Schub-, Trag- und Federkraft!

Das gesamte Trainingsprogramm sollte man langsam und gewissenhaft aufbauen. Eine matte Hinterhand, die ihre Spuren im Sand zieht, ist immer nur ein Symptom, dessen Ursache gefunden werden muss! Nicht losgelassene Pferde, die ihren Rücken festhalten, können keine aktive oder tragende Hinterhand zeigen (außer bei gespannten Tritten), Pferde, die nicht ausbalanciert sind, ebenso nicht. Auch ein unpassender Sattel oder Huffehlstellungen wirken sich hemmend aus. Und jedes Gramm zu viel in der Reiterhand bindet die Aktivität der Hinterhand! Das Gleiche gilt für einen deutlich übergewichtigen und/oder nicht ausbalancierten Reiter. Ein sehr übergewichtiges Pferd kann ebenfalls nur schwerlich durch das Viereck schweben!

Und dann sind noch das Exterieur und die Möglichkeiten des Pferdes zu beachten. Pferde, die von Haus aus einen eher flachen, kurzen Bewegungsablauf zeigen, werden an ihre Grenzen kommen, die man tunlichst nicht versuchen sollte zwanghaft zu überschreiten. Ebenso empfiehlt es sich, bei Pferden mit Fehlstellungen der Gelenke und schwachem Bindegewebe in der Ausbildung ausgesprochen vorsichtig zu sein.

Ziel ist, dass die Pferde sich so bewegen, dass sie in allen Gelenken der Hinterhand federn. Hierzu kommt es nur, wenn keinerlei Blockaden vorliegen und der Rücken der Pferde ungehindert schwingen kann.

Auch für die Belastung der Hinterhand gilt also der Grundsatz: „Alles in Maßen!"

64. Es ist nicht erforderlich, vor der Versammlung die Schubkraft zu entwickeln

Diese Behauptung wird tatsächlich nicht nur im Netz von manchen Lehrenden aufgestellt, und es werden schon drei- und vierjährige Pferde anpiaffiert, um „ihren Rücken zu stärken".

Das junge, noch nicht gearbeitete Pferd ist meist nur leicht bemuskelt. Bei manchen Hengsten, deren Hormone schon zu einer leichten Zunahme der Muskelmasse geführt haben, kann das etwas anders wirken.

Das Pferd ist ein Lauftier und dafür gebaut, lange und ausdauernd zu grasen, mit tiefer Nase und stützenden Vorderbeinen. Diese sind vor allem für das Abstützen des Gewichtes des Pferdes gebaut. Die Hinterhand dagegen ist für die flotte Beschleunigung im Notfall gedacht und gebaut. Sie besitzt eine große Schnellkraft nach vorn, auch beim untrainierten Pferd.

Welche Muskeln braucht ein Pferd nun, um den Reiter schadlos tragen zu können, und welche Muskeln braucht es für die Versammlung?

Zum Tragen sind dies die Muskeln, die den Brustkorb stabilisieren, auf dem der Reiter sitzt. Das sind die Rücken-, Bauch-, Becken- und Brustmuskeln im Zusammenspiel. Für die Versammlung braucht es zusätzlich eine gut trainierte Muskulatur der Hinterhand und des Beckens.

Wie stärken wir diese Muskulatur? Erst einmal muss sich ihre Masse vergrößern, damit sie mehr Kraft entwickeln kann. Dazu gibt es prinzipiell zwei Möglichkeiten: die den Muskel in der Anspannungsphase verkürzende Arbeit in der Bewegung und die Anspannung des Muskels ohne Längenänderung. Letztere wäre die isometrische Kontraktion, die für die Versammlung nötig und wichtig ist. Das Risiko eines Muskelschadens ist bei isometrischer Anspannung je größer, desto schwächer ausgeprägt die Muskulatur ist. Daher ist es sinnvoll, die Muskeln und damit auch die bindegewebigen Strukturen zunächst in der Bewegung, in der mäßigen Entwicklung der Schubkraft, im regelmäßigen An- und Abspannen zu trainieren. Dabei ist auch die Durchblutung der Muskeln gut gewährleistet, sofern man darauf achtet, dass die Muskeln auch entspannen. Wegen der diagonalen Fußfolge ist der Trab die Gangart, die ein Pferd am wenigsten ermüdet und eine Überbelastung verhindert, aber trotzdem einen guten Trainingseffekt erbringt. Hieraus ergibt sich, dass es sinnvoll ist, Pferde hauptsächlich im Trab zu reiten und zu trainieren.

Für die starken isometrischen Anspannungen in der Versammlung braucht das Pferd also gut vortrainierte Muskeln, die das auch leisten können. Zu Beginn sind daher nur sehr kurze Trainingszeiten in der Versammlung zu wählen. Dies gilt auch besonders für die entsprechenden Sehnen, die noch länger brauchen, um den Belastungen standhalten zu können.

Gern wird heute der medizinische Fachbegriff Faszien für diese bindegewebigen Strukturen verwendet und Faszientraining gefordert. Tatsächlich ist es genau in diesem Zusammenhang wichtig, beim jungen Pferd zunächst gefühlvoll und in Maßen die Schubkraft zu fördern. Denn dies ist die beste Möglichkeit, alle später für die Versammlung gebrauchten Muskeln langsam aufzubauen und sich entwickeln zu lassen und den Faszien die notwendige Zeit und den notwendigen Anreiz zur Stabilisierung und Reifung zu geben.

Die zu entwickelnden Kräfte für die Schub-, Trag- und Federkraft sind letztlich dieselben. Sie werden nur unterschiedlich eingesetzt: zu Beginn für den Schub und im Laufe der Ausbildung zunehmend auch für die Trag- und Federkraft.

Man vermeidet Schwierigkeiten, wenn man die Muskeln in den natürlichen, frischen Gangarten kräftigt, bevor man mit Gymnastik, d. h. mit Versammlung, anfängt." (Udo Bürger)[18]

65. Alle Pferde sollten Versammlung lernen! Am besten bis zur Schulparade!

Muss jedes Pferd versammelt werden, gar höchste Versammlung lernen, um auf Dauer gesund und leistungsfähig zu sein?
 Erstaunlicherweise werden viele Schulpferde steinalt, wenn sie vor allem viel bewegt werden, und dies meist geradeaus und auf großen gebogenen Linien in nicht allzu hohem Tempo. Tatsächlich müssen Pferde nicht bis zur hohen Versammlung geschult werden, um gesund alt zu werden, sondern sie müssen vor allem den Anforderungen genügen können. Ob und wie weit ein Pferd versammelt werden kann oder sollte, das hängt von vielen Faktoren ab, vom Exterieur und Interieur des Pferdes und vom Können des Reiters und Ausbilders.

Die Versammlung: Alle mal herkommen!

Stark überbauten Pferden, Pferden mit einer Neigung zum Senkrücken und Pferden mit schwachen und/oder instabilen Gelenken der Hinterhand und Fehlstellungen der Hinterhand hilft man mit Versammlung meist wenig, sie fördert dann sogar unter Umständen den vorzeitigen Verschleiß.

Werden Pferde zu früh „auf die Hinterhand gesetzt", oder können sie das auf Grund ihres Exterieurs nicht leisten, erleiden sie Überlastungsschäden der Hinterhand (Spat) oder entwickeln Ausweichmechanismen, die ebenso schädlich sind (Senkrücken, Ausweichen in die Schiefe, Vorbeitreten am Schwerpunkt). Viel wichtiger als das Versammeln ist von Beginn an vor allem das Geraderichten der Pferde, denn das schiefe Pferd belastet seine Beine unregelmäßig, was zu Verschleiß führt.

Auch versammelnde Seitengänge, die so beliebt gewordenen, sollte man mit Vorsicht und nicht zu viel und nicht ständig reiten. Auch sie belasten die Beine nämlich unsymmetrisch, und Scherkräfte treten auf, vor allem, wenn mit deutlicherer Abstellung geritten wird. Hierbei muss man Überlastungen ganz besonders vermeiden und auf ein sehr langsames Steigern achten! Das wird gern übersehen oder verdrängt. Jegliche seitlichen oder schrägen Scherkräfte belasten Sehnen und Gelenke, in Wendungen und in Seitengängen und in der Schiefe. Auch eine zu kleine Reitbahn, in der ständig gewendet werden muss, fördert das Auftreten der schädigenden Scherkräfte.

Am physiologischsten für alle Pferde ist sauberes Geradeausreiten in ruhigem bis mäßigem Tempo! Und zwar ein komplett gerades Geradeausreiten, bei dem die Hinterbeine möglichst genau der Spur der Vorderbeine folgen. Kringelreiten und Seitengänge machen das Pferd zwar geschmeidig und wendig, aber sie belasten es auch! Dies gilt insbesondere für das Reiten in den Schulgangarten und Lektionen der Hohen Schule.

Es ist ganz normal, dass nicht jedes Pferd (und auch nicht jeder Reiter) befähigt ist, über L-Niveau (Campagneschule) ausgebildet zu werden. Früher ging die Ausbildung bis L-Niveau in allen Disziplinen parallel, da die meisten Pferde

(Warmblüter und Vollblüter) dazu bei guter Vorbereitung in der Lage waren. Wenn ein Pferd oder auch der Reiter selbst exterieur- oder interieurmäßig an seine Grenzen kommt, dann sollte man dies auch akzeptieren! Niemand bekommt eine Garantie, wie weit sein Pferd mal kommen kann, manche Pferde gelangen in einer Disziplin über L-Niveau hinaus, manche sogar in beiden, manche aber auch nicht und je nachdem sind Pferde auch schon mal auf einem soliden A-Niveau an ihren Grenzen. Das ist auch gar nicht schlimm, zumindest nicht für die Pferde!

66. Man sollte immer mit Hankenbeugung reiten!

In diversen, vermeintlich klassischen Facebook-Gruppen und Internetforen sind solche Forderungen tatsächlich zu lesen.

Hankenbeugung wird in manchen älteren Büchern auch Hankenbiegung genannt. Was ist das genau? Wann sieht man Hankenbeugung?

Die Hanken sind die oberen Gelenke der Hinterhand, sprich Hüftgelenk, Kniegelenk und damit korrespondierend auch das Sprunggelenk. „Beugen" heißt in dem Fall eine vermehrte Bewegung und Federung in diesem Bereich des Standbeines! Diese Gelenke werden natürlich auch beim Schwungbein gebeugt, das ist aber mit Hankenbeugung nicht gemeint.

Warum ist die Hankenbeugung wichtig? Sie entlastet das Fesselgelenk, das bei zunehmender Versammlung ohne Hankenbeugung überbeansprucht würde.

Erste Hankenbeugung sieht man in korrekt gerittenen halben und ganzen Paraden, Wendungen und im Rückwärtsrichten. Erkennbare Hankenbeugung sollte in den versammelten Tempi und den Seitengängen zu sehen sein, starke Hankenbeugung in den Lektionen der höheren und hohen Versammlung wie der Piaffe, der Passage und den Galopp-Pirouetten.

Sich nur in deutlicher Hankenbeugung zu bewegen, das schafft kein Pferd dieser Welt – auch kein Mensch, Ihr könnt das gern mal für zehn Minuten in einer leichten Hocke ausprobieren, das ist enorm anstrengend.

DAS JUNGE PFERD, EIN JUWEL!

67. Ich reite seit 20 Jahren, da kann ich mein junges Pferd auch selbst ausbilden

Junge Pferde sind üblicherweise vollkommen arglos und menschenfreundlich. Vielleicht noch ein wenig ungehobelt im Benehmen oder auch mal etwas scheu und unsicher. Sie müssen erst lernen, die Sprache der Menschen zu verstehen. Und da ist es wie in der Schule, der Lehrer muss die Sprache des Schülers und die Fremdsprache gleichermaßen gut beherrschen, wenn er eine Sprache lehren möchte, und er muss gelernt haben, wie man lehrt. Der Ausbilder des jungen Pferdes ist nichts anderes als sein Lehrer und trägt dem jungen Pferd gegenüber eine große Verantwortung.

Es gibt nichts, wirklich nichts Schlimmeres als arglose junge Pferde, die schon mit drei oder vier Jahren zum Korrekturpferd oder sogar zum Problempferd geworden sind, weil jemand gemeint hat: „Ach, das kann doch so schwer nicht sein, ich reite doch schon so lange, das kann ich bestimmt, wenn mir XY hilft, die hat doch auch schon mal auf einem jungen Pferd gesessen. Und dann gibt es ja noch das Internet und Videos und Bücher, irgendwie wird das schon…" Man ist voll Zuversicht. Wenn solche Pferde dann zur weiteren Ausbildung zum professionellen Ausbilder in Beritt kommen, sind schon viele kleinere oder größere Dinge schiefgelaufen, die erstmal lieber nicht erzählt werden, aber man merkt es den Pferden ohnehin sofort an. Sie sind verunsichert, haben das Vertrauen in den Menschen und ihren natürlichen Schmelz verloren. Und dann mag man echt eines: weinen um diese unschuldigen jungen Pferdeseelen. Unter dem was in der Jugend verdorben wurde, leiden sie ihr ganzes Leben (oder sie profitieren umgekehrt Jahrzehnte von guter Ausbildung).

Was kann nun so alles schiefgehen? Das sind scheinbar recht harmlose Dinge. Das junge Pferd erschrickt, macht einen Satz oder buckelt kurz los, da es irritiert ist. Das kann immer passieren. Je sicherer der Sitz des Reiters ist, desto besser kann er dies ausbalancieren, ohne

- an den Zügeln zu ziehen
- mit den Beinen zu klemmen
- hinter die Bewegung zu geraten
- zu schimpfen
- oder gar herunter zu fallen.

Die ersten vier Versionen verunsichern das junge Pferd oder fügen ihm Schmerz zu und stören das noch nicht gesicherte Vertrauen in den Reiter. Der fünfte Punkt schockiert das Pferd oft regelrecht, er traumatisiert es oder er vermittelt ihm eine Möglichkeit, das lästige Raubtier auf dem Rücken loszuwerden.

Weitere, häufig zu sehende Fehler sind:
- das Reiten der jungen Pferde mit viel zu kurz gefassten Zügeln, ein Reiten überwiegend über die Hand, in der Hoffnung, das Pferd über diese kontrollieren zu können. Dies führt oft zu schon früh zu eng und zu hoch eingestellten Remonten.
- das Reiten der jungen Remonte, als wäre sie ein ausgebildetes Pferd, mit zu wenig Rückenentlastung, zu wenigen Pausen, zu langen Reitreprisen und zu frühem und zu langem Aussitzen.

Dies sind alles Dinge, mit denen ein junges Pferd überhaupt nicht umgehen kann, für die es noch nicht reif sein kann. Und schon entstehen die ersten Probleme, das junge Pferd klemmt, es wird zu eng, es hält sich im Rücken fest.

Darum: Kauft Euch bitte keine jungen, rohen Pferde, wenn Ihr nicht über die entsprechende Erfahrung und vor allem noch nicht über einen ausbalancierten, ruhigen, sicheren, losgelassenen Sitz mit sitzunabhängiger Hand verfügt und keinen in der Jungpferdeausbildung erfahrenen Ausbilder vor Ort habt. Bitte nicht!

Das ist die allerwichtigste Voraussetzung: Ein erfahrener Ausbilder junger Pferde sollte unbedingt vor Ort verfügbar sein. Je mehr verschiedene Pferde er in seinem Leben ausgebildet hat, desto besser. Das muss nicht bis zur Klasse S sein, sondern der Ausbilder sollte besser viele Pferde bis zum zweiten Ausbildungsjahr begleitet haben. Nicht jeder „S-Reiter" ist auch ein erfahrener Jungpferdeausbilder.

Man unterscheidet zwischen Fohlen-ABC und Grunderziehung, erstem Anreiten und weiterer Ausbildung.

Schon die Fohlen- und Grunderziehung und besonders das Anlongieren und zum Reiten vorbereitende Longieren sollten nur unter fachkundiger Aufsicht erfolgen, besser natürlich vom Fachkundigen selbst, aber das scheint ein selten erfüllter Wunschtraum zu sein. Ganz wichtig sind schon hierbei die ruhige Konsequenz und das Beachten von Sicherheitsaspekten sowie das Vermeiden ungünstiger äußerer Umstände (Unruhe, Hektik, Lärm, mangelnde oder unsichere räumliche Begrenzung, Arbeiten ohne Handschuhe, Sicherheitsschuhe und Helm).

Zum ersten Anreiten sollten besondere Voraussetzungen erfüllt sein: Der erste Reiter sollte nicht zu schwer sein, eine Obergrenze von etwa 70 kg ist sinnvoll. Selbst die sind für ein junges Pferd nicht so leicht auszubalancieren, weniger ist da immer besser. Dann muss dieser Reiter ausbalanciert sitzen können, einen handunabhängigen Sitz und eine sitzunabhängige Hand haben und „sattelfest" sein. Problematisch können wegen des langen Hebels Reiter mit einem sehr langen Oberkörper sein. Der Remontenreiter sollte vorsichtig, aber nicht ängstlich sein, gewissenhaft, ruhig in seiner Art und geduldig.

Es muss gewährleistet sein, dass schon von der Grunderziehung an jemand Erfahrenes das Reiter-Pferd-Paar immer im Auge hat. Erst wenn dieser das Paar „freigibt", kann an einzelnen Tagen auch mal allein gearbeitet und geritten werden. Und wenn irgendwelche, auch vermeintlich kleine Probleme auftreten, dann sollte man als weniger erfahrener Reiter nicht versuchen, diese selbst zu lösen, sondern immer den erfahrenen Ausbilder fragen. Sogar wenn Euch keine Probleme auffallen, empfiehlt es sich, den Reitlehrer regelmäßig die Ausbildung begleiten und überprüfen zu lassen, im ersten Jahr als Leitlinie mindestens dreimal pro Woche. Der erfahrene Ausbilder sieht Dinge, die Euch nie im Leben von allein auffallen. Wenn Ihr nun fragt, woher ihr den nehmen sollt, dann müsst Ihr halt suchen! Findet Ihr tatsächlich niemanden, der Euch so intensiv begleiten kann, oder könnt Ihr Euch diese Unterstützung finanziell nicht leisten, dann kauft bitte kein junges Pferd. Dem Pferd zuliebe! Ein junges Pferd ist – altersunabhängig – jedes Pferd, das weniger als zwei Jahre unter dem Sattel ist.

Im Folgenden möchte ich Euch noch einige Hinweise aus der Praxis für die Praxis geben: Dies ist aber keine „Gebrauchsanweisung" für junge Pferde, denn kein Buch dieser Welt ersetzt in der Jungpferdeausbildung den erfahrenen Ausbilder vor Ort, der schon im Ansatz bemerkt, wenn etwas beginnt, in die falsche Richtung zu laufen.

Die Gewöhnung an Mensch, Umgebung und Zubehör und das erste Anreiten: Hat man alle Zeit und vor allem alle Geduld der Welt schadet es keinem jungen Pferd, wenn es erst mit vier (oder sogar fünf) Jahren „gearbeitet" oder „aufgestallt" wird und vorher in erster Linie (Pferde-)Kind sein darf. Ein Pferd bis zu drei Jahren sollte halfterführig sein, die Hufe heben und bearbeiten lassen, sich anbinden und verladen lassen, das Putzen kennen und den Tierarzt an sich heranlassen. Es sollte sich vertrauensvoll am Menschen orientieren und noch keine schlechten Erfahrungen gemacht haben. Es muss weder täglich geputzt noch täglich beschäftigt werden. Über Besuch und Kontakt freut es sich dennoch. Wenn die Fohlen in der Herde oder bei Fuß der Mutterstute vieles sehen können, schadet das nicht, im Gegenteil.

Etwa mit dreieinhalb oder vier Jahren kann man dann langsam mit der weiteren Erziehung und Gewöhnung beginnen. Auch da kommt es auf das einzelne Pferd an. Wie weit ist es entwickelt? Ist es gerade extrem überbaut oder im Wachstum? Manche Pferde brauchen Zeit, bis sie fünf oder sechs Jahre alt sind, mit anderen kann man schon mit dreieinhalb ganz behutsam beginnen.

Man beginnt damit, das Pferd regelmäßiger in den Alltag einzubeziehen, es täglich zu putzen und auch schon einmal auf langsam größer werdenden Strecken spazierenzuführen, am Anfang gern von einem ruhigen älteren Pferd begleitet. Man gewöhnt es zunächst an das Halfter und den Kappzaum, lässt es ruhig in der Halle oder auf dem Platz laufen und erklärt so nebenbei die Hilfen der Stimme, der Körpersprache und der Peitsche sowie die Belohnung mit Futter und Stimm- und Streichel-/Kraullob.

Es werden ihm Waschplatz, Reitplatz, alle Ställe, alle Gerätschaften, alle Tiere usw. gezeigt, wenn es das noch nicht kennen sollte. All das ist zumeist schon aufregend genug. Im folgenden halben Jahr reicht es, wenn die jungen Pferde drei- bis viermal die Woche „gearbeitet" werden. An den übrigen Tagen kann man sich in Ruhe mit ihnen am Boden beschäftigen. Dem Pferd wird Zeit gelassen, Gelerntes zu verarbeiten, und nicht jeden Tag sollte etwas Neues auf das Tier einprasseln. Die meisten Pferde neigen eher dazu, einen geregelten Tagesablauf als angenehm zu empfinden.

Wie sieht dann die „Arbeit" aus? Das bedeutet zunächst Longieren mit einem Helfer nur am Kappzaum, möglichst auf einem abgegrenzten Longierzirkel. Hat das junge Pferd gelernt, sich zwanglos und ohne Hektik zumindest in Schritt und ruhigem Trab auf der Zirkellinie zu bewegen, kann man ein einfach gebrochenes Wassertrensengebiss zunächst „blind" einschnallen. Dies sollte das junge Pferd schon vom Führen her kennen und man lässt es vorher auch immer wieder einmal zur Gewöhnung damit fressen oder unter Aufsicht grasen.

Nach einiger Zeit kann man dann dazu übergehen, lang geschnallte Ausbinder als Hilfszügel zu verwenden. Vorher sollte das Pferd aber noch an einen Longiergurt gewöhnt werden, und das alles in Ruhe und mit viel Lob. Die Longierzeiten dauern zu Beginn nicht länger als maximal zehn bis 20 Minuten.

Auf das Longieren nach klassischen Grundsätzen, das Erreichen der Losgelassenheit und die beginnende Geraderichtung des jungen Pferdes an der Longe wird an anderer Stelle noch genauer eingegangen.

Hat das Pferd sich an den Menschen, das Equipment, die Umgebung und das Longieren gut gewöhnt, legt man auch schon einmal einen Sattel ohne Steigbügel und ohne Satteldecke auf, dann liegt der Sattel ruhiger und sicherer. Zuvor kennt das Pferd schon den Longiergurt mit Satteldecke darunter. Der Sattel wird zunächst mit dem bekannten Longiergurt darüber vorsichtig auf dem jungen Pferd befestigt. Er sollte nicht rutschen, darf aber auch nicht zu fest angegurtet werden.

Das erste Aufsitzen: Klappt das Longieren auch mit Sattel und baumelnden Steigbügeln problemlos, hat sich die Muskulatur des Pferdes entsprechend gut entwickelt und trabt es auf dem großen Kreisbogen im Gleichgewicht und nicht übereilt, kommt der große Moment, und man beginnt mit der Gewöhnung an den Menschen hinter den Ohren.

Zunächst übt man das ruhige Stehen an der Aufstiegshilfe und belohnt mit Hafer aus der Futterschüssel, der von einem Helfer angeboten wird (wurde früher Haferschwinge genannt, falls Euch der Begriff einmal begegnen sollte). Dann steigt man immer mal wieder auf die Aufstiegshilfe und klopft und streicht das Pferd ab. Lässt es alles ruhig geschehen (nach einigen Tagen), lehnt man sich von der Aufstiegshilfe aus an das Pferd, legt sich mal vorsichtig über den Rücken quer und streichelt es auf der anderen Seite. Es muss sich erst an den Anblick des Menschen hinter und über sich gewöhnen.

Parallel wird das Pferd auch schon einmal mit Steigbügeln longiert und auch mit baumelnden Steigbügeln im Schritt geführt. Ist das junge Pferd so vorbereitet, kann man meist gefahrlos vorsichtig schon mal einen Fuß in den Steigbügel stellen und diesen belasten. Bleibt es ruhig: Das reicht! Erst am nächsten Tag steigt man dann das erste Mal vorsichtig und langsam auf, lobt mit Hafer und sitzt wieder ab. Am besten ist man zu dritt, einer hält gegen, einer füttert vorn und einer steigt auf. Je nachdem, wie cool das Pferd bleibt, kann man schon nach ein paar Tagen das junge Pferd mit dem Reiter auf dem Rücken anführen und dann auch bald vorsichtig longieren – alles immer nur minutenweise und sich langsam steigernd, ggf. natürlich zuerst immer noch ohne Reiter, damit das Pferd aufgewärmt und nicht mehr allzu übermütig ist.

Als nächstes werden mit Stimm- und Gertenhilfe und der Hilfe von unten an der Longe „Gas" und „Bremse" installiert.

Auch in der vorbereitenden Bodenarbeit, beim Führen und in ersten Abkauübungen an der Hand wird das Pferd an die Wirkungsweise des Gebisses herangeführt.

Der Handwechsel beim Longieren kann dann schon einmal und später ganz selbstverständlich ohne und mit Reiter durch eine Vorhandwendung erfolgen. Für die Hilfengebung ist dann der Longenführer zuständig.

Klappt das soweit alles, kann das Pferd frei hinter einem braven Führpferd erst geführt und dann nach und nach frei gelassen werden. Und so geht es dann immer wieder ein kleines Stück voran. Die schönste aller reiterlichen Aufgaben!

Als Leitlinie gilt: immer so viele Tage „Arbeit" mit den jungen Pferden, wie sie (Arbeits-)Jahre zählen, also mit drei an drei Tagen der Woche arbeiten, mit vier an vier Tagen usw. Sind die Pferde beim Anreiten älter, gelten diese Zahlen entsprechend (als Anhaltspunkt). Leichtes beginnendes Gymnastikfreispringen und ruhige Bodenarbeit gehören selbstverständlich ebenfalls zur Ausbildung. Und baldmöglichst werden auch kurze Ausritte ins Gelände mit einem ruhigen Führpferd hinzugenommen. Dabei ist zu beachten, dass Ausritte, die länger als 20 bis 30 Minuten dauern oder vielleicht sogar bergauf und bergab gehen, für das junge Pferd sehr anstrengend und anspruchsvoll sind und dass man ggf. auch mal absitzen und führen sollte, wenn man merkt, dass es ermüdet.

68. Mein Pferd ist acht, der muss jetzt L-fertig sein!

Nun ja, es muss nicht, aber es könnte. Es könnte sogar M-fertig sein, im Idealfall sogar, ohne Schaden genommen zu haben. Es kommt wie immer auf das Pferd an und die Qualität der Ausbildung. Ist das Pferd früh- oder spätreif?

Hatte es späte Wachstumsschübe? Wird oder wurde die Ausbildung durch Erkrankungen oder Sonstiges unterbrochen? Wie talentiert ist das Pferd? Wie nervenstark? Wie hart und belastbar im Fundament? Wie kompetent und erfahren ist der Ausbilder des Pferdes? Die Uhr in der Ausbildung trägt immer das Pferd (wie Kerstin Gerhardt gerne sagt). Diese Uhr abzulesen, das zeichnet den guten und versierten Ausbilder aus.

„Am schnellsten und sichersten wird derjenige Reiter vorwärts kommen, dessen geistiges Gleichgewicht auf einer solchen Stufe steht, daß er auf eine, möchte man sagen, zeitlich unbegrenzte Dauer der Ausbildung eingestellt ist und sie nur von den Fortschritten des Pferdes abhängig macht." (Waldemar Seunig)[19]

Man kann das Pferd als Ausbilder nur fördern und auch fordern, darf es aber nicht überfordern, sonst wirft man es in der Ausbildung und Entwicklung zurück. Man kann es an Grenzen führen, kurzzeitig auch mal darüber hinaus, aber man muss dem Pferd auch Pausen gönnen, ihm die Zeit lassen, sich zu entwickeln und zu erholen und auch über Erlerntes nachzudenken. Gerade der letzte Punkt ist nicht zu unterschätzen.

Und es ist normal, dass nicht jedes Pferd in der Lage ist, über L-Niveau (Campagneschule) ausgebildet zu werden. Nicht umsonst ging die Ausbildung früher in allen Disziplinen parallel bis in die leichte Klasse, da die meisten Pferde dazu bei guter Vorbereitung in der Lage waren.

69. Junge Pferde müssen möglichst rasch möglichst viel Muskulatur entwickeln

Diesen Eindruck kann man gewinnen, wenn man immer wieder die Frage liest: „Was kann ich füttern, damit mein noch recht schmaler Dreijähriger rascher Muskulatur aufbaut?" Es folgen dann diverse, mehr oder weniger teure „Auffütterungsempfehlungen".

Junge Pferde müssen vor allem erst einmal an verschiedene Dinge gewöhnt werden, Vertrauen in den Menschen, die Umgebung und die Ausrüstung entwickeln, bevor sich ein Reiter auf sie setzt. Dies geschieht üblicherweise durch die Arbeit an der Hand, am Boden und an der Longe. Allein hierdurch entwickelt sich bei korrekter Arbeit die notwendige Muskulatur quasi als Nebeneffekt. Als Futter kann gutes Heu und Gras gegeben werden, ergänzt von angepasstem Mineral- und Vitaminfutter und allenfalls etwas Hafer.

Dazu reicht es, wenn das Pferd an der Longe seine Balance und seine Zwanglosigkeit im ruhigen Tempo findet und man allenfalls schon einmal mit lang verschnallten Ausbindern an der Losgelassenheit und Geraderichtung arbeitet.

Wenn man den Schwerpunkt durch Spezialfütterung und gezieltes Training zu früh auf die Entwicklung der Muskulatur legt, passiert Folgendes: Die Pferde entwickeln zwar Muskeln und sehen mit gut drei Jahren so aus wie ein Sechsjährige, aber die bindegewebigen Strukturen können in dieser Zeit nicht so entwickelt und gefestigt werden, wie es die Kraft und Masse der Muskulatur verlangt. So kann es zu frühzeitigen Sehnen- und Fesselträgerschäden und zu Muskelfaserrissen kommen

70. Junge Pferde muss man schon früh mit der Hand aufrichten

Wenn man Championatspferde anschaut oder auf Auktionen geht, sieht man drei- und vierjährige Pferde hoch und absolut aufgerichtet und eng eingestellt mit festgehaltenen Rücken durch die Arenen strampeln.

Dies ist falsch! Aufrichtung und Selbsthaltung müssen in Ruhe und mit Geduld erarbeitet werden und vor allem nicht mit der Hand.

Das junge Pferd balanciert sich und den Reiter noch eine ganze Zeit mit dem langen, eher tief getragenen Hals aus, und die Dehnung nach vorwärts-abwärts in die Tiefe hilft ihm, den Reiter über die Spannung des Nacken-Rücken-Bandes zu tragen, bevor die Tragemuskulatur ausreichend trainiert ist. Das sieht nicht so spektakulär aus, ist auf Dauer aber gesünder.

Vor der Aufrichtung und korrekten Selbsthaltung stehen Zwanglosigkeit, Takt und Losgelassenheit und hieraus resultierend die Anlehnung des Pferdes und dann die Schubkraftentwicklung (Schwung). Die Aufrichtung ergibt sich von ganz allein mit wachsender Kraft der gesamten Muskulatur, wenn das Pferd zunehmend in der Lage ist, sein Gewicht etwas Richtung Hinterhand zu verlagern und sich auch muskulär stabil zu halten. Dies fängt mit dem Reiten der ersten Paraden an, die über ein reines „Bremsen" hinausgehen. Auch wenn sich das Pferd später auf großen gebogenen Linien zunehmend wirklich auf die Kreislinie einstellt, beginnt es, mit dem inneren Hinterbein deutlicher Last aufzunehmen und richtet sich dadurch von allein leicht auf. Das Pferd wird sich nach und nach mehr schließen.

In diesem Moment darf das Aufrichten auf keinen Fall mit der Hand verhindert werden, wie man es leider bei unerfahrenen Reitern oft sieht. Denn dies ist kein „Rausheben" aus der Anlehnung, sondern die natürliche Reaktion der relativen Aufrichtung! Wichtig dabei ist, dass der Reiter mit der Hand eher leichter wird, damit das Pferd beginnt zu lernen, sich immer wieder auch selbst zu tragen. So entwickeln sich Aufrichtung und Selbsthaltung im Laufe der Ausbildung ganz natürlich im Rahmen der zunehmenden Versammlungsfähigkeit in einer oberen Dehnungshaltung, am besten immer abwechselnd mit einer Erholung in der etwas tieferen Dehnungshaltung und am langen oder mit hingegebenem Zügel, damit sich die beim jungen Pferd meist noch etwas ausgeprägteren Ganaschen erholen können. Aufrichtung und auch Selbsthaltung und Versammlung kosten Kraft, Kraft, die erst entwickelt werden muss, und das dauert und muss kleinschrittig erarbeitet werden, um die jungen Pferde nicht zu überlasten.

Das junge, gerade angerittene Pferd mit kurz gefasstem Zügel „oben hinzustellen" und strampeln zu lassen, hat mit einer erarbeiteten Aufrichtung im Rahmen der Ausbildung nichts zu tun und ist gesundheitsgefährdend für die Pferde. Vorzeitige Überlastungsschäden und Kissing Spines können die Folge sein. Leider sieht man diese Schäden heutzutage schon bei sehr jungen Pferden.

71. Man kann Pferde vom Boden aus perfekt auf das Reiten vorbereiten

Hierzu gibt es einen wenig pferdefreundlichen „Gegenmythos": Man solle das junge Pferd anreiten, bevor es zu viel Kraft entwickelt hat, dann sei es weniger widersetzlich und mache weniger Probleme.

Die Wahrheit liegt wie so oft in der Mitte. Selbstverständlich kann man ein rohes Pferd durch Longen- und Bodenarbeit so weit aufbauen, dass es sowohl Muskulatur als auch Kraft entwickelt, ohne widersetzlich zu werden. So lernt es spielerisch den Umgang und die Ausrüstung kennen, lernt, seinen Körper schon recht sinnvoll zu bewegen, zwanglos, losgelassen und taktmäßig zu gehen, und wie es sich auf einer Kreislinie am besten ausbalanciert.

Dies kann jedoch das Reiten nicht komplett ersetzen, denn dabei werden noch wesentlich mehr und andere Muskelgruppen gefordert, vor allem die Rumpf- und Bauchmuskulatur, und das Pferd muss erst einmal lernen, sich mit dem Reitergewicht neu auszubalancieren. Das ist sehr anstrengend und kraftraubend für die jungen Pferde. Die für das Tragen und Ausbalancieren des Reitergewichtes erforderlichen Muskeln und Muskelgruppen entwickeln sich eben vor allem durch das Reiten selbst, auch wenn sie durch fachgerechte Longenarbeit schon ein wenig vorbereitet wurden.

Ähnliches gilt übrigens auch für Rehapferde, die längere Zeit nicht geritten wurden. Sie sehen oft noch recht gut aus, wenn man aber wieder anfängt, sie zu reiten, merkt man, wie rasch sie erschöpft sind. Auch und gerade das Reiten muss man schonend und langsam wiederbeginnen.

72. Man muss die jungen Pferde zunächst einmal in den langsamen Bewegungen ins Gleichgewicht bringen

Diesen typischen Irrweg kann man mittlerweile überall bewundern, sowohl im Netz als auch in den Reithallen. Junge Pferde schleichen verbogen und verspannt kreuz über quer durch die Gegend, sind genervt, versuchen, sich zu widersetzen und verlieren ihre Fähigkeit, sich schwungvoll gerade vorwärts zu bewegen.

Pferde sind Bewegungstiere. Je jünger und später je trainierter, desto mehr Bedürfnis nach Bewegung haben sie meist. Nehmt ihnen nicht die Bewegungsfreude und die Lust und den Spaß an der Arbeit, indem Ihr sie nur „langsam" arbeitet. Selbstverständlich kann und sollte man Pferde auch immer wieder in ruhigen Bewegungen schulen, das übt die Balance und die Koordinationsfähigkeit, aber immer nur kurz. Das Vorwärts und die Bereitschaft zum Vorwärts dürfen hierbei nie verloren gehen und erst recht nicht die Freude an der frischen, schwungvollen Bewegung.

Die Anmut in der Bewegung, der natürliche Schmelz und die Faszination der Dynamik bestimmen den Ausdruck des Pferdes. Auch wenn an erster Stelle die Zwanglosigkeit steht, ist sie nicht das Ziel. Aus der Zwanglosigkeit wird wieder der Ausdruck entwickelt, das Strahlen in der Losgelassenheit und in der schwungvollen Bewegung. Diese dann später auch in der Versammlung zu erhalten, das ist die Kunst. Wer versucht, seine Pferde zu früh über langsame Bewegungen zu versammeln, nimmt ihnen oft auch die Reinheit und die Möglichkeiten der Gänge! Pferde bringen ein gewisses Gangwerk mit (so ist die Fachsprache). Dies zu erhalten und zu verbessern, ist unsere Aufgabe, nicht, es „wegzureiten" (damit es besser zu sitzen ist?). Und nein, Vorwärts bedeutet nicht, Runde um Runde in hohem Tempo mit hoch gestelltem Genick die Pferde strampeln zu lassen.

Wie Gustav Steinbrecht „...rufe ich einem jeden Reiter zu: ‚Reite Dein Pferd vorwärts und richte es gerade!'"[20]

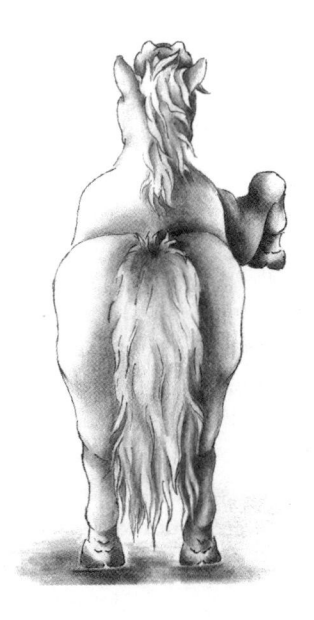

TRAINING: ZWISCHEN KOMFORTZONE UND MUCKIBUDE?

73. Jedes Pferd muss zu Beginn der Arbeit 20 Minuten Schritt geritten werden

Eines ist sicher richtig, es schadet meist zumindest nicht. Es sei denn, es handelt sich um ein sehr junges Pferd. Dann sollte man zum Aufwärmen noch nicht 20 Minuten am Stück im Schritt reiten, da ist es sinnvoller, das Pferd zu führen und ein wenig zu longieren. Denn für die ganz jungen Pferde ist es schon im Schritt anstrengend, den Reiter korrekt zu tragen, ohne den Rücken zu weit absinken zu lassen und ohne die muskulär-bindegewebige Aufhängung des Brustkorbes zu überfordern. Auch bei alten Pferden kann es besser sein, sie zum Aufwärmen zu führen.

Auch die Haltungsform und die Jahreszeit spielen eine Rolle sowie der Ausbildungsstand und Vorerkrankungen. Absolut sinnvoll ist das ausgiebige Schrittreiten (oder -führen) zu Beginn der Arbeitseinheit bei Boxenhaltung (die es eigentlich nicht mehr geben sollte), im Winter und bei Pferden, die an Arthrose leiden, denn steife und arthrotisch veränderte Gelenke laufen sich in der Bewegung tatsächlich etwas ein.

Gern wird angeführt, diese Zeit benötigten die Gelenke generell, um die Gelenkschmiere im Gelenk zu verteilen. Rein medizinisch betrachtet ist das Nonsens. Die Synovialflüssigkeit ist immer vorhanden und wird mit einem einmaligen Durchbewegen sofort verteilt. Sie muss sich auch nicht zusätzlich in den 20 Minuten bilden, sonst bekäme man nämlich einen Gelenkerguss. Gelenke haben eher einen kapillären (sehr dünnen) Spalt und sind nur minimal mit der Synovialflüssigkeit angefeuchtet, auch die Viskosität (Fließeigenschaft) und die Durchblutung ändern sich durch andauernde Bewegung nicht wesentlich.

Anders ist es mit der Durchblutung der Muskulatur. Diese wird durch Bewegung und Inanspruchnahme erwärmt und dadurch elastischer und federt die Sehnenbelastung besser ab.

Zum Aufwärmen eignet sich nach einer angemessenen Schrittphase der ruhige Trab auf großen gebogenen Linien, es müssen nicht immer 20 Minuten Schritt sein. Und Schrittreiten muss man auch können! Reines Herumlatschen unter dem Reiter mit hängendem Rücken und herausgedrücktem Unterhals oder im „Giraffenmodus" ist kontraproduktiv!

74. Sportpferde müssen täglich hart trainiert werden

Nein, sie müssen sinnvoll trainiert und langsam aufgebaut werden und brauchen sowohl Ausdauer als auch Kraft.

Ausdauer wird sehr gut über langes Schrittreiten (im Gelände) schonend gefördert, dies haben schon immer die Vielseitigkeitsreiter vorgemacht. „Hartes Training", welches die Pferde an ihre Leistungsgrenzen bringt, darf nicht zu oft erfolgen, da Muskeln und Sehnen unbedingt Erholungs- und Aufbauzeiten brauchen. Nach einem Training mit überschwelligem Trainingsreiz sollten zur Regeneration ein bis drei Tage sehr leichte Arbeit folgen.

Sportpferde, die Höchstleistungen erbringen müssen, sollten nach sportphysiologischen Methoden trainiert werden. Gerade sie müssen schonend und gekonnt aufgebaut werden und brauchen weder zum Aufbau noch später zum Erhalt ihrer Form ein tägliches hartes Training, wie man es aber leider in den Reitbahnen immer wieder sieht.

75. Freizeitpferde müssen nicht trainiert werden, es reicht, wenn sie auf die Koppel kommen

Es stimmt, es ist überhaupt nicht erforderlich, ein Pferd fünfmal pro Woche „hart" zu trainieren, insbesondere dann nicht, wenn man unter „hart" oder „gut" versteht, es komplett auszulasten und „richtig" zum Schwitzen zu bringen.

Aber auch ein Freizeitpferd sollte regelmäßig gearbeitet werden, damit es den Reiter schadlos über längere Strecken tragen kann. Da reicht es, zwei- bis dreimal die Woche etwas intensiver zu arbeiten. Die übrige Zeit brauchen die Pferde zur Regeneration und zum Muskelaufbau und zur Festigung der bindegewebigen Strukturen. Erst mit fortschreitender Ausbildung sind längere, stärkere und etwas häufigere Belastungen möglich, aber auch diesen sollten immer entsprechende Regenerations- und Aufbaupausen folgen, in denen die Pferde nur leicht bewegt werden.

Pausen bedeuten jedoch nicht, die Pferde in der Box oder auf der Koppel stehen zu lassen. Sinnvoll ist es vielmehr, sie ruhig und leicht zu bewegen, zusätzlich zu einer vernünftigen Haltung mit viel Auslauf. Das Bewegen kann unter dem Reiter oder an der Longe erfolgen, in der Bodenarbeit, als geführter Spaziergang oder mit einer leichten, spielerischen Springgymnastik. Als Abwechslung eignen sich auch Schrittausritte, zunächst in Maßen und später dann auch länger andauernd.

Was man nicht machen sollte: komplett untrainierte oder kaum gearbeitete Freizeitpferde immer mal wieder sehr lang zu reiten (zum Beispiel auf Wanderritten), solche Aufgaben müssen immer vorbereitet werden.

76. Man muss die Faszien des Pferdes trainieren!

Faszientraining liegt voll im Trend! Ja, es ist wichtig, den bindegewebigen Strukturen des Pferdekörpers Anreize zu geben, sich zu festigen und belastbarer zu werden, dazu braucht es Zeit.

Dies kann man aber nicht losgelöst vom Gesamtorganismus betrachten, auch wenn es manchmal so dargestellt wird. Man trainiert immer das ganze Pferd, auch seine Muskulatur. Auch den Geist des Pferdes und sein Nervensystem bildet man aus, man fördert Balance, Körperkoordination und das Bewegungspotential der Pferde. Eine ausgewogene Mischung ist wie immer am sinnvollsten und zweckmäßigsten.

Den Fokus rein auf die muskuläre Entwicklung zu legen, wäre ebenfalls fatal! Die bindegewebigen Strukturen wie Sehnen, Gelenkkapseln und die übrigen Faszien können nämlich nicht ebenso schnell wachsen und „reifen" wie die Muskulatur. Ein Pferd, das mit drei Jahren aussieht wie ein voll durchtrainierter Sechsjähriger kann dann eben leider nur ein Blender sein!

77. Das Pferd soll den Rücken aufwölben!

Unter dem Reiter sollte das Pferd den Rücken so weit stabilisieren können, dass er sich möglichst in Mittelposition befindet, d. h. nicht durchhängt, aber sich *nicht* aufwölbt. Die natürliche Formschwingung des Rückens sollte erhalten bleiben, denn der Rücken kann nur schwingen, wenn er nicht endgradig fixiert ist. Und das wäre er in „aufgewölbtem" Zustand. Das Aufwölben soll und darf nur das Zuviel an Durchbiegen der Wirbelsäule durch das Reitergewicht ausgleichen, bis zum Erreichen und Erhalten der schwingenden Mittelstellung. Wer schon einmal auf einem Pferd gesessen hat, das den Rücken gegen den Reiter aufwölbt, der weiß, was gemeint ist. Das ist nämlich ein äußerst ungutes Gefühl, wie auf einem gespannten Flitzebogen. So schützen sich manche jungen Pferde vor dem Reitergewicht, solange die Kraft ausreicht. Einige beginnen zu buckeln, denn diese Haltung ist nur mit stark angespannter Muskulatur zu bewältigen und kann auch schmerzhaft sein. Auch in der späteren Ausbildung gibt es durchaus Pferde, die diese Funktion des Aufwölbens des Rückens gegen den Reiter verwenden und sich den Hilfen widersetzen.

Was sich günstig auf die Tragefunktion der Wirbelsäule auswirkt, ist ein leichtes Spannen des Nackenbandes und damit ein Auffächern des Widerristes in der Dehnungshaltung oder später in der Versammlung ein Auffächern und eine Stabilisierung der hinteren Dornfortsätze der Brustwirbel- und Lendenwirbelsäule über ein Abkippen des Beckens. So ist es den Pferden möglich, das Absacken der Wirbelsäule, das aus der Belastung durch das Reitergewicht resultiert, auszugleichen.

Über das Training der Rumpftragemuskulatur (vor allem im Trab) gelingt es dem Pferd dann auch zunehmend, den Brustkorb zwischen den Schultern zu stabilisieren und einem Absinken entgegenzuwirken. Das fühlt sich manchmal so an, als ob ein Pferd den Rücken aufwölbt, aber es stabilisiert sich lediglich. Man spricht davon, dass das Pferd den Reitersitz ausfüllt. Dies ist aber nur ein ausgleichendes „Aufwölben" oder „Anheben". Es ist wie bei den Gelenken des Reiters, am günstigsten wirkt sich immer eine Mittelstellung aus, denn in dieser ist der Organismus am wenigsten verspannt und kann sich am besten in alle Richtungen bewegen.

Die Pferde sollen vor allem den Rücken „hergeben". Dies ist erst möglich, wenn sich der Rücken in „Normalstellung" befindet. Hergeben bedeutet aber auch, dass das Pferd sich über den Sitz reiten lässt, dass es sich über die Wirbelsäule des Reiters „regeln" lässt, im Gang, im Takt, im Tempo. Der hergegebene Rücken ist der durchlässige Rücken, der den Schub bis in die Reiterhand durchlässt, aber ebenso die Paraden und die verhaltenden Hilfen, er versteift sich nicht. Erst bei hergegebenem Rücken sitzt der Reiter *im* Pferd, verschmilzt mit dem Pferd, ohne dass der Rücken durchhängt oder der Brustkorb absinkt.

Wie kommen wir nun dorthin? Über die Losgelassenheit! Sie ist die Grundvoraussetzung für das Hergeben des Rückens, wobei der hergegebene Rücken kein durchhängender sein darf! Er schwingt losgelassen in *Mittelstellung*, die Hinterhand ist aktiv, das Pferd zeigt alle Zeichen der Losgelassenheit und reagiert durchlässig auf die Hilfen, es zeigt eine Dehnungsbereitschaft an die Hand heran, sobald man diese abfragt.

Bei wirklich sehr rücken- und rumpfstarken Pferden muss man sogar gelegentlich deutlich auf den Rücken einwirken, bis sie ihn ehrlich hergeben, entweder über das Kreuz oder manchmal sogar über die Aufrichtung des Halses, aber eben wirklich nur bei diesen Pferden! Da die meisten Reiter ein gegenteiliges Problem haben und vor allem weiche Rücken anheben wollen und teilweise auch müssen, ist diese Technik in Vergessenheit geraten. Sie sollte auch nur dem erfahrenen Reiter vorbehalten bleiben, der abschätzen kann, wie weit der Rücken des Pferdes weicher gemacht werden darf.

Gibt ein Pferd den Rücken in Losgelassenheit her, fühlt es sich erst wirklich wohl unter dem Reiter, denn sonst täte es dies nicht. Und das ist dann für den Reiter ein Gefühl, das süchtig macht, das Pferd saugt den Reiter an, Pferd und Reiter werden eine Einheit!

78. Jedes Pferd muss den Widerrist anheben!

Isoliert kann der Widerrist nicht angehoben werden, da er Teil des Brustkorbes und mit diesem untrennbar verbunden ist. Den gesamten Brustkorb anzuheben, ist rein anatomisch nur kurzzeitig möglich, zum Beispiel in der Levade, wenn das Pferd ihn inklusive der Wirbelsäule vorn anhebt. Das funktioniert über die beidseitige isometrische Anspannung beider langer Rückenmuskeln bei gegenhaltenden Bauchmuskeln und Rückverlagerung des Körperschwerpunktes durch die Beugung der Hanken.[21]

In der normalen Ausbildungsarbeit des Pferdes werden allenfalls die Dornfortsätze leicht aufgefächert. Zusätzlich kann das Pferd kurzzeitig den Brustkorb über die muskulär-bindegewebige Aufhängung und die brustkorbtragende Muskulatur zwischen den Schultern leicht anheben, aber diese Muskulatur hat normalerweise eher eine haltende als eine hebende Funktion. Je besser sie trainiert ist, desto länger und eher kann ein Pferd den Rumpf samt Reiter zwischen den Schulterblättern schadlos tragen. Eine knöcherne oder gelenkige Verbindung zwischen dem Brustkorb des Pferdes und der Vordergliedmaße gibt es nicht, ebenso wenig wie ein Schlüsselbein.

Richtig reiten und richtig longieren reicht meist, um die Halte- und Tragemuskulatur zu kräftigen und nicht zu überlasten. Den Widerrist (und damit den Brustkorb) samt Reitergewicht anzuheben, das ist meist nicht unbedingt erforderlich.

Man kann aber die Haltemuskulatur generell kräftigen, damit einer Überlastung des Halteapparates durch einen höheren Muskeltonus und größere Muskelmasse vorgebeugt wird, hierdurch kann sich tatsächlich das Stockmaß um einige wenige Zentimeter anheben.

Für das Training der Rumpfhalte- und Tragemuskulatur eignen sich vor allem moderate Trabarbeit und das Reiten von Schenkelweichen und Seitengängen in Maßen.

Eine Überlastung des Trageapparates wird deutlich, indem die Pferde plötzlich beginnen, hörbar lauter aufzufußen. Das ist immer ein Zeichen einer erschöpften und daher nicht mehr federnd tragenden Muskulatur!

79. Die Rückenmuskulatur stabilisiert den Rücken!

Das geht schon wegen der Zugrichtung der langen Rückenmuskeln nicht. Für die Stabilisierung des Rückens sind das Nacken-/Rückenband und die Gegenspieler der Rückenmuskulatur verantwortlich, die unterhalb der Wirbelsäule liegen, einschließlich der Bauch-, der Schulter- und teilweise auch der Brustmuskulatur.

Die Rückenmuskulatur steuert und reguliert die Bewegung des Pferdes, aber sie schützt das Pferd nicht davor, im Rücken zu sehr durchzubiegen. Auf der Rückenmuskulatur liegt zwar der Sattel und sitzt damit der Reiter, sie hat jedoch eher eine polsternde Funktion zwischen Sattel und Knochengerüst des Pferdes. Auf der Rückenmuskulatur sitzt der Reiter eher wie auf einem Kissen und nicht wie auf einer Brücke. Getragen wird der Reiter vom Brustkorb, auf dem er sitzt.

Immer wieder kommt die Frage auf, wie man erreichen oder erarbeiten könne, dass die Pferde besser „über den Rücken gehen" und „durch den Körper schwingen". Was bedeuten diese beiden Begriffe? Über den Rücken geht ein Pferd, welches die Rückenmuskulatur ungehindert und unverspannt arbeiten lässt. Wodurch wird es möglicherweise daran gehindert?

Da kommen folgende Faktoren in Betracht:
- ein schlecht sitzender oder zu schwerer Reiter
- ein unpassender Sattel
- ein Zuviel oder Zuwenig an „Vorwärts"
- zu viel oder (seltener) zu wenig Handeinwirkung
- Zahnprobleme (tatsächlich), Huferkrankungen sowie Lahmheiten
- fehlende Balance ebenso wie eine deutlich ausgeprägte Schiefe des Pferdes
- fehlender Takt, fehlende Zwanglosigkeit

Denn: Ein Rücken schwingt und ist tätig, wenn das Pferd losgelassen ist. Wenn es arbeitsfähig und arbeitsbereit und aufgewärmt ist. Damit ein Pferd also besser über den Rücken schwingt, muss ich an seiner Losgelassenheit arbeiten (s. auch Mythos 45). Und diese Arbeit ist individuell vom jeweiligen Pferd abhängig, denn jedes Pferd löst sich anders am leichtesten. Es empfehlen sich hier immer Übungen, die das Pferd kann und die es gern ausführt.

Der Rücken ist „da", wird hergegeben, wenn das Pferd von sich aus locker im Genick nachgibt und mit aktiv vorschwingendem Hinterbein an die Hand des Reiters herantritt. Jegliche Versteifungen im Genick und im Unterkiefer verhindern einen locker schwingenden Rücken. Wenn das Pferd aber schön über den Rücken geht, dann schwingt es zumeist auch durch den ganzen Körper, das heißt, es lässt die Bewegung vom Hinterhuf bis in die Hand des Reiters „durchschwingen". Es dehnt sich an die Hand des Reiters heran. Die Anlehnung wird sicher. Das Pferd zäumt sich bei. Es entwickelt sich Durchlässigkeit, die von hinten nach vorn besteht und sich durch die Übergänge und Paraden ergibt, so sie denn immer von hinten nach vorn geritten werden.

Zur Überprüfung der Rückentätigkeit bietet sich an, immer wieder die Pferde die Zügel aus der Hand kauen zu lassen, um ihre Dehnungsbereitschaft abzufragen, denn diese zeigt an, ob das Pferd sich wirklich loslässt. Hierzu müssen Pferde aber auch „geritten" werden, der Reiter muss sie gekonnt aktivieren und auch selbst eine passende Körperspannung und Einwirkung aufbauen.

80. Das Ausreiten der Ecken ist nicht so wichtig, das machen „die Großen" im Grand Prix auch nicht

Das korrekte Ausreiten der Ecken scheint recht unpopulär, wie man in vielen Reithallen am Verlauf des Hufschlags in den Ecken unschwer erkennen kann: Sie gleichen oft einer Hangbahn. Viel zu häufig sieht man in Reithallen ein gedankenloses Umkreisen der Bahn und eher ein „Durchkurven" als ein Durchreiten der Ecken, selbst bei Prüfungen im Viereck. Auch bei so manchem Reiter im großen Sport fehlt ein korrektes Ausreiten der Ecken. Selbst in den versammelten Grundgangarten werden erstaunlich oft die Ecken abgekürzt, und das ist schade. Wenn Ihr in der Halle oder auf dem Platz unterwegs seid, nutzt die Ecken zur Gymnastizierung Eurer Pferde!

Eine Ecke ist eine Viertelvolte auf kleinstmöglichem Kreisbogen, geritten in deutlicher Stellung und Biegung. Hier hat man durch die Begrenzung der Bande die Möglichkeit, mit möglichst wenig Hilfengebung korrekt eine enge Wendung zu reiten.

Das Nutzen der Ecken ist beim älteren, weiter ausgebildeten Pferd schon beim Warmreiten im Schritt möglich. Für junge Pferde gehört es eher in die Arbeitsphase oder noch gar nicht ins Programm. Ein Pferd in freier Wildbahn bewältigt eine Wendung nämlich meist in Außenstellung und Schräglage. Soll es nun das Reitergewicht schadlos durch eine Ecke „befördern", muss es erst eine andere Technik entwickeln. Es muss lernen, sich zu biegen, damit es aus der „Schräglage" herauskommen kann. Letztere wird gern mit „auf die innere Schulter fallen" umschrieben, was aber eigentlich nur einen kleinen Teil des ungewollten Bewegungsablaufes beschreibt, denn es fehlen meist sowohl die Biegung als auch die Balance. Durch die fehlende Biegung kommt es zu vermehrten Scherkräften in den Gelenken, da diese die Schräglage ausgleichen müssen.

Wie reitet man nun wirklich eine Wendung?
- vor der Ecke das Tempo etwas verkürzen und das Pferd durch eine halbe Parade aufmerksam machen
- dann Innenstellung, inneren Gesäßknochen diskret vorschieben, äußere Schulter mitnehmen, inneres Bein lang werden lassen
- biegender Impuls mit der Wade innen, äußerer Schenkel verwahrt die Hinterhand vor dem Ausfallen und erhält mit das Vorwärts
- kurzer, leichter, stellender Zügelanzug innen mit sofortigem Nachgeben
- mit der äußeren Hand die Stellung zulassen bzw. begrenzen
- in der Ecke insgesamt mit der Hand leicht werden und das Pferd dadurch dazu anhalten, sich selbst zu tragen

Und wie reitet man aus der Wendung wieder heraus? Indem man etwas zulegt, damit der Schwung bzw. das Vorwärts nicht verloren geht, denn jede Wendung hat auch einen versammelnden und damit einen „bremsenden" Effekt.

Bei Fortschreiten der Ausbildung kann man das Durchreiten der Ecken im Schultervor hinzunehmen. Auch Wendungen aus der Ecke und in die Ecke und in den Ecken gerittene Volten sind schöne Übungen, um die Versammlung und Biegung des Pferdes zu verbessern. Später bietet sich das Mitnehmen der Biegung und Stellung aus der Ecke heraus an, um ein Schulterherein und/oder einen Travers einzuleiten, und das dann in allen drei Grundgangarten. Teilt man das Viereck in zwei halbe Bahnen, hat man noch mehr „Übungsecken" zu Verfügung.

Wie mit der jungen Remonte sollte man die Übungen auch mit dem älteren Pferd nicht übertreiben, denn die die Gelenke und Sehnen belastenden und verschleißenden Scherkräfte in engen Wendungen sind nicht zu unterschätzen. Aber wenn man Ecken durchreitet, dann bitte richtig!

81. Pferde müssen Dressuraufgaben mit äußerster Präzision erfüllen

Ziel der Ausbildung ist nicht das Pferd, welches mechanisch möglichst fehlerfrei Lektionen abspult! Viel wichtiger ist es, Pferde zum Strahlen zu bringen, ihren Ausdruck zu verbessern, sie sich stolz und anmutig bewegen zu lassen. Es geht um das Tänzerische, den Ausdruck des Pferdes! Bildet man nach der Lehre aus, führt sie genau dort hin. Sie führt zu sich gern unter dem Reiter bewegenden, gesunden Pferden, die zufrieden, gelassen und dennoch beeindruckend wirken.

Wie komme ich zu diesem Ziel?
Indem ich
- mir Zeit lasse
- mich fortbilde
- mein Pferd mit Liebe, Respekt und Ruhe behandele
- es möglichst artgerecht halte, ihm gutes Futter und Wasser zur Verfügung stelle
- ihm das am besten passende Zubehör und die bestmögliche Versorgung zukommen lasse
- in mein Pferd hineinhorche und es immer genau beobachte
- mein Pferd unterstütze, statt es zu stören
- es fordere, statt es zu überfordern oder zu unterfordern
- es sich möglichst oft selbst tragen lasse, statt es in eine Form zu pressen
- dem Pferd auch Pausen gönne
- ihm keine Dinge aufzwinge, die ihm körperlich oder seelisch nicht zumutbar sind

Und nein, Pferde können nicht immer strahlen, so wie wir auch nicht, aber es sollte immer unser Ziel sein, sie dahin zu bringen und zumindest jede Arbeitseinheit mit einem zufriedenen Pferd zu beenden.

82. Der Außengalopp muss vor dem fliegenden Wechsel erst sicher sein

Die Arbeit im Außengalopp (korrekt eigentlich Kontergalopp) ist ein wichtiges reiterliches Instrument, um Versammlung und Geraderichtung des Pferdes im Galopp zu verbessern und kommt auch den fliegenden Wechseln zugute.

Der Kontergalopp ist aber auch eine Herausforderung: Etwa ein bis zwei Jahre lang hat man dem Pferd beigebracht, möglichst sauber im Handgalopp (Innengalopp) zu gehen, insbesondere sauber gebogen und gestellt durch Wendungen und die Ecken zu galoppieren. Jedes falsche Anspringen im Außengalopp wurde korrigiert. Und nun soll das Pferd umdenken, und zwar komplett. Es soll in Konterstellung und Biegung im Kontergalopp wenden. Das ist für das darin noch nicht geschulte Pferd koordinativ und kräftemäßig nicht so einfach, wenn es korrekt ausgeführt werden soll.

Wie erarbeitet man den Kontergalopp am besten? Welche Voraussetzungen sollten erfüllt sein? Man kann als Vorübung auch im Trab die Ecken und Wendungen ab und zu in leichter Konterstellung reiten. Das ist durchaus anspruchsvoll, vor allem, ohne ins Ziehen zu kommen. Das Pferd sollte im Handgalopp schon in einem leicht verkürzten Arbeitstempo möglichst geradegerichtet sauber durchspringen, die Übergänge Galopp/Schritt/Galopp sollten sicher gelingen. Auch die Übergänge Mittelgalopp/Arbeitstempo/beginnender versammelter Galopp sollten das Pferd nicht mehr komplett überfordern.

Man beginnt am sinnvollsten mit flachen Bögen, dazu reichen flach gerittene einfache Schlangenlinien, deren Bögen man immer mal wieder ein wenig vergrößert. Als nächste Übung bietet sich an, im Galopp eine Wendung aus der Ecke kehrt (zehn Meter) zu reiten und dann vor der ersten Ecke der nächsten kurzen Seite zum Schritt durchzuparieren und im Handgalopp wieder anzugaloppieren. Gelingt dies sicher und ohne Hektik, dann wird die erste Ecke der kurzen Seite abgekürzt im Kontergalopp durchritten und Mitte der Seite zum Schritt durchpariert und gelobt. Schließlich wird etwa auf der Linie eines halben Zirkels die kurze Seite im Kontergalopp durchritten, also mit möglichst weit abgeflachten Ecken.

Für den Nutzen der neuen Übung ist entscheidend, dass das Pferd wirklich sauber galoppiert und durchspringt, geradegerichtet bleibt, sich nicht im Genick verwirft, der Reiter es wirklich vor sich hat. Er muss die Hinterbeine seines Pferdes spüren und mit seinen Schenkeln und über den Sitz kontrollieren können. Er sollte jeden Galoppsprung wie den ersten zum Angaloppieren reiten, ohne sich innen oder außen festzuziehen. Den äußeren Schenkel hat der gute Reiter wirklich aus dem Hüftgelenk heraus zurückgenommen, um das Pferd gut umfassen zu können. Dabei ist die Stellung zu beachten! Das Pferd darf im Kontergalopp nicht in die Wendung hinein gestellt werden. Sehr vorsichtig muss man natürlich mit allen Gewichtshilfen und jeglichen Zügelanzügen sein, die vom Pferd missverstanden werden könnten.

Bei all diesen Übungen sollte man wie immer das Loben nicht vergessen, und nach jeder neuen gelungenen Übung sollte man für diesen Tag aufhören, auch wenn es schwerfällt: Das Pferd muss erst über das neu Erlernte nachdenken.

Ein jahrelanges Fixieren auf den Kontergalopp erschwert aber unter Umständen das Erarbeiten der fliegenden Wechsel! Vielen jüngeren und unerfahreneren Reitern ist nicht bewusst, was sie anrichten, wenn sie ihre Pferde zum Kontergalopp zwingen, obwohl sie anbieten, fliegend zu wechseln. Manche strafen die Pferde sogar, wenn sie umspringen. Dies rächt sich beim Sprung von L nach M und ist sehr kurzsichtig gedacht, nämlich nur „von A nach L".

Der Kontergalopp ist Bestandteil von Dressurprüfungen ab der Klasse L und viele meinen, wenn das Pferd ihn gerade so halten kann, dann sei es auch L-reif – sie üben dann genau dies, und das durchaus jahrelang, da es dauert, bis sich schwächere Reiter an Lektionen der Klasse M versuchen. Spätestens, wenn dann aber doch die ersten fliegenden Wechsel erarbeitet werden sollen, rächt es sich, diese den Pferden immer verboten zu haben. Oft haben sie es sich gerade im Kontergalopp gemütlich gemacht, und es ist ihnen vollkommen unverständlich, warum sie nun plötzlich umspringen sollen!

Wenn man beginnt, die fliegenden Wechsel zu üben, muss man unter Umständen mit dem Schwierigkeitsgrad der Lektionen im Kontergalopp ein paar Schritte zurückgehen, damit das Pferd sich nicht angewöhnt, das weniger anstrengende Umspringen zu wählen. Es kann dann besser sein, eine Zeitlang nur kurze Reprisen im Kontergalopp und flache Wendungen zu reiten, denn jedes ungewollte Umspringen ist natürlich ungünstig, sollte aber auf keinen Fall bestraft werden! Das ist alles nicht schlimm, das sind Dinge, die jedem einmal in der Ausbildung von Pferden passieren können. Wie erarbeitet man nun die fliegenden Wechsel? Da gibt es viele verschiedene

Möglichkeiten. Es gibt junge Pferde, die von Haus aus im Galopp so gut ausbalanciert sind, dass sie das saubere fliegende Wechseln von sich aus im Handwechsel anbieten. Wenn man so ein Pferd hat, dann darf man das durchaus dankbar annehmen. Im Laufe der Ausbildung und je besser es an den Hilfen steht, desto leichter lernt das Pferd dann trotzdem, auch den Kontergalopp zu halten.

Auch das spielerische Wechseln des Galopps über dem Hindernis im Springtraining im Rahmen der Grundausbildung kann später den dressurmäßig gerittenen fliegenden Wechseln zugutekommen. Ungünstig sind permanent nachgesprungene Wechsel und ein dauerhaftes Hochwerfen der Kruppe beim Wechseln.

Schulmäßig erarbeitet man die fliegenden Wechsel über das saubere Reiten der einfachen Galoppwechsel über Schritt. Dabei müssen die Pferde perfekt durchlässig reagieren, sauber und gerade im versammelten Galopp durch- und anspringen. Mit der Erarbeitung der Seitengänge im Galopp sollte man zumindest begonnen haben. Manche Pferde bieten den fliegenden Wechsel im Rahmen der einfachen Wechsel, die man immer an einem bestimmten Punkt reitet, fast von selbst an und springen um, wenn man das erste Mal die Hilfengebung wechselt (zum Beispiel vom Kontergalopp zum Handgalopp). Auch das Aus der Ecke kehrt mit traversartiger Rückführung zum Hufschlag und Wechsel der Traversstellung nach innen bei Erreichen des Hufschlags führt bei vielen Pferden zum Erfolg und zum ersten sauberen Umspringen.

Das richtige Rezept für das einzelne Pferd zu finden, ist Sache des erfahrenen Ausbilders.

Ganz wichtig ist es, dass Pferd und Reiter Ruhe bewahren, auch erste Ansätze des Verstehens sehr gelobt werden und das Üben dieser Lektion nicht zu häufig erfolgt.

83. Wenn ich die Zügel lang lasse, meint mein Pferd, die Stunde sei zu Ende!

Ein kurzzeitiges Abspannen und Durchschnaufen mit hingegebenem Zügel und die anschließende Wiederaufnahme der Arbeit sollten alle Pferde kennen, und dies nicht nur zum Ende der Reiteinheit, das ist aber längst nicht immer der Fall. Die Aussage „Wenn ich die Zügel lang lasse, meint mein Pferd, die Stunde sei zu Ende!" wirft kein gutes Licht auf das Training. Pausen sind auch innerhalb einer Reiteinheit wichtig, das Pferd kann sich sowohl mental als auch körperlich kurz erholen und ist dann auch wieder leistungsfähiger.

Wie ist das nun mit dem Schwitzen und wie sollte das Trockenreiten gestaltet werden? Das Schwitzen ist gut und wichtig und eine natürliche Methode zur Regelung der Körpertemperatur. Bei verschiedenen Pferden ist es verschieden ausgeprägt: Manche Pferde schwitzen so gut wie nie, manche schwitzen sehr leicht, das ist ähnlich wie bei uns Menschen. Im Idealfall schwitzt ein Pferd bei normaler Arbeit nicht übermäßig, allenfalls leicht an Brust, Hals, Bauch und Flanken und manche Pferde auch zwischen den Hinterbeinen. Es gibt auch Pferde, die einseitig mehr schwitzen, obwohl sie auf beiden Seiten gleichmäßig trainiert werden, das sollte immer zu denken geben. Dann bestehen zumeist deutliche Dysbalancen entweder im Bereich der Muskulatur, des Skeletts oder auch der Hufe.

Wirklich komplett nassgeschwitzt sollte ein Pferd nicht oder nur sehr selten sein, wenn es sich einmal nicht vermeiden lässt. Dies kann nach einem überschwelligen Trainingsreiz schon mal so sein, auch an warmen Tagen mit Winterfell. In diesem Fall sollte die Intensität des Trainings grundsätzlich aber angepasst werden. Es ist nicht gut und zielführend, sein Pferd jeden Tag komplett nass zu reiten!

Nicht alle Pferde trocknen schnell wieder ab. Wie sollte man mit einem verschwitzten Pferd umgehen? Auch das ist individuell zu betrachten. Manche gut trainierten Pferde trocknen im lockeren Arbeitstrab besser ab als im Schleichschritt, in dem sie eher kalt werden und beginnen zu frieren. Ebenso wie man das Pferd zu Beginn der Reiteinheit im Schritt ein wenig führt, sollte man dies auch nach der Reiteinheit tun. Bevor ein verschwitztes Pferd jedoch zu sehr abkühlt, nimmt man es am besten in den Stall und reibt es gründlich mit einem Strohwisch oder Frotteetuch ab. Das trocknet das Fell etwas, fördert die Hautdurchblutung und damit die weitere Trocknung. Danach kann man eine Abschwitzdecke aus Wolle oder Fleece auflegen. Viele Abschwitzdecken bestehen aus Fleecestoff, das ist kurzzeitig sinnvoll, aber auf Dauer sind Fleecedecken oder -innenfutter nicht so günstig, denn Fleece wandert besonders stark mit dem Strich nach hinten und wenn es trocken ist, lädt es sich auf dem Pferdefell elektrostatisch auf. Kurzzeitig als Abschwitzdecke und sogar bei kaltem Wetter fürs Trockenreiten ist es dagegen sehr gut geeignet. Man kann auch eine Strohlage auf den Rücken legen, ggf. auch unter eine Decke. Das Stroh bildet ein isolierendes Luftpolster und saugt den Schweiß auf und fällt mit der

Zeit wieder herunter. Manche Pferde schwitzen länger nach, es kann durchaus dauern, bis ein verschwitztes Pferd wieder trocken ist.

Die Variante Abschwitzdecke kombiniert mit Solarium scheint praktisch und bequem, steht aber nicht jedem zur Verfügung, und man muss beachten, die Pferde auch nach dem Solarium erst wieder langsam herunterzukühlen. Kreislaufempfindliche Pferde können nach wirklich anstrengender Arbeit unter dem Solarium mit einem Blutdruckabfall reagieren, wenn die Temperatur zu warm gewählt ist.

Manche vertreten auch die These, dass es durchaus physiologisch sei, wenn nasse bzw. noch feuchte Pferde im Wind trocknen. Das funktioniert bei gesunden Pferden tatsächlich oft problemlos, ist aber nicht die ideale Variante für rücken- oder magenempfindliche Pferde, und so kann es auch zu Unterkühlungen kommen. Die Pferde sollten immer die Möglichkeit haben, sich auch windgeschützt hinzustellen.

Im Sommer kann man das Pferd mit lauwarmem Wasser leicht abduschen, sobald sich Atmung und Kreislauf beruhigt haben, man sollte das Wasser aber mit einem Schweißmesser aber auch abziehen, damit das Pferd schneller trocknet.

Entwickeln die Pferde ein sehr dickes Winterfell und sollen trotzdem über Winter geritten und trainiert werden, ist zu überlegen, zumindest eine Teilschur durchzuführen, bei sehr kaltem und/oder nassem Wetter sollte dann aber auch eingedeckt werden. Auch wir laufen im nassen Winter ungern mit entblößten Körperteilen herum. Wenn die Pferde geritten werden sollen, kann eine leicht gefütterte Regendecke ebenfalls hilfreich sein, die Haare legen sich dann an und das Pferd schwitzt nicht so stark. Die Temperaturregulierung ist dadurch etwas beeinträchtigt, aber das ist der Preis, den man zahlen muss, wenn man die Pferde auch im Winter mit vertretbarem Aufwand arbeiten möchte.

Es geht auch nicht nur um das Trocknen, sondern um das Entspannen nach der Anstrengung und das Runterfahren des Kreislaufs, das „Cooling down".

Wie ist das nun mit den Pausen während des Trainings? Ihre Häufigkeit ist abhängig vom Trainingszustand der Pferde, je besser trainiert sie sind, desto schneller erholen und regenerieren sie sich auch während der Arbeit. Auch top trainierten Pferden sollte man im Training zumindest kurze Pausen gönnen, sie müssen ja nicht komplett „runterfahren", wenn anschließend noch anstrengende Dinge trainiert werden sollen, für die die Vorbereitung etwas aufwendiger ist, und dann schwitzen die Pferde auch meist nicht ganz so arg.

84. Schritt zu reiten ist doch ganz einfach!

Dem Thema Schritt widmen viele gute Bücher viele Seiten. Immer wieder liest man, der Schritt sei die schwierigste Gangart. Dabei kann das doch jeder, sich im Schritt herumtragen lassen! Warum ist das so schwierig?

Trab und Galopp lassen sich bei jedem Pferd noch verbessern. Den Schritt, den kann man meist nur noch verschlechtern, nur in ganz seltenen Fällen lässt er sich durch gutes Reiten ein wenig verbessern – zum Beispiel ein „Korrekturschritt". Den wieder zu verbessern, das ist eine Aufgabe nur für Könner, das ist Meisterarbeit!

Wegen der vielen verschiedenen Schrittphasen und der fehlenden Schwebephase ist der Schritt die störanfälligste Gangart. In keiner Gangart kommen Taktstörungen so häufig vor und sind vor allem so schwer korrigierbar. Allzu leicht verspannen sich die Pferde in Rücken, Hals oder Genick, treten gebunden oder passartig oder zackeln an.

Deshalb wird nach der Lehre der Schritt des jungen Pferdes auch zunächst nicht bearbeitet. Junge Remonten sollten möglichst immer am hingegebenen Zügel zwanglos und gelassen vorwärtsschreiten. Neigen sie noch zum Scheuen, sollten sie trotzdem am langen Zügel oder dann besser im Trab gearbeitet werden, bis der erste Stallmut verebbt ist.

Auch beim älteren Pferd ist immer wieder darauf zu achten, dass es taktmäßig und ruhig, aber dennoch fleißig schreitet. Ein immer wieder abzurufender Prüfstein hierfür ist auch im Schritt das Zügel-aus-der-Hand-kauen-Lassen. Und: Das Reiten im Schritt mit hingegebenem Zügel als kurze Pause sollte in jeder Reiteinheit selbstverständlich sein.

Versammelnde Lektionen sind mit großer Vorsicht im Schritt zu üben, denn kommt es hierbei zu Widerständen oder Verspannungen, treten meist sehr schnell Taktfehler oder ein Verhalten im Schritt (Verlust des Vorwärts) auf. Passiert dies, so ist das Pferd sofort wieder im Arbeitstrab zu lösen oder der Zügel wieder hinzugeben.

Vor den versammelnden Lektionen im Schritt kommen die Übungen im verkürzten Tempo, wie das Schenkelweichen, das Übertretenlassen und die Volte im Schwenken. Zu Beginn sollte man sich immer mit wenigen Schritten begnügen und die Übungen immer ins gerade lockere Vorwärts oder sogar in den Trab auflösen.

Erste versammelnde Lektionen im Schritt sind das Kurzkehrt, die Hinterhandwendung und das traversartige Zirkelverkleinern sowie das schulterhereinartige Zirkelvergrößern. Diese Lektionen sollten mit der älteren Remonte aber zunächst ebenfalls nur für wenige Schritte geübt werden und nur von Reitern, die diese Lektionen sicher beherrschen und die bemerken, wenn Spannungen und Taktstörungen im Schritt auftreten. Das Pferd muss vorher sehr gut gelöst sein und sicher in der Anlehnung und im Vorwärts sein.

Vor den echten Seitengängen im Schritt (Travers, Schulterherein und ihre Konterlektionen) werden diese im Trab erarbeitet: Um der älteren Remonte eine Vorstellung vom Bewegungsablauf zu vermitteln, erklärt der erfahrene Reiter die echten Seitengänge zunächst im verkürzten Schritt, geht dann aber so bald wie möglich in den Trab über, um erst wieder zu den Seitengängen im versammelten Schritt zurückzukehren, wenn sie im Trab gefestigt sind und der versammelte Schritt schon sicher in der Anlehnung und losgelassen im Takt gelingt. Rücken, Hals und Genick des Pferdes dürfen sich hierbei nicht versteifen.

Welche Tempi gibt es im Schritt? Es sind dies der versammelte Schritt, der Mittelschritt und der starke Schritt. Versammelter Schritt ist nicht langsam und schleichend, sondern fleißig mit beginnender Hankenbeugung, deutlicher federndem Abfußen und einem sich aufrichtenden Pferd durch die zunehmende Hankenbeugung. Das Pferd schreitet in kleineren Schritten fleißig und erhaben, die Spur der Hinterhufe sollte hierbei nicht mehr die der Vorderhufe überschreiten! In der Hohen Schule folgt dann der Schulschritt, eine Steigerungsform des versammelten Schritts.

Der Mittelschritt entspricht dem Arbeitstempo der anderen Gangarten und ist fleißig raumgreifend und schreitend mit sichtbarem Überfußen.

Der starke Schritt zeigt maximalen Raumgriff, dessen Bewegung das ganze Pferd von hinten nach vorn eindrucksvoll durchfließt. Rücken, Hals und Genick des Pferdes dürfen sich hierbei ebenfalls nicht versteifen. Es sind eine deutlichere Rahmenerweiterung als im Mittelschritt und ein weiteres, maximales Überfußen der Hinterhufe über die Spur der Vorderhufe erwünscht und im erhaltenen Schritttakt erkennbar.

Extrem wichtig ist im Schritt die Beschränkung des Reiters auf ein Minimum an Handeinwirkung. Der Nickbewegung des jungen Pferdes im Schritt ist unbedingt zu folgen. Mit zunehmender Selbsthaltung und Versammlung wird diese Nickbewegung geringer, nicht durch Handeinwirkung. Der Unterschenkel des Reiters atmet am sich bewegenden Brustkorb des Pferdes mit der flachen Wade mit, den treibenden Impuls holt sich das Pferd dadurch selbst. Reitet den Schritt Eurer Pferde bewusst und mit Gefühl.

85. „Der muss im Hinterbein flotter werden!"

Was für eine merkwürdige, häufig gehörte und gelesene Forderung. Trotzdem findet man sie weder in den Richtlinien noch im Seunig, im Steinbrecht, im Bürger, im Müseler noch in einem anderen Lehrbuch der Deutschen Reitlehre
Wie könnte ein Pferd isoliert im Hinterbein „flotter" oder „schneller" werden, ohne den Takt zu verlieren? „Schneller" können nur alle vier Beine werden, sowohl in Geschwindigkeit als auch Takt. Vermutlich ist gemeint, dass das Pferd mit der Hinterhand etwas höher abfußen soll, das wäre dann schon sinnvoller. Dies ergibt sich normalerweise durch die fortschreitende Ausbildung, in deren Rahmen ein fleißiger, kräftiger Antritt gefordert wird, sowie durch das Schließen des Pferdes in Verbindung mit leichter Hand, um die Hinterhand nicht zu blockieren.

Mit zunehmender Schubkraft kann diese dann langsam in Trag- und Federkraft umgewandelt werden, so dass das Hinterbein aktiver abfußt, sich vermehrt beugt und trägt. Cavaletti- und Stangenarbeit kann hierbei hilfreich sein, das Reiten von vielen Übergängen ebenso wie das Reiten im Gelände. Dabei wird aber immer das ganze Pferd trainiert. Isoliert die Hinterhand zu „elektrisieren" und „schnell zu machen", führt meist eher zu hahnentrittartigen Bewegungsabläufen und unnatürlichem Anziehen der Hinterbeine in die Höhe, verbunden mit dem Verlust des reinen Ganges (also des Takts!).

„Mach ihn schneller im Hinterbein" ist ein Ausdruck ähnlich dem des „an die Hand Ziehens" (nein, es ist ein Dehnen!). Beides ist einfach nicht korrekt. Die Hinterbeine können wie gesagt allenfalls aktiver abfußen – das wirkt zuweilen nur „schneller", da der Fußungsbogen dann länger ist. Meist geht es bei der Forderung des Schnellermachens eigentlich um „mehr Ausdruck", und da ist eher verstärkte Kadenz gefragt, was das genaue Gegenteil von schnell beinhaltet: Mehr Ausdruck bekommen wir durch ein kräftigeres Abstoßen, ein etwas höheres Abfußen, mehr Kadenz durch ein längeres Aushalten in der Luft und eben niemals durch mehr „Schnelligkeit".

Der korrekte Fachausdruck wäre also zum Beispiel: „Mehr Fleiß, bitte!" Doch „Mach ihn schneller im Hinterbein!" wirkt wohl heutzutage auf einige professioneller, und manche schätzen wohl auch den „autoritären" Ton, nach dem Motto: „Jetzt gibt ihm mal Saures!"

86. Das Pferd muss beim Angaloppieren den Kopf unten lassen!

Eine oft gestellte Frage lautet: „Mein Pferd hebt sich beim Angaloppieren raus, wie kann ich das verhindern?"

Wenn Ihr Euch anseht, wie ein Pferd angaloppiert, dann werdet Ihr feststellen, dass es ganz normal und notwendig ist, dass es dabei den Hals und somit auch den Kopf anhebt. Wird dieses Anheben dauerhaft vom Reiter gestört oder unterbunden, dann bekommt das Pferd unter Umständen sogar Angst vorm Angaloppieren, es wird sich im Rücken festhalten und schon befinden wir uns in einem Teufelskreis. Es galoppiert dann eher nach oben an als flüssig vorwärts, hebt sich noch deutlicher aus der Anlehnung und Beizäumung oder es eilt davon.

Also: Lasst den ersten Galoppsprung des Pferdes heraus! Drückt die Hand weder herunter noch versucht, es mit der Hand auszubinden! Was Ihr machen könnt, ist, das Pferd sich vorm Angaloppieren etwas nach vorwärts-abwärts dehnen zu lassen, vor allem, um zu überprüfen, ob es sich im Rücken loslässt. Und dann: locker flockig nach vorn in den Galopp einspringen lassen, mitgehen, aber sich nicht nach vorn werfen und eben auch im Galopp von hinten nach vorn an die Hand heranreiten.

87. Vor dem Galopp sollte das Pferd schon piaffieren können oder zumindest in den Seitengängen sicher sein

Dies ist eine Behauptung, die gern in „Klassikerkreisen" aufgestellt wird. Doch es ist nicht richtig, dass ein Pferd generell erst weit ausgebildet sein muss, um überhaupt unter dem Reiter galoppieren zu können.

Das gilt allenfalls für Pferde, die im Galopp wirklich große Probleme haben, sich und den Reiter auszubalancieren, und/oder denen die nötige Kraft dazu noch fehlt, oder für sehr untalentierte Pferde, die schlechte Voraussetzungen mitbringen. Dies war bis zum Barock durchaus ein Thema, da die gern verwendeten, repräsentativen, sehr schweren Pferde nicht übermäßig galopptalentiert waren, und ist es auch heute noch gelegentlich bei sogenannten barocken Rassen, Kaltblütern und bestimmten anderen Rassen, die eher für das Fahren oder Ziehen schwerer Lasten gezüchtet wurden.

Sobald das junge Pferd den Galopp unter dem Reiter oder an der Longe von sich aus anbietet, darf man ihn dankbar annehmen. In Maßen geritten, fördert der Galopp die Losgelassenheit, und die Rückentätigkeit stimmt in dieser Gangart eigentlich ebenfalls fast immer, wenn sie in einem guten Durchsprung geritten wird. Ein Durchhängen des Rückens im Galopp bemerkt man sofort im fehlenden Durchsprung und Verlust des Dreitaktes.

Das junge Pferd und das Pferd in der Ausbildung muss allerdings langsam an das Galoppieren herangeführt werden, um eine Überlastung zu vermeiden. Die Kräfte, die in den Einbeinstützen wirken, sind nicht zu unterschätzen. Dennoch ist der Galopp die beste Gangart, um die Bauchmuskulatur zu trainieren. Dabei sind die ersten Galoppsprünge entscheidend. Häufiges Angaloppieren trainiert sowohl die Bauch- als auch die Hinterhandmuskulatur und stabilisiert damit zum Beispiel auch die Kniegelenke.

Bei Pferden, die extreme Schwierigkeiten mit dem Galopp haben, kann man die Galopparbeit tatsächlich erst noch zurückstellen. Selten bis nie ist es aber erforderlich, so lange zu warten, bis die Pferde sicher in den Seitengängen und in Piaffe und Passage sind. Da müsste man bei vielen Pferden und Reitern das Galoppieren bis zum Sankt-Nimmerleins-Tag aufschieben. Oft ist es einfacher und sinnvoller, die Geländearbeit ins Training einzubeziehen und hinter einem sicheren Führpferd locker geradeaus zu galoppieren.

88. „Der Schritt ist die beste Arbeitsgangart" – „Nee, der Galopp!"

Immer wieder wird diskutiert, welche Gangart nun *die* Arbeitsgangart sei. Nach der klassischen Deutschen Reitlehre ist es der Trab, und das hat seinen guten Grund.

Beginnen wir beim Schritt. Warum ist er nicht die ideale Arbeitsgangart? Dem Schritt fehlt der Schwung im Sinne einer Schwebephase, und das Pferd hat zu viele Möglichkeiten und Schrittphasen, sich nahezu unbemerkt der korrekten und gesunderhaltenden Arbeit zu entziehen. Nur sehr, sehr wenige

Reiter merken tatsächlich, wenn ein Pferd im Schritt beginnt, den Rumpf hängen zu lassen und nicht mehr wirklich fleißig durch den Körper schreitet, und wissen, wie darauf zu reagieren ist. Verspannungen und mangelnde Losgelassenheit im Schritt äußern sich in Taktfehlern, die ebenfalls erst einmal bemerkt und korrigiert werden müssen. Diese Probleme lassen sich so gut wie nie im Schritt selbst korrigieren! Die Losgelassenheit ist nahezu immer besser im Trab oder über den Galopp zu erarbeiten. Dazu, Pferden kurzzeitig Dinge in langsamen Bewegungen zu erklären, eignet sich der Schritt durchaus, aber so bald wie möglich geht man in den Trab über.

Die Belastung der Beine ist im Schritt natürlicherweise am geringsten, das ist richtig und der Trainingseffekt von gut gerittenem Schritt des trainierten Pferdes erstaunlich. Wirklich gutes, das Pferd förderndes Schrittreiten ist reiterlich hoch anspruchsvoll!

Der Galopp ist eine wunderbare Gangart, wenn es um die Kräftigung der Bauchmuskulatur und die Stabilisierung des Rückens geht, denn im klaren Dreitakt kann ein Pferd fast nicht anders, als korrekt über den Rücken zu galoppieren. Galoppieren ist das beste Bauchmuskeltraining, bringt den Kreislauf und die Atmung in Schwung und vermittelt dem Pferd am leichtesten die Bewegungsfreude unter dem Reiter. Bei Problemen mit der Losgelassenheit, der Anlehnung und dem Vorwärts ist ein frisches Galoppieren oft eine Bank in der Problembehebung. Aber: Die Belastung der Beine in den Einbeinstützen, in jedem Galoppsprung einmal vorn und einmal hinten, ist nicht zu unterschätzen! Hierbei fängt jeweils ein Bein das gesamte Pferd-Reiter-Gewicht aus relativ hoher Geschwindigkeit und Schwebephase auf bzw. beschleunigt es wieder. Klar kann das ein erwachsenes gut trainiertes Pferd leisten, aber nicht permanent und dauerhaft als Hauptgangart und vor allem nicht das junge, noch nicht ausgereifte Pferd in der Ausbildung unter dem Sattel.

Und der Trab? Er ist eine sehr symmetrische Gangart, es befinden sich außer in der kurzen Schwebephase immer zwei Beine am Boden und somit wird die Belastung gleichmäßig und in Grenzen gehalten. Dadurch, dass der Trab eine schwunghafte Gangart ist, bemerkt der Reiter eher, wenn der Rücken nicht mehr losgelassen schwingt, dann kommt er nicht zum Sitzen und das Pferd zeigt keine Dehnungsbereitschaft mehr. Er bemerkt auch, wenn das Pferd den Rücken hängen lässt, dann beginnt es den Schwung und die Schwebephase zu verlieren.

Auch für das Training des Rumpfhalteapparates ist der Trab wichtig, da er eine dynamische rhythmische Belastung bietet ohne permanenten Zug, denn durch die Schwebephase ergibt sich auch immer eine kurzzeitige Entlastung vor dem erneuten Einfedern. Wenn dieses Einfedern nicht mehr elastisch erfolgt, hört der Reiter dies über ein stampfendes Auftreten, auch wenn er es nicht spüren sollte. Durch die Symmetrie der Gangart werden Schiefen besonders deutlich und sind am effektivsten zu korrigieren. Auch Anlehnungsprobleme werden im Trab deutlich und sind hier zum Beispiel im frischen Vorwärts zu korrigieren.

Alle Gangarten sind wichtig, ohne Frage, alle haben ihre Berechtigung in der Arbeit. Der Trab aber ist die Arbeitsgangart und die Lehrgangart und immer wieder der Gradmesser der Ausbildung. Der Trab ist die so wichtige und gesunde „mittlere" Gangart.

89. „Mein Pferd hatte nur ein paar Blockaden, jetzt ist alles wieder gut"

Häufig hört man: „Ach, das Pferd hatte nur ein paar Blockaden…, die sind jetzt behoben."

Was sind „Blockaden" überhaupt? Bei Blockaden ist die Beweglichkeit eines Gelenkes oder Bereiches eingeschränkt oder aufgehoben, meist schmerzhaft von Muskelverkrampfungen und/oder Entzündungen begleitet. Dies kann dadurch geschehen, dass sich Gelenkflächen verschieben (Blockierung durch Verrenkung, Fachbegriff Luxation oder Subluxation), zum Beispiel nach Unfällen, oder die Beweglichkeit wird durch die umgebende Muskulatur eingeschränkt, die sich verkrampft oder die gezerrt wurde. In diesem Fall kommt es zu einem schmerzhaften Teufelskreis, bei dem sich Schmerz und Verkrampfung sowie begleitende Durchblutungsstörungen gegenseitig verstärken.

Auch dauerhafte Fehlbelastungen, zum Beispiel durch die Schiefe oder unpassende Sättel, können zu einem Ungleichgewicht der muskulären Stabilisierung von Gelenken und hierdurch zu Beeinträchtigungen der Gelenkfunktion führen. Entzündliche und/oder schmerzhafte Prozesse können ebenfalls Blockierungen verursachen, die Muskulatur spannt sich dann vermehrt an, um den schmerzenden Bereich ruhig zu stellen (Beispiel: Kissing Spines, schmerzhafte Engstellen durch knöcherne Berührungen der Dornfortsätze der Wirbelsäule). Daher ist es extrem wichtig, auch die Ursache einer „Blockade" zu finden und zu beheben und nicht nur diese selbst zu lösen, denn gelegentlich sind solche Blockaden eben auch sinnvoll, um ein schmerzendes Segment zu schützen.

Bei tatsächlich bestehenden „Verrenkungen" ohne Fraktur kann man auch „mal" wieder einrenken, je häufiger das erforderlich ist, desto mehr leiert die Gelenkkapsel aus. Sobald eine „Blockierung" in einem Bereich ein zweites Mal auftritt, sollte eine weitergehende Diagnostik zur Ursachenforschung erfolgen. Dieser Leitsatz gilt im Prinzip eigentlich immer: Erst die Diagnose, dann die Therapie, denn „Blockade" ist ein Symptom und keine Diagnose!

Besonders spannend ist immer wieder die sehr häufig gestellte „Krankheitsdiagnose" eines blockierten Iliosakralgelenkes (ISG). Ein Gelenk, dessen Charakteristik darin besteht, im Normalzustand nahezu komplett blockiert zu sein. Es ist eine allenfalls leicht federnde Syndesmose, d. h. ein vom Körper bindegewebig versteiftes Gelenk ohne wesentliche Gelenkfunktion. Lediglich in der Geburtsphase und vielleicht auch mal entzündlich oder nach einem schweren Unfalltrauma kommt es zu Lockerungen in diesem Bereich. Erst ein pathologisch gelockertes ISG kann „falsch" blockieren. Ansonsten sollte ein gesundes ISG als kraftübertragendes Gelenk des Beckens genau das, nämlich in der Beweglichkeit deutlich eingeschränkt sein. Verspannungen im Bereich der umgebenden Beckenmuskulatur des Pferdes gibt es allerdings häufiger, da reicht manchmal schon ein Ausrutschen auf der Koppel als Ursache.

90. Man muss immer in Stellung reiten

Viele Reiter reiten auch auf der Geraden immer mit Genickstellung, das kann sinnvoll sein, ist es aus Ausbildungsgründen auch oft. Es ist besser, der Mähnenkamm kippt nach innen Richtung Reitbahn, so wie es dann auch die immer wieder folgenden Ecken erfordern, als ungewollt nach außen. Den Mähnenkamm mittig und das gesamte Pferd gerade zu halten, ist in der Versammlung in der Aufwärtsdehnung zwar möglich, aber schwierig.[22] Dennoch gibt es auch ein Reiten ohne Stellung und Biegung des möglichst gerade gestellten Pferdes. Seunig bringt es auf den Punkt:

„Geradeausstellen heißt, das Pferd aus der Längsbiegung in eine lineare gerade Stellung zu überführen."[23]

Natürlich kann es kein absolutes Geradeaus geben, ein Pferd ist kein Auto und kein Fahrrad, es ist ein Säugetier und so gut wie nie kann es die perfekte Symmetrie geben.

Was aber wichtig ist, ist das relative Geradeaus, das sich dem Ideal so weit wie möglich annähert, und dabei vor allem, dass die Hinterbeine möglichst in die Spur der Vorderbeine fußen und somit eine möglichst gerade und gleichmäßige Belastung aller Gliedmaßen zustande kommt.

Wenn das Pferd lediglich im Genick so weit gestellt ist, dass das Nackenband überspringt, es ansonsten aber weitestgehend gerade gerichtet spurgenau geradeaus geritten wird, ist das kein Reiten in Stellung, sondern mit einer leichten Genickstellung.

Nun ist ein kleiner Ausflug in die Anatomie erforderlich: Das Nackenband, dem der Mähnenkamm aufliegt, ist paarig angelegt, das heißt, es hat auf jeder Seite einen Anteil und beide Teile setzen hinten seitlich am Hinterhauptbein an und sind mit den ersten zwei Halswirbelkörpern *nicht* verbunden. Der erste Halswirbel ist der Atlas, der mit dem Hinterhauptbein das Atlantooccipitalgelenk bildet. Und der zweite Halswirbel ist der Axis, der mit dem ersten zusammen für das Kippen des Kopfes zuständig ist, quasi für das „Verwerfen". Sein „Achszapfen" ragt in den ersten Wirbelkörper hinein und ja, jedes Pferd kann seinen Kopf gerade halten, ohne sich im Genick zu verwerfen. Eine reine Genickstellung ist nur zwischen erstem Halswirbelkörper und dem Hinterhauptbein des Pferdes möglich. Die anatomischen Verhältnisse lassen eine Stellung und Biegung zwischen Atlas und Axis nicht zu. Der Zapfen, der beide Wirbelkörper verbindet, verhindert nämlich in diesem Bereich eine Stellung komplett und erlaubt eben nur die Rotation, die für die Seitneigung aber nicht die Seitbiegung und -stellung sorgt.

Würde man ein Pferd zwischen Atlas und Axis stellen wollen, dann würde man ihm das Genick brechen müssen, es käme zu einer sogenannten Densfraktur.

Das Überkippen des Mähnenkammes, der dem Nackenband aufliegt, kommt dadurch zustande, dass das Pferd sich im Genick im Atlantooccipitalgelenk stellt und dann das Nackenband und damit der Mähnenkamm seitlich überkippt, da es an den ersten beiden Halswirbelkörpern nicht angeheftet ist.

Pferde können aber wie gesagt durchaus gerade geradeaus gestellt werden. Je deutlicher sie beigezäumt und aufgerichtet sind (zum Beispiel in der Versammlung), desto schwieriger ist es allerdings, wegen der deutlichen Anspannung des Nackenbandes dessen Mittelstellung zu halten. Dann ist ein leichtes Abkippen nach innen auch im Geradeaus zu gestatten, wenn das Pferd im Übrigen gerade gerichtet bleibt.

Ein Pferd wirklich gerade geradeausgestellt zu reiten, das geht immer besser mit einem offeneren Genick.

Man kann und sollte auch immer wieder auf geraden Linien so gerade geradeaus reiten, wie es dem Ausbildungsstand des Pferdes angemessen ist, denn dies entspricht der Geraderichtung, die ein gleichmäßiges Belasten der Beine erst möglich macht und demnach besonders schonend ist. Dies gilt besonders für die Verstärkungen, bei denen das Pferd möglichst gerade geradeaus von hinten nach vorn mit schwingendem Rücken und aktiver Hinterhand an die Hand des Reiters gleichmäßig und taktmäßig herantreten soll. Auch im Rückwärtsrichten und in der Piaffe ist ein möglichst gerade gestelltes und gerichtetes Pferd die Voraussetzung für eine möglichst optimale Ausführung. Lediglich in der unsymmetrischen Gangart des Galopps ist eine leichte Stellung und Biegung des Pferdes der Biomechanik nach erwünscht und auch im Geradeaus sinnvoll.

Wann nutzt man nun die Stellung, die überwiegend im Genick des Pferdes zwischen dem Hinterhauptbein und erstem Halswirbel erfolgt? Bei der Vorhandwendung und beim Schenkelweichen sowie bei Pferden, die schwer zu stabilisieren sind oder ungern im Genick nachgeben. Ein gestelltes Genick bietet den Hilfen weniger Widerstand als ein ungestelltes. Auch fördert das Stellen im Genick die Geschmeidigkeit desselben.

Die Halswirbelsäule ist bei der reinen Stellung im Genick kaum bis wenig gebogen. Die Hinterfüße spuren nach wie vor möglichst gerade in der Spur der Vorderhufe. Der Mähnenkamm kippt auf die hohe Seite über und die Halsbasis bleibt stabil.

Fehler beim reinen Stellen im Genick: Die Pferde werden im Halsbereich zu deutlich gebogen oder knicken sogar an der Halsbasis ab. Oder sie knicken ausschließlich an der Halsbasis ab und der Mähnenkamm kippt nicht nach innen, oder er kippt nur in Teilen, das sind dann die S-förmig verbogenen Hälse.

Es gibt aber auch sehr fette Mähnenkämme, die bei jedem Schritt und Tritt von rechts nach links „schwabbeln", hier haben das Fettgewicht und die Schwerkraft die Führung des Mähnenkammes übernommen. Und es gibt Kipphälse, bei denen Mähnengewicht und Fettdepots den Mähnenkamm dauerhaft auf eine Seite ziehen, dies kann in Zusammenhang mit Stoffwechselstörungen vorkommen.

Ein Stellen über zu viel Handeinwirkung am Innenzügel führt zum Verwerfen, Engwerden und schleppenden Gängen, Taktfehlern und Widersetzlichkeiten.

Auch zum reinen Stellen im Genick gehört die vorausgehende halbe Parade und der vorwärtstreibende, regulierende und die Hinterhand kontrollierende Impuls der Waden, um die kurzzeitige auf einer Seite annehmende und auf der anderen die Stellung zulassende nachgebende Zügelhilfe auszugleichen.

91. Hypermobile Pferde muss man untertourig und in Seitengängen arbeiten!

Die in sich sehr beweglichen Pferde, gelegentlich aus iberischer Zucht, aber auch aus anderen Zuchtbereichen, was brauchen sie zur Ausbildung nach der Lehre – und was nicht? Sie brauchen gerades, taktmäßiges Geradeaus um sich zu stabilisieren! Sie brauchen eine Hand, die den Hals sanft überwiegend gerade hält und einrahmt, und einen Reiter, der die Hinterhand gefühlvoll unter Kontrolle hat und immer wieder Vorhand und Hinterhand aufeinander einrichtet. Dabei reitet er von hinten nach vorn, ohne das Pferd zu übereilen, aber dennoch im Vorwärts bleibend. „Reite Dein Pferd vorwärts und richte es gerade!", schrieb Steinbrecht. „Reite Dein Pferd vorwärts und es wird gerade", sagte Egon von Neindorff. Was brauchen die sehr beweglichen Pferde noch? Sie müssen in Dehnungshaltung und in errittener Selbsthaltung gehen dürfen. Denn nur so entwickeln sie die nötige Stabilität vor allem der Halsbasis, die so wichtig für die Geraderichtung ist.

Was brauchen diese Pferde nicht, bzw. was sollte man auf jeden Fall vermeiden? Hier ist vor allem „Bodenarbeit" zu nennen, bei der viel „in Stellung" gearbeitet wird. Mit einer solchen „Arbeit" kann man diese Pferde gründlich verderben, denn man kann sie von unten niemals so stabilisieren wie über die reiterlichen Mittel, und sie lernen auf diese Weise, sich in alle Richtungen zu verwinden. Das ist dann manchmal kaum bis nicht mehr korrigierbar! Was man ebenfalls nicht oder erst sehr spät nutzen sollte, ist die Arbeit im Travers. Hierbei verbiegen sich hypermobile Pferde ebenfalls zu stark und gern falsch, setzen den Reiter deshalb falsch hin und treten am Schwerpunkt vorbei. Auch das Longieren ohne Ausbinder und ausführliches Arbeiten an der Longe nur mit Kappzaum tut diesen Pferden eher nicht gut. Denn auch hierbei knicken sie in 99 Prozent der Fälle an der Halsbasis fehlerhaft ab und sind ohne rahmende Hilfen Meister darin, sich im gesamten Körper zu verbiegen. Insbesondere die Begrenzung der äußeren Schulter ist bei ihnen extrem wichtig, sonst laufen sie über diese weg.

Man darf sie aber auch nicht am kurzen Zügel oder eng ausgebunden „oben hinstellen", denn dann halten sie den Rücken fest und erleiden dort schnell Schäden!

Haben solche Pferde nun im taktmäßigen geraden Geradeaus im moderaten Vorwärts ihre Stabilität gefunden, dann geht man auf große gebogene Linien, ebenfalls nur in ganz leichter, von unten kaum erkennbarer Stellung und Biegung. Diese Arbeit darf man nur ganz allmählich steigern und muss penibel darauf achten, das Pferd in sich stabil zu halten. Dies gilt auch für den Galopp, in dem diese Pferde oft dazu neigen, die Hinterhand in die Bahn zu stellen, um der Lastaufnahme zu entgehen oder im Vierschlag galoppieren. Hier hilft die auf großen Linien genutzte geraderichtende Arbeit, die sich aber wieder überwiegend auf den gesamten Körper des Pferdes beziehen muss, und nicht nur auf einzelne Bereiche. Es geht in erster Linie darum, die Hinterhand und die Vorhand immer wieder aufeinander einzurichten, und das von hinten nach vorn erritten, gern auf dem zweiten Hufschlag und auf dem Zirkel. Sobald die Pferde ein Mindestmaß an Stabilität in der Reiteinheit gefunden haben, lässt man sie auch immer wieder ein wenig (!) die Zügel aus der Hand kauen. Auch dies ist vorsichtig zu steigern, aber extrem wichtig, damit sie den Rücken auch loslassen.

Später kann man die Arbeit im Schultervor hinzunehmen, aber auch hier sollte man darauf achten, wirklich überwiegend das innere Hinterbein anzusprechen. Diese Pferde wollen eingerahmt sein, über den Sitz, die flach anliegenden Waden und die Zügel. Seitengänge fallen diesen Pferden später leicht, die sollte man ganz hintanstellen und auch hier beginnt man am besten mit den üblichen vorbereitenden Übungen, dem Schenkelweichen und der Vorhandwendung, bei der die Pferde erst einmal die Vorwärts-Seitwärts-Bewegung mit gerade gehaltenem Körper erlernen.

Diese Pferde schaffen es auch oft sehr gut, ihre Unterhalsmuskulatur zu trainieren, indem sie die Vorhand nicht vorwiegend über die Schultermuskulatur und den Rücken nach vorn bewegen, sondern über den „Oberarmkopfmuskel" (M. brachiocephalicus). Das lässt sich an der Longe nur korrekt und lang ausgebunden vermeiden, wenn die Pferde diesen Muskel entspannen, sobald sie beginnen, sich am Gebiss abzustoßen, zu kauen und in eine erarbeitete Selbsthaltung kommen, Gleiches gilt fürs Reiten, das geht nur mit Gebiss, mit dem Abstoßen am Gebiss.

Die hypermobilen Pferde müssen nicht beweglich gemacht werden, sie müssen erst einmal Stabilität und ihren Takt finden, sich reiten lassen, sich treiben lassen.

Wie erkenne ich solche Pferde? Es fällt ihnen schwer, schlicht geradeaus geritten zu werden. Man hat das Gefühl, dass sie in alle Richtungen ausweichen möchten, gern machen sie sich zusätzlich eng oder eilen davon, sie klappern auch schon mal mit dem Gebiss und treten nicht an die Hand heran, beides Folge der fehlenden Losgelassenheit.

Leider werden solche Aspekte beim Kauf der Pferde selten beachtet, träumt man doch von Piaffe und Passage und den Seitengängen.

Das Gleiche gilt aber nicht nur für Iberer, sondern vielfach auch für „moderne" elastisch gezüchtete mitteleuropäische Warmblüter. Auch sie brauchen erst einmal: Takt, Stabilität und Losgelassenheit! Dann werden sie auch belastbar und angenehm zu reiten!

Arbeitet man diese Pferde dagegen von Beginn an nur untertourig und überwiegend in Seitengängen, können sie sich unter dem Reiter nicht mehr geradeaus bewegen und ihr Gangvermögen, der Takt und die Reinheit der Gänge verschwinden in relativ kurzer Zeit. Der Rücken dieser Pferde arbeitet nicht in tätiger Losgelassenheit, sondern wird entweder festgehalten oder sinkt ab oder beides.

IMMER SCHÖN VON KREUZ NACH QUER

92. Seitengänge kann man auch ohne Versammlung reiten

Nein, denn dann sind es keine Seitengänge.

Was vielfach als „Seitengang" verkauft wird, ist teilweise wirklich erstaunlich bis verwunderlich bis erschreckend. Pferde schleichen auseinandergefallen, schief, mit festgehaltenem Rücken und taktgestört kreuz und quer in der Bahn herum. Das ist im Idealfall: nix! Aber leider ist es oft ein Schädigen der Pferde, die lernen, sich im Verbiegen zu entziehen, die sich verspannen und lose im Hals werden: eine Katastrophe für die weitere Ausbildung und vor allen Dingen die Geraderichtung der Pferde.

Die Seitengänge sind ein fester Bestandteil der Ausbildung des Reitpferdes. Sie sind kein Selbstzweck. Mit ihnen lassen sich schwerpunktmäßig bestimmte Muskelgruppen trainieren, und das Pferd wird geschmeidig, beweglich und wendig gemacht. Es lernt, seine Beine und seinen Körper gut zu koordinieren. Seitengänge fordern und fördern die Versammlungsfähigkeit und die Versammlung des Pferdes und seine geistige Weiterentwicklung. Sie haben auch geraderichtende Wirkung. Alles dies gilt allerdings nur, wenn sie korrekt geritten werden.

Seitengänge sind (ausschließlich) Schulterherein und Travers und ihre Konterlektionen, Renvers und Konterschulterherein, das Schenkelweichen gehört nicht zu den Seitengängen.

Welche Voraussetzungen müssen gegeben sein, um mit der Arbeit an den Seitengängen zu beginnen? Das Pferd sollte sauber an den diagonalen Hilfen stehen, sich auf der Volte auf beiden Händen in Schritt und Trab sauber stellen und biegen lassen, ohne dass Takt und Losgelassenheit verloren gehen.

Immer schön von kreuz nach quer!

Hilfreich hierfür sind als vorbereitende Übungen wenige Tritte Schenkelweichen und die Vorhandwendung sowie die Volte im Schwenken. Dies ist eine Volte, bei der das Pferd dem inneren Schenkel weicht und die Vorhand einen Kreis beschreitet, der je nach Ausbildungsstand einen kleineren oder größeren Radius hat, bis zu einer Vorhandwendung, die aus der Bewegung heraus geritten wird. Diese Lektion wird auch Vorhandschwenk genannt.

Begonnen wird in der Ausbildung zu den Seitengängen immer mit dem Schultervor, auch erste Stellung genannt. Hierbei ist das Pferd im Genick minimal nach innen gestellt und im gesamten Körper leicht gebogen, das innere Hinterbein fußt etwas schmaler als das äußere Hinterbein und wird von vorn betrachtet zwischen den Vorderbeinen des Pferdes sichtbar. Dies übt man allenfalls kurzzeitig im Schritt, um dem Pferd die Hilfengebung zu erklären, dann aber bald im Trab, in dem man eher bemerkt, wenn die Rückentätigkeit und/oder das Vorwärts oder der Takt verloren gehen. Ist das Pferd auf beiden Händen im Trab sicher im Schultervor geschult, verlangt man trittweise eine deutlichere Abstellung und Biegung bis ins Schulterherein, dies löst man immer ins Vorwärts auf, gern ins Leichttraben. Die Reprisen werden langsam verlängert, aus der Ecke oder der Volte heraus geritten und später auch in die Volte hinein aufgelöst und dann wieder fortgesetzt. Und damit ist man eine Zeit lang beschäftigt, bis das Pferd sicher auf beiden Händen im versammelten Trab ein sauberes Schulterherein zeigen kann.

Dann erst beginnt man mit dem Travers! Immer nur mit dem gut gelösten und durch das Schulterherein versammelten und geradegerichteten Pferd in sicherer, gleichmäßiger Anlehnung.

Man beginnt in der Vorbereitung des Travers mit dem Reiten in zweiter Stellung, auch „Reiten in Stellung" genannt. Hierbei wird das äußere Hinterbein dazu angeregt, schmaler zu fußen. Das Pferd befindet sich in leichter Innenstellung, die Kruppe wird noch nicht in die Bahn hineingestellt! Das äußere Hinterbein wird von vorn betrachtet zwischen den Vorderbeinen sichtbar, das innere spurt in der Spur des inneren Vorderbeines. Gelingt dies auf beiden Händen im Trab sicher, beginnen wir mit einzelnen Tritten im Travers mit zunehmender Biegung und Versammlung.

Geritten wird dies gern aus der Ecke oder aus der Volte heraus und später im Wechsel mit Volten und Schulterherein in beliebiger Folge. Wichtig ist immer wieder die Auflösung ins Vorwärts und immer wieder die Aktivität der Rückenmuskulatur zu beachten. Auch Pausen sollten eingehalten werden, in denen die Zügel aus der Hand gekaut werden, damit das Pferd sich in der Dehnung erholen kann.

Gelingen Schulterherein und Travers sicher, geht man zu den Konterlektionen über. Auch hier wird im wahrsten Sinne des Wortes schrittweise bzw. trittweise gearbeitet.

Die echten Seitengänge im Schritt werden nach der Lehre erst geschult, wenn das Pferd sie im Trab beherrscht und im Schritt taktsicher, sauber in der Anlehnung und mit beginnender Versammlung geritten werden kann.

Zu beachten ist, dass das Pferd in den Seitengängen nicht in der Seitwärtsbewegung ausweicht und somit am Schwerpunkt vorbei statt in Richtung des Schwerpunktes fußt. Meist passiert dies, wenn die Vorhand nicht mehr führt oder das Pferd sich nicht biegt. Die Vorhand muss immer vorangehen! Auch und gerade im Travers und den Traversalen und schon in den Vorübungen des Schenkelweichens.

Es besteht außerdem immer die Gefahr, dass die Gehlust leidet, das Pferd das Vorwärts verliert und sich verhält. Deswegen ist es wichtig, die Seitengänge immer wieder ins Vorwärts oder sogar in eine Verstärkung und auch einmal in eine tiefere Dehnungshaltung aufzulösen, auch um zu überprüfen, ob das Pferd noch „zündet" und der Rücken noch „da" ist.

Ein weiteres Problem in den Seitengängen ist das mögliche Verkanten im Genick. Es ist meist auf fehlende Geraderichtung und Losgelassenheit zurückzuführen. Manchmal hat es auch körperliche Ursachen (Zähne, Ganaschen, Rücken). Tritt das Verkanten vermehrt auf, ist zunächst wieder im geraden Vorwärts (auch auf gebogenen Linien) die gleichmäßige Anlehnung an beiden Zügeln wiederherzustellen. Nur kurzzeitig kann man diesen Fehler durch ein Ansteigen der inneren Hand korrigieren.

Manchmal fehlt auch die Biegung. Wenn sie nur im Hals besteht, ist der Seitengang eher ein Schenkelweichen als ein echter Seitengang. Es fehlt der versammelnde Effekt, und die Scherkräfte, die auf die Gelenke wirken, sind deutlicher. Dies ist ein wichtiger Aspekt, insbesondere, wenn Seitengänge in deutlicher Abstellung und höherem Tempo geritten werden. Die dabei auftretenden Scherkräfte sind nicht zu vernachlässigen und deshalb ist so ein Vorgehen auch nicht sinnvoll! Das Pferd muss ausreichend gelöst sein und auch sein Wachstum sollte weitgehend abgeschlossen sein. Echte Seitengänge in langen Reprisen mit Pferden unter sechs Jahren zu reiten empfiehlt sich demnach nicht, für diese jüngeren Pferde reicht das Reiten, in erster oder maximal zweiter Stellung! Und auch später darf man es mit den Seitengängen nicht übertreiben.

Denn, ich wiederhole es gern: Das wichtigste Ziel der dressurmäßigen Ausbildung sind nicht eng gerittene Wendungen und Seitengänge kreuz über quer, sondern das gerade Geradeaus in federnder Bewegung mit schwingendem Rücken und gleichmäßig arbeitender, unverkrampfter Muskulatur! Sinn und Zweck der Seitengänge sind die verbesserte Wendigkeit und die Verbesserung von Biegung und Versammlung, aber eben nur bei Erhalt und Verbesserung der Geraderichtung, der Reinheit der Gänge und des gesicherten Vorwärts.

93. Vorhandwendungen und das Schenkelweichen sind überflüssige und schädliche Lektionen

Die Vorhandwendung ist eine leider in Vergessenheit geratene, aber so wichtige Übung, die zwar keinen wesentlich gymnastizierenden, aber einen hervorragenden lehrenden und auch lösenden Charakter hat.

Die Vorhandwendung wird in aller Ruhe Tritt für Tritt ausgeführt, das Pferd nicht herumgeworfen. Der Reiter sitzt gerade, ohne einzuknicken oder auf einer Seite herunterzuhängen. Er stellt das Pferd im Genick zu der Seite, auf der das Pferd dem Schenkel weichen soll, nimmt den inneren Schenkel seitwärtstreibend leicht hinter den Gurt zurück und wirkt dort impulsartig ein. Die Hinterhand tritt um die Vorhand herum, diese sollte nicht drehen, sondern ebenfalls mittreten. Eine mögliche Variante ist das Reiten der Vorhandwendung aus der Bewegung heraus geritten, sie wird dann „Vorhandschwenk" genannt und kann aus der etwas größer gerittenen „Volte im Schwenken" entwickelt werden.

Bevor man die Vorhandwendung reitet, hat das Pferd sie schon bei jedem Handwechsel an der Longe gelernt, gern mit einem kurzen Stimmkommando verbunden („geh rum!"), das man dann in den Sattel übernehmen kann.

Sie zu reiten ist kein Hexenwerk, aber beim ersten Mal schwieriger, als man sich das vielleicht vorstellt. Häufiger Fehler ist das Vortreten bei der Vorhandwendung, sie wird dann zu einer Art „Mittelhandwendung". Das liegt meist daran, dass die verhaltenden Hilfen noch nicht sicher akzeptiert werden. Der kleinere Fehler ist das Zurücktreten, es kommt dadurch zustande, dass die verhaltenden Hilfen (vor allem außen) überwiegen, wird aber später gern genutzt, um den Pferden das

Rückwärtsrichten zu erklären. Sie lernen so von Beginn an das diagonale Zurücktreten unter Kontrolle der Bewegungsrichtung der Hinterhand.

Schädlich sind die Lektionen im Schenkelweichen und die Vorhandwendung nur bei falscher Ausführung, vor allem bei zu viel Abstellung und ungenügender Vorbereitung. Vorhandwendung, Schenkelweichen und Übertreten erklären und vermitteln Pferd und Reitschüler die diagonale Hilfengebung und die seitwärtstreibenden Hilfen und helfen beim Erlernen der Kontrolle von Hinterhand und Schultern der Pferde. Sofern sie Pferd und Reiter bekannt sind, sind sie gute lösende Lektionen, die das Abstoßen am Gebiss und damit das Kauen fördern und die Dehnungsbereitschaft der Pferde direkt verbessern und auslösen.

Und damit kommen wir zu einem ganz wichtigen Kapitel in der Reiterei, der diagonalen Hilfengebung, einem Grundpfeiler der Reiter- und Pferdeausbildung!
Wann brauchen wir die diagonale Hilfengebung und was beinhaltet sie? Diagonal bedeutet, mit dem Schenkel an den gegenseitigen Zügel heranzureiten. Der innere Schenkel zum Beispiel aktiviert das innere Hinterbein und die Biegung innen, das Pferd folgt diesem Impuls, der durch den äußeren Zügel filternd und führend (nicht ziehend und blockierend) aufgenommen und reguliert wird. Der äußere Zügel überprüft das Maß der ausgelösten Stellung und Biegung, er wirkt verwahrend (auf die äußere Schulter) und regelt den Vorschub der äußeren Pferdeseite in Verbindung mit dem äußeren Schenkel. Tritt das Pferd in der Wendung sauber vom inneren Schenkel an den äußeren Zügel heran, kann der Reiter die Wendung sogar zur Kontrolle mit durchhängendem inneren Zügel sauber reiten, ohne dass das Pferd Stellung und Biegung verliert. Der Grundstein der weiteren Ausbildung ist gelegt!

Sowohl Reiter als auch Pferd müssen diese Art der diagonalen Hilfengebung aber zunächst einmal verinnerlichen. Erst dann zieht der Reiter nicht mehr am inneren Zügel. Das Pferd wird korrekt gestellt und gebogen, und zwar reicht ein Überkippen des Mähnenkammes, damit die Halsbasis stabil bleibt.
Wie bringe ich dies nun Pferd und Reiter bei? Paradelektionen hierzu sind eben die Vorhandwendung und das Schenkelweichen bzw. das Übertretenlassen und die Volte im Schwenken. Denn hierbei wird das Pferd noch deutlicher an den äußeren Zügel herangeritten, der so die Führung übernehmen kann. Kommt dann Biegung hinzu, ist die Wendung korrekt geritten, wird aus dem Schenkelweichen ein Schulterherein, steht das Pferd sauber an den diagonalen Hilfen.

Schenkelweichen und Vorhandwendung haben den großen Vorteil, dass der Reiter zunächst einmal gerade und mittig sitzen bleibt und sich und das Pferd nicht mit „Gewichtshilfen" überfordert. Die kommen erst dann hinzu, wenn Reiter und Pferd die diagonale Hilfengebung verstanden haben.

94. Seitengänge kann man schon dem jungen Pferd wunderbar vom Boden aus im Schritt beibringen

Immer wieder liest und hört man: „Travers muss man locken." Was bedeutet dieser Satz?

Vielfach sieht man Reiter am Boden mit einer langen Touchiergerte mit kurzem Schlag in der Hand, die ihrem Pferd beibringen, im Schritt seitwärts auf sie zuzutreten, indem es die Kruppe nach innen bringt. Hat das Pferd dies verstanden, kann der Mensch es von unten mit angehobener Gerte in diese Bewegung „locken". Mit Versammlung und einem echten Travers hat dies meist sehr wenig bis nichts zu tun.

Gustav Steinbrecht ist sicher als einer der Urväter der klassischen Reitlehre zu bezeichnen. Insbesondere hat er sich auch umfassend mit den Seitengängen beschäftigt. Wenn Ihr Steinbrecht lest, so erklärt er ausführlich die Bedeutung des gerittenen Schulterhereins und des Travers. Travers kommt bei ihm und allen anderen klassischen Autoren nach dem Schulterherein. Ein sauber erarbeitetes, errittenes (!) Schulterherein im Trab in Versammlung ist die Grundlage der Arbeit am Travers, welcher ebenfalls eine Lektion ist, die in Versammlung vorwiegend im Trab geritten wird und diese fördert.

Das Schulterherein, aber noch im höheren Maße den Travers ordnet Steinbrecht der Hohen Schule zu, wobei er den Travers für wesentlich anspruchsvoller erklärt. Nach Steinbrecht werden die Seitengänge unter dem Reiter zunächst im Trab, dann im Galopp und erst spät im Schritt erarbeitet und nicht an der Hand! Dies ist auch sinnvoll, da im Sattel wesentlich mehr Hilfen und Einwirkungsmöglichkeiten zur Verfügung stehen und im Trab ein Verlust des Vorwärts und des Taktes sofort auffällt.

Wenn man ein Pferd hingegen unversammelt und ohne Reiter schräg laufen und die Kruppe hereinnehmen lässt, dann ist dies keine klassische Übung mit gymnastizierendem, versammelndem oder geraderichtendem Wert, so wie sie Steinbrecht beschreibt. Es kommt dann in erster Linie zu Ausweichbewegungen und Taktverlusten unter Verlust des Vorwärts, anstatt dass das Pferd Richtung Schwerpunkt fußt, die Hanken beugt, in den Gelenken deutlicher federt und mit der Hinterhand mehr Gewicht aufnimmt. Gleiches gilt für das unsägliche „Führen in Stellung", mit abgeknickter Halsbasis ohne saubere Stellung und Biegung und ohne Versammlung im Schritt. Trotzdem wird auch dies gern als „geraderichtende Arbeit" bezeichnet.

Überhaupt wird die Bedeutung der Seitengänge für die Geraderichtung oft missverstanden. In der Geraderichtung sorgt man dafür, dass die Vorhand der Hinterhand immer vorausgeht, die Vorhand auf die Hinterhand ausgerichtet bleibt und umgekehrt und die Schiefe der Pferde ins „Gerade" gewandelt wird. Dabei kann man die Seitengänge einbeziehen, aber Ziel ist das geradegerichtete Pferd im Geradeaus und auf gebogenen Linien.

DAS REITEN AUF KANDARE, FEIN ODER FIES?

95. Das Reiten auf blanker Kandare ist ein Zeichen allerfeinsten Reitens

Das kann und sollte so sein, ist aber leider selten der Fall.

Früher sah man das Reiten auf blanker Kandare nur in großen Traditionsinstituten wie der Spanischen Hofreitschule oder in Karlsruhe bei Egon von Neindorff. Vor dem Reiten auf blanker Kandare stehen die Ausbildung mit der kombinierten Zäumung auf Kandare mit Unterlegtrense und die Kandarenreife des Reiters und des Pferdes sowie die Ausbildung beider bis zur Hohen Schule – eine hervorragende Selbsthaltung und Durchlässigkeit des Pferdes vorausgesetzt. Heute aber sieht man gelegentlich Reiter auf Kandare reiten, die eigentlich überhaupt nicht auf ein Pferd gehören oder die von Kandarenreife noch sehr, sehr weit entfernt sind.

Wann ist die allgemeine Kandarenreife bei Reiter und Pferd gegeben? Nicht jedes Pferd oder jeder Reiter ist zwangsläufig kandarenreif, weil Platzierungen in Dressurprüfungen der Klasse L auf Trense erfolgt sind. Der Reiter besitzt erst Kandarenreife, wenn er mit handunabhängigem Sitz und einer sitzunabhängigen ruhigen Hand reitet, die den Bewegungen des Pferdemaules folgt und wirklich nur mit minimalstem Einsatz mit dem Maul kommuniziert, und wenn er in der Lage ist, auf Trense einhändig über den Sitz zu reiten. Auch sollte er die durchhaltende, nicht zurückwirkende Zügelhilfe beherrschen. Zudem sollte Geschicklichkeit in der vierzügeligen Zügelführung erarbeitet worden sein. Dazu bietet sich das Reiten auf Kappzaum und Trense an, wobei das zweite Paar Zügel zunächst in den Kappzaum eingeschnallt wird.

Das kandarenreife Pferd sollte die Campagneschule durchlaufen haben, sicher an den Hilfen stehen, in konstanter, ruhiger, gleichmäßiger Anlehnung geradegerichtet sein und schon gelernt haben, sich in versammelnden Lektionen zunehmend selbst zu tragen.

Ein Stangengebiss ist zur Ausbildung junger Pferde ungeeignet, denn es lässt eine einseitige Einwirkung nicht zu, auf die man zunächst noch angewiesen ist oder sein kann. Auf Kandare werden keine neuen Lektionen eingeübt, dies erfolgt immer auf Trense. Die Kandare dient über viele Jahre zunächst lediglich zur Überprüfung der korrekt erarbeiteten Punkte der Skala der Ausbildung und der Lektionen. Wirklich lange Zeit wird bei einem auf Kandare gezäumten Pferd noch überwiegend auf der Unterlegtrense geritten. Sie ist zunächst immer führend, falls eine Einwirkung überhaupt erforderlich ist.

Das Pferd sollte so weit ausgebildet sein, dass man es auch in den Wendungen ganz sauber an beiden Zügeln in regelmäßiger Anlehnung in Biegung und Stellung führen kann. Die Kandarenzügel müssen immer beidseits gleichmäßig und ruhig anstehen, insbesondere der äußere Kandarenzügel darf *nie* deutlicher anstehen als der innere, da es sonst schnell zu Verkantungen des Stangengebisses kommt. Es ist vor jeder Wendung, Stellung und Biegung darauf zu achten, den äußeren Kandarenzügel entsprechend länger zu lassen und das Zügelmaß immer wieder zu korrigieren.

Der Kandarenzügel wird bei ausreichend fortgeschrittener Ausbildung so weit aufgenommen, dass die Schenkel der Kandare zur Maulspalte etwa einen 45-Grad-Winkel bilden und die Kinnkette dementsprechend eingelegt ist. Ist der Winkel wesentlich kleiner, dann „strotzt" die Kandare, die Kinnkette ist zu kurz eingehängt. Ist der Winkel zur Maulspalte größer, dann „fällt die Kandare durch", die Kinnkette hat keine Wirkung, weil sie zu lang eingehängt ist. Gelegentlich sieht man Kandarenbäume sogar waagerecht stehen. Sowohl das Strotzen als auch das Durchfallen ist zu vermeiden, denn nur bei korrekter Winkelung steht die Zungenfreiheit so, dass es für das Pferd noch angenehm sein kann.

Die Kinnkette wird glatt ausgedreht auf der rechten Seite von innen und auf der linken von außen eingehängt („rila"). Welches Kandarengebiss zur Verwendung kommt, bestimmt die Maulanatomie und bisherige Ausbildung des Pferdes und der Reitlehrer oder Ausbilder des Pferdes, der dies beurteilen kann.

Ist der Reiter noch nicht so weit, einhändig auf Kandare zu reiten, dann ist es sinnvoll, die Zügel 2:2 zu führen, da man auf diese Weise leichter das

Zügelmaß korrigieren kann, was immens wichtig ist, damit die Stange nicht verkantet, sobald man mit deutlicherer Stellung und Biegung reitet. Wer schon einmal Zickzacktraversalen oder auch nur eine Schlangenlinie durch die Bahn oder ein paar Achten auf Kandare geritten ist, der weiß, was gemeint ist. Es sei denn, man fasst die Stange überhaupt noch nicht an und lässt die Kandarenzügel weit durchhängen.

Die Stange liegt auch bei einer 3:1-Führung sehr ruhig im Maul. Diese Führung hat einen militärischen Hintergrund, so konnte man rasch auf die einhändige Führung wechseln und in der rechten Hand die Waffe führen. Ein Trensenzügel wird dabei in der rechten Hand geführt, alle anderen in der linken. Ein kleiner Nachteil dieser Variante: Die Hand mit den drei Zügeln muss mittig über dem Mähnenkamm stehen und die rechte Hand steht rechts davon. Dies ist somit eine leicht unsymmetrische Führung.

Bei der Fillisführung läuft der Trensenzügel von oben und der Kandarenzügel von unten in die Reiterhand. Jeder reitet zunächst jahrelang mit dem Trensenzügel zwischen Ring- und kleinem Finger und wirkt nach Jahren durchaus teilweise automatisch damit ein. Verläuft nun unten der Kandarenzügel, besteht die Gefahr, dass man unbewusst zu viel mit diesem einwirkt. Auch wird der Trensenzügel sehr hoch geführt, wenn er von oben in die Hand hineinläuft und wirkt hierdurch stärker beizäumend. Dies kann ungünstig für Pferde sein, die dazu neigen, zu eng zu werden.

Die 2:2- Führung (gekreuzt oder parallel) ist heutzutage die Kandarenführung sowohl für den lernenden Reiter als auch für das lernende Pferd, zumal gerade zu Beginn und noch längere Zeit vorwiegend auch mit dieser Zäumung auf (Unterleg-)Trense geritten wird. Alle anderen Führungen sind koordinativ eher schwieriger und verlangen noch mehr manuelles Geschick. Der Wechsel von 2:2- auf Fillis- oder 3:1-Führung oder komplett einhändig ist dann als Prüfstein für die manuelle Geschicklichkeit zu betrachten, wenn man die 2:2-Führung sicher beherrscht.

Das Ziel, klassisch auf blanker Kandare zu reiten, sollte hoch ausgebildeten Reitern und Pferden vorbehalten bleiben. Es setzt eine weit geförderte Selbsthaltung des Pferdes und absolute Durchlässigkeit und Geraderichtung voraus.

Es stellt sich immer auch die Frage, ob und warum man überhaupt auf Kandare reiten möchte oder muss. Es gibt Pferde, die profitieren davon, oft schon allein deshalb, weil die Reiter dann mit der Hand vorsichtiger sind. Manche Pferde sind auf Kandare wesentlich konstanter in der Anlehnung. Außerdem ist das Reiten auf Kandare ein sehr guter Prüfstein. Fehler in der Ausbildung und vor allem in der Anlehnung zeigen sich hierbei deutlicher und schneller als auf Trense.

Es ist aber auch durchaus möglich, ein Pferd nur auf Trense wirklich weit und fein auszubilden. Man sollte immer bedenken, dass Unterlegtrense und Kandare zusammen eine Menge „Eisen im Maul" bedeuten. Wer sich dem sportlichen Wettkampf und Vergleich stellen will, muss ab einem bestimmten Level das Kandarenreiten beherrschen. Es werden aber für jüngere Pferde auch Prüfungen bis zur Klasse S auf Trense ausgeschrieben, und das ist gut so.

Die Hauptwirkung der Kandare sollte die beugende Wirkung beim voll durchlässigen Pferd auf die Hanken und alle Gelenke der Hinterhand sein bis hinunter in die Zehe des Pferdes bei sanft federnder Anlehnung. Zu diesem Zweck sollte sie beim weit ausgebildeten Pferd zur Anwendung kommen, dann eben auch gern „blank". Und das ist dann tatsächlich ein Zeichen allerfeinsten Reitens.

96. Kandare ist grausam, Halsring ist cool!

Dies sind typische Vorurteile, die in der Reiterwelt grassieren. Woher kommen sie? Vermutlich auch von den katastrophalen Bildern aus dem großen Sport mit blau angelaufenen Zungen und blutenden Mäulern.

Eine Kandare ist ein eigentlich sehr feines Instrument, das auch wie ein solches gehandhabt werden sollte. Sie ist nicht für starke Einwirkung des Reiters gedacht oder dazu, eine deutliche oder sogar starke Anlehnung zu erzielen. Erst recht ist die Kandare kein „Beizäumungsgerät" und keine „Bremshilfe"! Tatsächlich ist es viel Eisen, das man dem Pferd da im Maul zumutet, und deshalb müssen die Maulverhältnisse eine solche Zäumung gestatten. Es gibt Mäuler, in die passen Unterlegtrense und Stange nicht gut hinein.

Wozu braucht man dann überhaupt das Kandarengebiss? Es dient zur Verfeinerung der Hilfen und der Versammlung. Über die Anzüge kommt es zu einem federnden Kontakt zum Pferdemaul, mit dem sich viele Pferde sehr wohlfühlen. Man merkt das, sofern die Pferde gut vorbereitet wurden: Die Anlehnung ist dann angenehmer, federnder und konstanter für beide, für Pferd und Reiter. Das muss man mal gefühlt haben, um es beurteilen zu können. Und schließlich wirken diese Zäumung und die Kandare beim wirklich durchlässigen Pferd beugend und damit versammelnd auf alle Gelenke der Hinterhand! Dies ist ihre Hauptdaseinsberechtigung.

Dies kann man bei einer sauberen, leichten Anlehnung mit einer Zäumung auf Trense zwar auch erreichen, aber mit einer wesentlich „schwammigeren" Einwirkung. Trotzdem werden die Lektionen auf Trense erarbeitet. Denn die Kandare ist kein Korrektur- oder Ausbildungsmittel! Sie dient nur zur Verfeinerung der auf Trense erlernten Lektionen und kommt immer erst dann zum Einsatz, wenn Losgelassenheit, Takt und Anlehnung im schwungvollen, geraden Vorwärts in den Lektionen gesichert sind.

Ist dies nicht der Fall, merkt das der Reiter bei der Zäumung auf Kandare sofort, denn sie ist der Prüfstein der korrekten Ausbildung. Wo man sich auf Trense noch gerade so durchschummeln kann, geht dies auf Kandare nicht mehr!

Der Halsring ist im Vergleich zur Kandarenzäumung nicht so mild in der Wirkung, wie viele annehmen. Er wirkt auf ungeschützte Weichteile wie das Halsband eines Hundes und verläuft über der Luft- und Speiseröhre und den Adern, die den Kopf des Pferdes mit Blut versorgen, je höher er gehalten wird, desto größer ist das Risiko innerer Verletzungen. Mit einem Halsring sollte man tunlichst nicht „bremsend" oder „versammelnd" einwirken oder sich daran festhalten. Das ist extrem unangenehm für die Pferde und kann sogar ihre Gesundheit gefährden. Der Halsring sollte allenfalls impulsartig sanft an der tiefen Halsbasis und seitlich angelegt angewendet werden.

Ein Pferd kann dem Halsring bei zu starker Einwirkung so gut wie nicht ausweichen, allenfalls kann es den Kopf nach hinten und nach oben nehmen und dabei den Rücken wegdrücken. Ist das wirklich pferdefreundlicher?

Die eindrucksvollen Bilder und Videos, die man von gebissloser Arbeit mit und ohne Halsring sieht, werden nahezu alle vorher auf Trense und Kandare erarbeitet. Es kann eine schöne Möglichkeit der Überprüfung der Arbeit sein.

DER WILL NICHT! – VERHALTEN UND UMGANG

97. Pferde testen ihre Reiter, wo sie nur können!

Zunächst einmal: *Pferde sind nicht und niemals berechnend!* 99 Prozent aller Problempferde sind Pferde, die Schwierigkeiten mit Problemmenschen haben.

Reiter stören sich immer wieder am Pferdeverhalten. Jeder kennt das, nahezu jede Reithalle und alle Reitplätze haben ihre eigenen „Gespenster". Sie lauern in einer bestimmten Ecke oder an der Hallentür und sind sehr gefährlich, da sie aus dem Nichts heraus Pferd und Reiter angreifen können. Und es gibt Pferde, die sich nicht sicher sind, ob ihre Reiter das auch wissen und genügend wachsam und kompetent sind, um rettend eingreifen zu können. Gern spannt sich der unerfahrene Reiter tatsächlich schon drei Meter vor der jeweiligen Stelle an, atmet flacher oder nimmt die Zügel kürzer, und das Pferd weiß sofort: „Achtung, Gespensterecke! Säbelzahntiger (oder Stallkatze) im Anmarsch!" Zack, geht die Losgelassenheit bei Reiter und Pferd verloren, und das Pferd springt vorsichtshalber im Fluchtmodus weg, es „scheut". Schon sind das Geschrei und das Geschimpfe von oben oder von der Bande aus groß: „Der blöde Bock, der testet wieder nur! Hau mal ordentlich drauf, damit er weiß, wer der Herr ist!" So bekommt das Pferd in der Gespensterecke vermehrt Druck oder es wird ihm sogar Schmerz zugefügt, was es in seiner Einschätzung der Ecke natürlich bestärkt.

Was sollten wir also stattdessen tun? Wie immer: *Es empfiehlt sich, erst einmal nach der Ursache zu suchen.*
Manchmal haben die Pferde an einer Stelle in der Reitbahn wirklich schon einmal etwas Unangenehmes erlebt und sich erschrocken. Dann muss man ihnen Gelegenheit geben, in Ruhe zu schauen, zu schnuppern und zu lauschen.

Es hilft auch, gerade dort stehen zu bleiben oder abzusitzen und einen Kaffee zu trinken und das Pferd ein Heunetz oder eine Haferschüssel „finden" zu lassen. Dies muss man natürlich etwas vorbereiten. Man besetzt die Ecken, den Busch oder die Hallentür positiv.

Man kann auch einfach mal eine Arbeitseinheit nur Schritt reiten oder man probiert die von Reitmeister Oskar Stensbeck überlieferte Übung „Das Denkmal". Er ließ unruhige und zum Scheuen neigende Pferde hereinbringen, saß in der Mitte der Bahn auf, ließ das Pferd dort eine Zigarrenlänge lang stehen und saß wieder ab. Dies machte er zwei Wochen lang, die Gespenster waren weg und die Pferde „gechillt".

Es gibt Pferde, die generell gern unter Strom stehen. Manchmal sind dies hoch im Blut stehende Pferde, oft auch Araber. Sie nutzen ihr Mehr an Bewegungsenergie gelegentlich als Ventil, aufgebaute Spannung wieder abzubauen. Diesen Pferden hilft am besten ein gelassener Reiter, der sie relativ rasch zur Losgelassenheit bringen kann, nicht zu viel mit der Hand einwirkt und gut über den Sitz reiten kann. Auch Schritt mit hingegebenem Zügel vermittelt diesen (und allen anderen) Pferden die Sicherheit des Reiters, der allerdings auch wirklich sattelfest sein sollte. Interessanterweise merken Pferde ziemlich schnell, wem sie vertrauen können. Gelassenheit, Ruhe und Selbstvertrauen des Reiters sind die halbe Miete!

Manchen Pferden tut es auch gut, zunächst etwas abgaloppiert oder fachgerecht longiert zu werden, aber auch das muss man einschätzen können.

Ein möglichst ruhiger allgemeiner Tagesablauf hilft vielen schreckhaften Pferden, insgesamt sicherer und gelassener zu werden. Permanente Abwechslung ist nicht immer gut. Lärm und fortwährendes Reden können beispielsweise sehr störend sein.

Andere Pferde brauchen wiederum eher das Sammeln vieler Erfahrungen und das Gewöhnen an viele neue Eindrücke. Gelände- oder Wanderritte mit Führpferd schweißen Pferd und Reiter zusammen und erhöhen das gegenseitige Vertrauen.

Auch das Reiten in vielen verschiedenen Disziplinen auf kleinem Niveau ohne Überforderung kann hilfreich sein. Ein Dressurpferd, das schon zehn E-Springen und fünf Wanderritte gegangen ist, wird vermutlich auch eine Siegerehrung gelassen überstehen.

Gelassenheitstraining und Bodenarbeit wie das Führtraining können hilfreich sein, aber auch das Gegenteil bewirken, wenn die Reize zu stark sind und das Pferd überfordern. Hier sind wie immer Fingerspitzengefühl und Pferdeverstand gefragt. Oft zeigt sich, dass es auch am Boden an Respekt (nicht Angst!) und Vertrauen in die Führungskompetenz des Reiters fehlt und dass dieser gravierende Fehler im Umgang macht, die ihm überhaupt nicht bewusst sind. Zum Beispiel hat der unsicher Führende das Pferd häufig ganz fest im Blick und wendet ihm das Gesicht zu, während das Pferd ihn eher ignoriert. Umgekehrt sollte es sein: Der Führende darf das Pferd nicht direkt ansehen, allenfalls aus dem Augenwinkel beobachten und muss sicher und entschlossen, aber ruhig und nicht hektisch führen und handeln, das Pferd sich auf ihn konzentrieren.

Ganz wichtig ist es, gesundheitliche Aspekte zu berücksichtigen: Es gibt Pferde, die vor allem schreckhaft sind, weil sie irgendwo Schmerzen verspüren, insbesondere im Rücken oder auch durch Arthrose bedingt. Pferde sind als Fluchttiere mit Schmerzen besonders angreifbar und deshalb im Alarmzustand. Eine gesundheitliche Überprüfung und die Kontrolle des Zubehörs sind daher vor allem bei neu oder unregelmäßig auftretendem Scheuen wichtig.

Auch Sehstörungen und Augenprobleme können zum vermehrten Scheuen führen. Bestimmte Virusinfektionen und bakterielle Infektionen können die Pferde so beeinträchtigen, dass sie mit verstärkt auftretendem Scheuen reagieren. Manche Pferde haben auch einen erhöhten Muskeltonus, da sie unter Magnesiummangel leiden. Das kann man einfach ausprobieren, indem man mal eine Kur mit Magnesium macht, dies sollte man aber mit dem Tierarzt absprechen.

Futtertechnisch ist außerdem wichtig, dass die Pferde keinen Hunger leiden, *hungrige Pferde sind schreckhaft!* Dass Hafer Pferde sticht, ist wohl widerlegt, es ist zwar bekannt, dass insbesondere manche Ponyrassen und nicht ausgelastete Kaltblüter durchaus mit Temperamentsausbrüchen auf Hafer reagieren können. Aber dies kommt seltener vor, als man meint. Hafer ist immer noch das bekömmlichste und gesündeste Kraftfutter für Pferde, wenn sie denn überhaupt eines brauchen.

Was kann man im engeren Sinne reiterlich tun? Man kann vor allem an *Losgelassenheit und Durchlässigkeit* arbeiten und dabei besonders auf die Erhaltung der Balance achten. Ein nicht ausbalancierter Reiter und ein nicht ausbalanciertes Pferd stehen immer unter erhöhter Spannung! Einen entspannt gesenkten, nicht eng eingestellten Hals, ein kauendes Pferd, das mögen Gespenster überhaupt nicht, ebenso wenig einen schwingenden losgelassenen Rücken. All diese Dinge wirken auf Hallen- und Reitbahngespenster wie Knoblauch auf Vampire.

Takt, Losgelassenheit, Balance und immer wieder Abkauen lassen sowie viele Trab/Schritt-Übergänge haben sich bewährt. Auch ein durchlässiges Pferd, welches gut am Schenkel steht, scheut weniger, da es sich mehr auf den Reiter konzentriert.

Wie bringe ich das Pferd dazu, auf mich zu hören? Mit dem Schenkel! Nicht mit der Hand! Ihr könnt das selbst ausprobieren. Lasst Eure Pferde stehen und versucht, sie zunächst nur mit der Hand auf Euch aufmerksam zu machen und dann nur mit der flachen Wade. Wie bekommt ihr schneller ein Öhrchen, das sich Euch zuwendet?

Also, geht die Aufmerksamkeit des Pferdes verloren, dann kommt ein Schenkelimpuls! Da reicht manchmal das Wackeln mit den Zehen im Stiefel. Und ignoriert das Pferd die Schenkel des Reiters generell, dann wisst Ihr, woran Ihr arbeiten müsst.

Zusammenfassung: Seid nicht verärgert, wenn ein Pferd widersetzlich ist, sondern versucht herauszufinden, was es Euch mit seinem Verhalten sagen möchte.

Checkliste für das schreckhafte Pferd und seinen Reiter:
- Sind gesundheitliche Probleme ausgeschlossen?
- Passt das Zubehör?
- Sind beiderseitig Respekt und Vertrauen vorhanden?
- Sind Gelassenheit, Geduld und Sicherheit des Reiters gegeben?
- Ist das Pferd körperlich ausgelastet?
- Hat es einen geregelten Tagesablauf?
- Erarbeitet Losgelassenheit, Durchlässigkeit und Balance.
- Kümmert Euch um ein gutes Futtermanagement.
- Sammelt so viel Erfahrung wie möglich!

---

98. Zieht das Pferd dem Reiter die Zügel aus der Hand, ist es ungehorsam

Wie immer sollte man Ursachenforschung betreiben, wenn das Pferd dem Reiter die Zügel im Stand oder auch im Gange aus der Hand zieht. Zunächst sollten Ausbildungs- oder Reitfehler ausgeschlossen werden. Manche Pferde machen sich auf diese Art und Weise frei und entledigen sich so der Einwirkung der Reiterhand, wenn sie diese als unangenehm empfinden. Selten liegt die Ursache in der Art der Zäumung, im Gebiss oder in Zahnproblemen, meist ist es die ungeschickte Einwirkung des Reiters, die das Pferd stört.

Manchmal hat das Pferd Probleme in den Ganaschen, im Bereich der Halswirbelsäule oder der Halsmuskeln und kann die Beizäumung nicht so lange halten, bzw. sie wird mit der Zeit unangenehm oder sogar schmerzhaft. Hier kann es helfen, das Pferd in immer wieder wechselnden Einstellungen zu reiten und vor allem immer mal wieder die Zügel aus der Hand kauen zu lassen und zur Erholung die Zügel auch oft komplett hinzugeben. Dabei sollte man dem Pferd aber nicht gestatten, die Zügel aus der Hand zu ziehen, sondern auf ein langsames Herauskauen bestehen. Diese Vorgehensweise empfiehlt sich sowieso bei allen Pferden und entspricht auch den Vorgaben der Deutschen Reitlehre.

Die Erfahrung des Pferdes, sich mit Kraft durchaus der Reitereinwirkung entziehen zu können, kann auch eine Rolle spielen. Manchmal reicht es in solchen Fällen schon, die Hand einfach mal kurz stehen zu lassen (nicht „rupfen" oder zurückziehen und erst recht nicht strafen!) und dann mit feiner Hand und entsprechenden Pausen weiterzureiten. Stößt das Pferd mit dem Kopf trotzdem weiterhin nach unten und versucht ständig, dem Reiter die Zügel aus der Hand zu reißen, gibt es weitere Lösungsmöglichkeiten:

- das Verhalten sofort ins frische Vorwärts auflösen
- die Zügel im Stehen eine Zeit lang immer komplett hingeben, aber dabei möglichst kontrolliert rauskauen lassen
- vom Boden aus das Reiten korrekt ausgebunden simulieren

Letzteres kann folgendermaßen aussehen: Das Pferd ist aufgetrenst und an den Trensenringen ausreichend lang ausgebunden, es wird am Kappzaum geführt. So kann man mit deutlicher Stimmhilfe ganze Paraden üben („Haaaaalt!" fürs Durchparieren, „Steh!" fürs Stehenbleiben, „Brav!" fürs ruhige Stehen). Haltet dabei Abstand vom Pferd und rahmt es mit Gerte und Hand ein. Wenn die Übung am Boden gut funktioniert, kann man dies in den Sattel übernehmen.

Ganz wichtig bei all diesen Übungen und Abläufen ist es, die Ruhe zu bewahren, konsequent und mit Lob zu arbeiten, das Ganze nie länger als zehn Minuten sowie mit ausreichenden Pausen mit ausgeschnallten Ausbindern und beim Reiten mit hingegebenem Zügel.

99. Ein unsicherer Reiter muss sich nur mal so richtig durchsetzen!

Immer wieder hört man Sätze wie: „Der will dich nur testen!" oder „Setz dich mal durch!", leider auch schon einmal: „Der/die will dich nur verarschen, hau mal richtig drauf!"

Testen Pferde ihre Reiter? Sie sind extrem selten boshaft oder hinterhältig. Vielmehr überlegen sie als Beute- und Herdentiere, wem sie vertrauen und wem sie Entscheidungen überlassen können. Sie spüren sehr, sehr genau die Gefühlslage und die Unsicherheit oder eben auch Sicherheit des Reiters. Bemerken sie Unsicherheit, mangelnde Kompetenz und Konsequenz, dann übernehmen manche von ihnen lieber selbst die Verantwortung, was dazu führt, dass sie Dinge tun, die vom Reiter nicht erwünscht sind. Sie gehen nicht mehr vorwärts, nicht mehr in die Ecken, nicht vom Hof oder scheuen scheinbar vor „nichts".

Es gibt durchaus Pferde, die permanent die Kompetenz ihrer Reiter anzweifeln. Sie „testen" zum Beispiel immer wieder einmal, ob eine Hilfengebung befolgt werden soll oder wer bestimmt, wo es langgeht. Je unsicherer der Reiter, aus welchen Gründen auch immer, und je selbstsicherer das Pferd, desto eher kommt es zu diesem „Testen" und zu permanenten Diskussionen. Aber auch sehr unsichere Pferde brauchen sichere Reiter, sonst sind sie ständig auf der Flucht. Das sind meist die Pferde, die anscheinend grundlos immer wieder scheuen.

Das ist „pferdisch" korrektes und absolut nachvollziehbares Verhalten! Gern wird dann aber eben gefordert, sich durchzusetzen. In der Konsequenz wird das Pferd mit Gewalt zu etwas gezwungen in der Hoffnung, dass es dann kapituliert. Aber schätzt es den Reiter dadurch als kompetent ein? Diese Rechnung geht auf Dauer nicht auf!

Wie kann man nun sinnvoller vorgehen? Man sollte sich zunächst bewusst machen, dass sich das Verhalten des Pferdes nicht persönlich gegen einen selbst richtet. Hilfreich ist dann ein ruhiger, aber konsequenter Umgang mit den Pferden sowohl vom Boden als auch vom Sattel aus. Über Techniken wie autogenes Training und ähnliches Mentalcoaching lässt sich beim Reiter in Hinsicht auf seine Wirkung auf das Pferd und die Kommunikation mit ihm vieles verbessern.

Auch wächst die Sicherheit des Reiters durch zunehmende Ausbildung und Wissen. Dem Pferd geben eine korrekte Hilfengebung und die positive Verstärkung durch Stimm- und durchaus auch Futterlob, wenn es den Hilfen des Reiters Folge leistet, Sicherheit.

Das Wichtigste ist, dass sich Reiter und Pferd gegenseitig verstehen, dass sich beide gegenseitig zuhören und nicht „Chinesisch" miteinander reden. Der Reiter muss lernen, was die Zeichen des Pferdes bedeuten und umgekehrt. Das Pferd spricht nämlich erst einmal sehr leise: Es „spricht" mit einer Taktstörung, mit einem Ohrenzucken, einem Kräuseln der Oberlippe, mit einem minimalen Verhalten in der Bewegung, mit einem Minimum an veränderter Anlehnung, mit einem leichten Widerstand gegen die Hilfengebung, einer leichten Veränderung der Puls- und Atemfrequenz. Je größer die Widerstände des Pferdes, desto lauter versucht es, mit Euch zu sprechen. Wenn der Reiter nicht zuhört, wird aus diesem Sprechen ein Rufen und später ein Schreien. Und wenn der Reiter dann immer noch nicht zuhört, sondern sogar mit Gewalt versucht, das Pferd zum Schweigen zu bringen, dann kann es sogar gefährlich werden!

Hört Euren Pferden zu. Und sprecht mit ihnen in einer eindeutigen Sprache. Die Hilfengebung ist Eure Sprache! Je präziser und konsequenter sie angewandt wird, desto leichter kann das Pferd Euch verstehen. Nur aus einem losgelassenen, ausbalancierten, gefestigten Sitz heraus können verständliche Hilfen gegeben werden! Sonst kommen verschiedene „Dialekte" zu Stande. Nicht jedes Pferd versteht Bayrisch, Plattdütsch oder Schwyzerdütsch und erst recht nicht Holländisch oder Chinesisch. Ihr ja auch nicht! Wenn Ihr verständlich sprecht und Euren Pferden zuhört, dann kommt es erst gar nicht so leicht zu Widersetzlichkeiten. Und wenn es doch unleidlich wird, dann hat das Pferd immer einen Grund! Entweder einen körperlichen, einen psychischen oder einen „reittechnischen".

Wenn bestimmte Dinge nur mit viel Druck „erarbeitet" werden können, stimmt die Vorbereitung meistens nicht und das Pferd (oder der Reiter) ist noch nicht so weit. Dann gilt es immer, wirklich ein bis drei Schritte zurückzugehen und die Vorbereitung und die Hilfengebung zu überdenken. Sobald es heißt: „Der muss da jetzt durch, der will sich nur drücken, das ist dem nur zu anstrengend", sollten alle Alarmglocken schrillen. Die meisten Pferde geben für ihre Reiter alles, was sie können, sind bemüht, es ihrem Menschen recht zu machen. Wenn diese Eigenschaft verloren gegangen ist, dann ist genau hieran zu arbeiten, daran, dass die Pferde wieder Freude entwickeln, mit ihren Menschen zusammenzuarbeiten.

Druck, Strafe und hartes Training können vermeintlich zum Erfolg führen, aber niemals zu einer vertrauensvollen, tiefen Verbindung und einem eingeschworenen Team, das durch tänzerische Leichtigkeit und Harmonie überzeugt!

100. Man muss sein Pferd immer unter Kontrolle haben!

Die Angst des Menschen vor dem Kontrollverlust: Wie wird ihr beim Reiten entgegengewirkt? Leider erfolgt dies oft durch kurz gefasste Zügel, durch das Reiten mit scharfen Gebissen oder Hilfszügelverschnallungen, durch Reiten in enger Einstellung „von vorn nach hinten".

Der Mensch ist eben ein handwerklich veranlagtes Wesen und löst Probleme besonders gern mit der Hand. Für die Pferde ist das fatal! Denn sie wollen nicht in erster Linie über das Maul geritten werden. Sie verlieren so das Vertrauen in die Reiterhand und verschlechtern sich in der Eleganz und im Raumgriff ihrer Bewegungen, finden nicht zur Losgelassenheit und lernen es nicht, in angenehmer Anlehnung an die Hand heranzutreten.

Nur noch wenige Reiter lassen ihren Pferden Raum beim Reiten, überlassen ihnen wirklich die Zügel und geben sie auch einmal komplett hin. Das hat schon so weit geführt, dass Hersteller die Zügellänge der Zaumzeuge verkürzt haben, da man wohl so lange Zügel kaum noch braucht. Das ist erschreckend! Zum Reiten mit hingegebenem Zügel könnt ihr diesen einfach mit einer Hand an der Schnalle fassen und diese Hand auf den Mähnenkamm legen. Am elegantesten ist ein „Zügel aus der Hand kauen lassen" bis zur Schnalle. Auch aus Sicherheitsgründen ist das Anfassen mit nur einer Hand an der Schnalle sinnvoll, denn sollte das Pferd einmal wegspringen, sind die Zügel so schnell aufgenommen. Man nimmt dazu die Hand an der Schnalle zurück und fasst mit der freien Hand beide Zügel kürzer und teilt sie erst dann. Das geht in Sekundenschnelle und kann auch geübt werden.

Warum ist die Angst vor dem Kontrollverlust so weit verbreitet?
Liegt es daran, dass Reiter nicht mehr so recht sattelfest sind? Es wird bei der Ausbildung zum Teil wohl wirklich zu wenig auf den ausbalancierten und sicheren Sitz geachtet. Und es wird zu wenig vielseitig ausgebildet. Wer lässt seine Schüler noch Gymnastikreihen ohne Zügelkontakt und Steigbügel springen? Wie viele Reiter lernen das Reiten noch über das Voltigieren, was früher eher die Regel als die Ausnahme war? Und nein, früher war nicht alles besser, aber die Reiter waren sattelfester! Und die Angst, die Kontrolle zu verlieren, war nicht so extrem ausgeprägt.

Das ist leider auch manchmal ein Problem in der Jungpferdeausbildung. Wer nicht sattelfest ist, der hat natürlich auch Angst vor kleinen Hüpfern, die ein

Jungpferd unter Umständen gelegentlich macht. Und dann wird schon das junge Pferd permanent mit der Hand unter Kontrolle gehalten. Nicht selten hält sich der unsichere Reiter sogar am Zügel fest.

Wenn Ihr nicht ganz sattelfest seid, solltet Ihr also an der Sicherheit Eures Sitzes arbeiten:
- Reitet ohne Sattel (aber zur Schonung des Pferderückens bitte nur im Schritt mit Pad oder allenfalls kurzzeitig im Trab im Aussitzen).
- Reitet durch unwegsames Gelände.
- Voltigiert im Euch möglichen Rahmen.
- Springt kleine Sprünge und Cavalettireihen.
- Reitet viele verschiedene Pferde.
- Absolviert ein Fall- oder Sturztraining.

Und die Angst vorm Kontrollverlust in der Prüfung im Viereck? Es ist sehr schade zu sehen, wenn eine Prüfung und damit auch das Pferd unter dem Kontrollzwang des Reiters leidet. Die Pferde werden auch in solchen Fällen fast nur über das Maul geritten und festgehalten. Es ist besser, den ein oder anderen Patzer zu riskieren, als durch permanente (Maul-)Kontrolle das Pferd daran zu hindern, frei und losgelassen über den Rücken zu gehen und ihm vor allem den Glanz der beschwingten Bewegung zu nehmen. Nur ein strahlendes Pferd kann elegant tanzen. Ein zu hundert Prozent kontrolliertes Pferd dagegen wird allenfalls wie eine Marionette funktionieren. Die reelle Kontrollierbarkeit des Pferdes wächst im Rahmen seiner Ausbildung über die verbesserte Durchlässigkeit und das steigende gegenseitige Vertrauen von Pferd und Reiter. Das ist das Ziel der Ausbildung, nicht das Pferd, das mechanisch möglichst fehlerfrei Lektionen abspult. Viel wichtiger ist es, zur gemeinsamen Harmonie zu finden!

101. Rennt das Pferd unter dem Reiter davon, muss man viele Volten reiten

Dies ist eine häufig angegebene Lösungsmöglichkeit. Hier muss man aber wie immer erst einmal überprüfen, wo die Ursache liegt: ob das Pferd Schmerzen hat, der Sattel passt, das Gewicht des Reiters angemessen ist, das Pferd muskulär und körperlich überhaupt in der Lage ist, den Reiter zu tragen oder ob es sich um ein Balanceproblem handelt oder eine Kombination mehrerer Faktoren vorliegt. Oft lohnt es sich auch zu prüfen, ob das Problem bei jedem Reiter besteht.

Ob das Pferd vor einem Schmerz davoneilt, sollte ein Tierarzt klären. Ist das nicht der Fall und das Pferd gesund, dann sollte man es zunächst einmal vom Boden aus schulen und muskulär vorbereiten. Wenn an der Longe Zwanglosigkeit, Takt und Losgelassenheit erarbeitet worden sind, lösen sich solche Probleme unter dem Reiter manchmal schon fast von allein.

Wenn möglich beginnt man zunächst nur am Kappzaum und lässt das Pferd über einen ruhigen Takt im Trabe zur Zwanglosigkeit finden. In seltenen Fällen brauchen Pferde sofort eine Begrenzung nach oben, um den Weg in die Tiefe zu finden, sonst sind sie zu lang im Giraffenmodus, während der Reiter hofft, dass sie vielleicht doch mal den Hals fallen lassen. So „trainiert" man konsequent die falsche Muskulatur und schadet dem Pferd. Verwenden kann man da kurzzeitig (!) ein Gogue, lang verschnallte Dreiecker oder Laufferzügel, denn diese lassen den Weg in die Tiefe frei. Immer sollten diese Hilfsmittel so verschnallt sein, dass sie die Pferde nicht in Form zwingen, dass sie allenfalls einen Rahmen und/oder eine Begrenzung nach oben bieten. Diese Ausbinder dürfen das Pferd nie hinter die Senkrechte arbeiten, das kann kurzzeitig mal passieren, aber das muss der Longeur im Blick haben und reagieren!

Wer es gelernt hat, kann die Doppellongenarbeit einsetzen. Aber auch hierbei dürfen die Pferde nicht eng gemacht werden, denn dann können sie sich nicht loslassen! Zur Erarbeitung der Zwanglosigkeit ist die Doppellonge (nicht nur) bei diesen Pferden weniger geeignet, weil mit ihr überwiegend schon in Anlehnung gearbeitet wird, die Takt und Losgelassenheit voraussetzt.

Unter Umständen kann man auch Stangenarbeit miteinbeziehen, aber bei Pferden mit Balanceproblemen nur sehr vorsichtig, um sie nicht zu überfordern.

Hat das Pferd den Weg in die Tiefe in der Zwanglosigkeit gefunden, dann kann man für die weitere Arbeit zu normalen Ausbindern übergehen und das Pferd an der Longe muskulär aufbauen.

Am sinnvollsten ist dann später, den Reiter zunächst an der Longe auf das Pferd zu setzen, damit das Pferd die Balance mit Reiter neu finden kann. Denn der Hauptgrund für das Weglaufen unterm Reiter liegt meist in der noch fehlenden Balance des Pferdes. Hierzu braucht es dann oft wieder den langen Hals als Balancierstange und einen Reiter mit einem sehr gut ausbalancierten Sitz, der es nicht stört, weder im seitlichen noch im horizontalen Gleichgewicht!

Dann gilt es, das Pferd dauerhaft auch unter dem Reiter Balance, Takt und Zwanglosigkeit finden zu lassen, eine Frage der Geduld, Ruhe und Konsequenz.

Manche Pferde brauchen sogar einen sanft aussitzenden Reiter, andere den Reiter im leichten Sitz. Das nächste Pferd braucht den geschickt im Leichttraben den Takt bestimmenden Reiter. Das muss man ausprobieren.

Ist das Pferd schon älter und es haben sich bestimmte Dinge „eingeschliffen", muss man unter Umständen anders vorgehen, erst einmal Ruhe im Schritt erarbeiten, vielleicht auch nur jeden Tag ganz kurz. Manchmal muss man sogar noch weiter zurückgehen, ich denke da an die Übung des Denkmals von Stensbeck, beschrieben von Udo Bürger[24], bei der das Pferd lernt, ruhig und gelassen in der Reitbahn herumzustehen.

Wichtig ist fast immer auch, das Pferd wieder an den Schenkel zu gewöhnen, denn häufig wurden erst der Sporn, dann die Gerte, dann der Schenkel und schließlich das Kreuz weggelassen. Viele Pferde quittieren dann den Kontakt mit dem Bein, indem sie danach schlagen oder sich gegen den Schenkel werfen, oder sie laufen erst recht in Panik davon.

Hier bietet sich zunächst an, konsequent mitatmenden, sanften Kontakt mit der flachen Wade zu halten, und dann das vorsichtige Übertretenlassen sowie das Reiten von Vorhandwendungen.

Andere Pferde beruhigen sich genau durch den Kontakt mit dem Schenkel! Und dann muss man vor allem eines, immer wieder die weiche Hand anbieten und immer wieder die Dehnung zulassen! Am besten geht das immer noch im Trabe, aber es gibt auch Pferde, mit denen muss man das unter dem Reiter erst im Schritt erarbeiten, weil sie sich im Trab schon zu sehr aufregen und widersetzen. Den Übergang zur Trabarbeit gestaltet man dann besonders ruhig und beschränkt sich zunächst auf wenige Trabtritte. Anderen Pferden hilft ein ausgiebiges Galoppieren. Hier entscheidet wie immer der erfahrene Ausbilder je nach Reaktion des Pferdes. Meist ist erst, wenn der Reiter dann auch im Trab zum Treiben mit dem Schenkel kommt, an Galopp unter dem Reiter zu denken, aber auch da gibt es Ausnahmen.

Konsequent wird beim Antraben oder Anreiten vorgefühlt und das Pferd nicht krampfhaft in einer Beizäumung festgehalten. Denn oft ist der Grund für das Herausheben und Wegrennen, dass die Pferde Angst vor der Hand haben. Sie müssen erst wieder Vertrauen in den Sitz und die Hand des Reiters entwickeln. Die wichtigste Übung für diese Pferde ist das Zügel-aus-der-Hand-kauen-Lassen. Beginnt das Pferd erneut zu eilen, wird es mit tiefer Stimme beruhigt und wieder durchpariert.

Auch das Reiten von Wendungen kann hilfreich sein, aber nur, wenn das Pferd balancetechnisch und körperlich dazu in der Lage ist.

Ruhe im Umgang und ein geregelter Tagesablauf mit viel Auslauf und gutem Futter sollten selbstverständlich sein. Nervöse Pferde sind oft fast autistisch veranlagt und vertragen Änderungen im Tagesablauf oder ständige Reiterwechsel nicht gut.

Manchmal muss man auch so weit wieder zurückgehen bis zum Führtraining und Spazieren im Gelände und so manches Pferd kommt auch erst wieder beim Reiten im Gelände „runter". Andere drehen dort erst recht auf oder durch. Das muss man ausprobieren und einschätzen können.

Extrem wichtig für all diese Pferde ist der gelassene Reiter, der weiß, was er tut und dies mit ruhiger Konsequenz und absolut „emotionslos", wie das heute so schön gefordert wird.

Nur ein in sich ruhender, sicherer, ausbalancierter und losgelassener Reiter, der nicht über die Hand bremst und stört, sondern gelernt hat, über den Sitz zu reiten, kann dem Pferd die nötige Sicherheit und Ruhe wiedergeben und das Vertrauen in den Reiter und seine Hilfen wieder festigen!

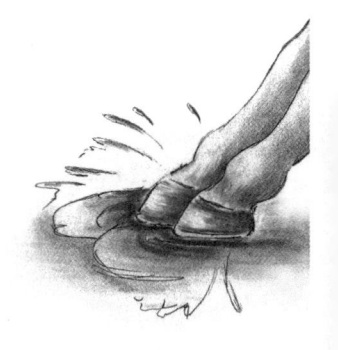

DER REITER ZU FUSS: BODENARBEIT

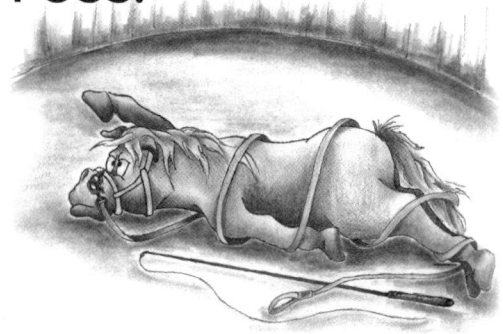

102. Handarbeit, Bodenarbeit und Longieren sind einfacher als Reiten und man kann dabei weniger falsch machen

Dies ist ein Trugschluss, aber leider ebenso eine weit verbreitete Meinung. Traut man jemandem nicht zu, ein Pferd zu reiten, lässt man ihn longieren. Oder man selbst ist eher ängstlich und möchte beim eigenen Pferd möglichst wenig falsch machen, oder man fühlt sich nicht sattelfest und wendet sich dann lieber dem Longieren zu.

Korrektes Longieren sieht man aber leider nur noch selten. Entweder werden die Pferde wie ein Paket verschnürt und in hohem Tempo „zentrifugiert" oder sie latschen auseinandergefallen auf kleinen Kreisen mit hereingezogenen Hälsen, schief und krumm verbogen, so dass ihnen die Bewegungslust genommen wird.

Auch Bodenarbeit erscheint manchem einfacher, als die Lektionen vom Rücken des Pferdes aus zu erarbeiten. Für jegliche Arbeit vom Boden aus ist jedoch eine immense Erfahrung erforderlich! Der Mensch muss einen Blick entwickelt haben und wissen, wie sich die Lektionen „von oben" anfühlen, um sie vom Boden aus korrekt abzurufen. Nur, was man selbst gefühlt hat, kann man von unten sehen und wirklich einschätzen! Die Hilfengebung ist vom Boden aus sogar schwieriger, da nicht alle Hilfen verwendet werden können, die im Sattel zur Verfügung stehen, und man auch nicht fühlen kann, was ein Reiter fühlt.

Leicht kommt es dazu, dass man dem Pferd falsche Bewegungsmuster antrainiert, die dann später sogar von oben kaum zu korrigieren sind.

103. Bodenarbeit hat keinen hohen Stellenwert in der Lehre

So mag es manchmal erscheinen. Viele Reiter beschränken den Umgang mit dem Pferd allein oder überwiegend auf das Reiten und sie verpassen hierbei so einiges! Gerade die Beobachtung des Pferdes, der Umgang mit ihm und die nonverbale Kommunikation zwischen Mensch und Tier wollen geübt sein. Und darum geht es bei der Bodenarbeit in erster Linie.

Schon daran, wie ein Reiter sein Pferd führt und putzt und an der Körpersprache beider Lebewesen dabei, lässt sich vieles über ihre Beziehung ablesen. Man erkennt, wer wem vertraut, wer wem die Führung überlässt, wer den (freundlichen!) Ton angibt. Umgekehrt haben viele Probleme im Sattel schon hier ihren Ursprung, und das Pferd wird schnell als „dominant" oder „stur" abgestempelt. Oft sind Kleinigkeiten die Ursache, die dem Laien überhaupt nicht auffallen.

Achtet also bitte auch auf das „Drumherum" beim Reiten. Nicht nur schnell hin, überputzen, reiten und dann wieder ab die Post. Setzt Euch auch einfach mal an die Koppel oder in den Stall und beobachtet die Pferde und lasst Euch im Umgang mit Eurem Pferd auch vom Fachmann oder der Fachfrau einmal beobachten und bewerten.

Kurse zur Bodenarbeit werden viele angeboten, nutzt sie, wenn ihr nicht die Gelegenheit habt, von alten Stallmeistern den Umgang mit den Pferden zu erlernen.

104. Man muss mit Pferden ganz viel Schrecktraining machen und ihnen viel Abwechslung bieten, sonst langweilen sie sich

Natürlich muss ein Pferd viel lernen und viel kennen lernen. Dabei sollte der Mensch es mit Geduld, Fachwissen und ruhiger Konsequenz begleiten:

Wenn das Pferd etwas Neues kennen gelernt hat, dann muss es das erst einmal verarbeiten und sollte nicht sofort mit dem nächsten neuen Eindruck konfrontiert werden. Pferde sind Flucht- und Beutetiere, sie haben am liebsten ihre Ruhe ohne Bedrohungen von außen. „Abwechslung" ist meist etwas, das gerade eher nervöse Pferde am allerwenigsten brauchen. Sie lieben üblicherweise einen geregelten, ruhigen Tagesablauf und die Sicherheit der gewohnten Umgebung. Langeweile kennen sie nicht, wenn sie artgerecht gehalten werden.

Klar sind Pferde auch neugierig, lernen gern und möchten dem Menschen gefallen. Aber eben alles nur in dem Maße, wie sie sich nicht bedroht fühlen. Was das Pferd als beängstigend empfindet, das ist oft nicht das, was der Mensch meint. Es ist eher das schief stehende Gänseblümchen am Wegesrand als der Flattervorhang oder der Schirm. Pferde können jedoch lernen, mit „Bedrohungen" umzugehen und dem Menschen die Verantwortung in der Einschätzung dieser Bedrohungen zu überlassen. Dazu muss der Mensch ruhig und souverän und angstfrei agieren und reagieren und vor allem immer gleich und verlässlich konsequent sein.

105. Pferde müssen an die Gerte gewöhnt werden und dürfen sie auf gar keinen Fall als unangenehm ansehen

Angst sollen Pferde vor der Gerte nicht haben, aber Respekt! Es gibt Pferde, die sind so an die Gerte gewöhnt, dass sie gar nicht wissen, was ihr Einsatz bedeutet! Nämlich nicht Streicheln oder Versammlung, sondern in erster Linie: Vorwärts!

Auch den Einsatz der Gerte muss das Pferd erlernen. Es sollte sie nicht als bedrohlich erleben, das ist klar, aber schon im Freilauf nutzt man die Stimme und durchaus die weisende, sirrende oder knallende Peitsche als vorwärtstreibende Hilfe, ebenso an der Longe, unter Umständen bzw. idealerweise mit einem separaten Peitschenführer.

Bei der Bodenarbeit dann „erklärt" die Gerte die vorwärtstreibende Hilfe und den seitwärtstreibenden Schenkel. Dazu kann durchaus mal ein etwas deutlicheres Touchieren erforderlich sein, so dass man anschließend wieder auf einen leichten Kontakt zurückgehen kann.

Problematisch wird es, wenn die jungen Pferde vom Boden aus Lektionen erlernen, ohne die vorwärtstreibenden Hilfen der Gerte sicher verstanden zu haben. Dann hat man nämlich auf der Stelle piaffierende Jungpferde, die nach vorn zum „Spanischen Schritt" austreten. Ohne Vorwärts geht keine Remontenausbildung voran! Über den Einsatz der Gerte erklärt man dem jungen Pferd die vorwärtstreibenden Reiterhilfen. Hat es schon die Aufforderung zum Vorwärts durch die Gerte vom Boden aus nicht verstanden, dann wird die weitere Ausbildung sehr schwierig!

106. Man muss viel mit Pferden reden!

Ruhe ist im Umgang mit vielen eher unsicheren Pferden die allererste Pflicht! Den Pferdemenschen erkennt man daran, dass man nicht oder wenig hört, wenn er im Stall oder in der Halle arbeitet oder sich mit Pferden beschäftigt. Denn er spricht mit Worten fast so wenig wie sie. Wenn, dann leise, erheben wird er seine Stimme nur ganz selten.

Die Lautsprache macht den Menschen aus, ist eines seiner Hauptmerkmale. Beim Pferd ist dies nicht so. Es ist meist nicht nötig, permanent in langen Sätzen mit ihm zu sprechen. Eine Ausnahme ist das beruhigende „Brummeln" des Menschen bei besonders nervösen oder jungen Pferden. Selbst die Erarbeitung der Stimmhilfen, die uns insbesondere zu Beginn sehr helfen, sollte und kann man auf ein Minimum reduzieren, auf einzelne, immer gleiche Worte.

Erst recht gilt dies für das Reiten. Quakt nicht ständig vor Euch hin, sondern konzentriert Euch aufs Pferd und auf das, was es im Moment gerade braucht, um gut gymnastiziert zu sein. Eure Stimme braucht es nur sehr selten, am besten zum leisen Lob.

107. Beim Laufenlassen und Freispringen können sich die Pferde endlich mal so richtig austoben!

Laufenlassen und Freispringen sollte niemals in kopfloses Gerenne ausarten, denn dann hat es keinen Nutzen. Das wird leider auch immer wieder vom Menschen gefördert, indem in der Halle beim Freilauf „gescheucht" wird und sich die Besitzer daran erfreuen, wie die Pferde aufgeregt toben, buckeln und schweben und endlich mal das ganze Gangpotential zeigen, das in ihnen steckt!? Nein, das sind Spannungstritte und es ist sehr oft Stress pur für die Pferde, kein „schönes" Austoben oder „Spielen", Beine und oft auch der Rücken werden belastet. Leider sieht man nicht so selten, dass die Pferde sofort losgescheucht werden oder losschießen, kaum dass sie die Halle zum Freilaufen betreten haben. Wenn ein Pferd beim Freilauf mal übermütig etwas losbuckelt, dann sollte der Mensch in der Mitte sich ruhig verhalten, eher beruhigend einwirken und dies nicht noch fördern, weil es so „lustig" ist. Selbstverständlich dürfen Pferde sich auch frei ausgiebig bewegen, aber eine Halle mit Ecken nach 20 und 40 Metern ist eben keine weitläufige Koppel. Jedes Pferd sollte erst in Ruhe etwas geführt werden, bevor es freigelassen wird, erst recht wenn es vielleicht sogar direkt aus der Box kommt.

Dies gilt auch für das Freispringen. Hierzu wird als Vorübung erst einmal unausgebunden longiert, werden die Stimmkommandos auch im Freilauf etabliert, wird das Pferd dazu angehalten, auch im Freilauf zur Zwanglosigkeit zu kommen. Steht das Pferd im Freilauf soweit sicher „an den Hilfen", erst dann kommt das Freispringen hinzu und gerade dies gestaltet man ruhig und nur sehr moderat steigernd.

Ist das Kind respektive Pferd in den Brunnen gefallen und spült sich immer wieder hoch, kann das Motto nur heißen: Zurück zu Ruhe, Konzentration und Zwanglosigkeit! Man beginnt wieder an der Longe, arbeitet dann unausgebunden an der Longe auch auf großen Linien, später baut man nach dem Reiten entspannten Freilauf ein und übt Stimmkommandos und Körpersprache, dann erst folgt freies Laufenlassen zunächst mit „leerer" Sprunggasse, später mit einzelnen Stangen und Cavaletti – immer nur so viel, dass das Pferd dabei ruhig und entspannt bleibt, mit viel Ruhe und Lob, Herrufen des Pferdes, Futterlob und immer wieder entspanntem Führen. So lernt dann jedes Pferd ein sinnvolles und förderndes Freilaufen und Freispringen.

108. Jedes Pferd sollte früh den Spanischen Schritt lernen, das macht es stolz und die Schulter frei!

Auch dies ist eine Übung, die sehr in Mode gekommen ist. Gern wird der Spanische Schritt schon jungen oder wenig bis kaum ausgebildeten Pferden beigebracht, da er imposant wirkt, vor allem für ein wenig fachkundiges Publikum. Er ist den Pferden meist auch relativ einfach beizubringen, da er dem natürlichen Imponiergehabe entspricht und die Pferde ihn gern erlernen.

Problematisch wird es aber, wenn Pferde von Haus aus wenig Respekt und Vertrauen zum Menschen haben. Dann wenden sie das erlernte Kunststück auch an, wenn man selbst dies gar nicht möchte, und schon trifft ein Huf die Kniescheibe oder landet mit Wucht auf dem eigenen Fuß.

Da die Pferde den Spanischen Schritt meist recht gern ausführen, ist darauf zu achten, nicht unabsichtlich mit der Gerte die Vorhand zu touchieren, weil man sonst ein ungewollt nach vorn ausschwingendes Bein riskiert.

Auch die korrekte Ausführung ist nicht so einfach, wie man sich das vorstellen mag. Das Pferd sollte gut aufgewärmt sein, da es eine relativ raumgreifende Bewegung mit dem Vorderbein ausführen muss. Es darf das Bein nicht abrupt hochreißen, sondern sollte es kontrolliert anheben und sanft wieder absetzen, nicht dabei stampfen. Sonst belastet diese Übung nämlich den Rücken und die das Bein anhebenden Strukturen und die Gelenke übermäßig.

Wenn man beabsichtigt, mit den Pferden auch anderweitig Bodenarbeit und klassische Handarbeit zu machen, dann sollte man diese Übung besser an das Ende der Ausbildung setzen, damit das Pferd nicht schon zu Beginn permanent den Spanischen Schritt anbietet, weil es diesen bereits kennt.

Der Spanische Schritt kann tatsächlich Selbstbewusstsein, Balance, Koordinationsfähigkeit und Schulterbeweglichkeit der Pferde fördern. Trotz dieser Vorteile haben nach der klassischen Lehre weder der Spanische Schritt noch der Spanische Trab eine Berechtigung in der Gymnastizierung des Reitpferdes, da sie Rücken und Hinterhand übermäßig und unphysiologisch belasten und zu den zirzensischen Übungen zu zählen sind.

Spanischer Schritt und Spanischer Trab sind nicht zu verwechseln mit dem Spanischen Tritt, mit diesem Ausdruck wurde früher auch die Passage bezeichnet.

109. Zum Verladen müssen Pferde sediert werden

Leider hat die moderne Medizin für die Pferde nicht nur Vorteile. Problematisch ist unter Umständen die Möglichkeit, Pferde für das Verladen zu sedieren, das heißt mit Medikamenten ruhig zu stellen und gefügig zu machen. Dies hat folgende Nachteile:

Die Pferde sind in ihrer Reaktionsfähigkeit, in ihren Bewegungsmöglichkeiten sowie ihrer Temperaturregulierung eingeschränkt. Sie können auskühlen und sich vor allem nicht mehr so gut und so schnell aktiv ausbalancieren. Dies gilt sowohl für Kurven als auch für das Bremsen. Auch ist die Wahrnehmung insgesamt beeinträchtigt. Dies alles zusammen wirkt auf Pferde bedrohlich, was ihre Freude am Hängerfahren sicherlich nicht erhöhen wird.

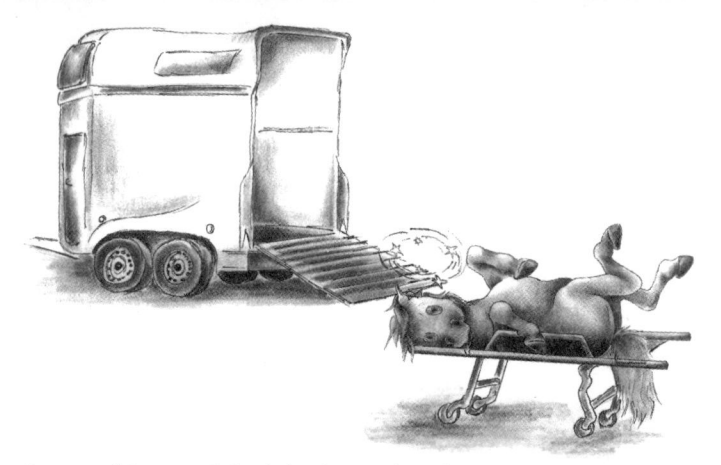

Hat ein unerfahrener Pferdebesitzer aber festgestellt, dass es ganz einfach ist, ein sediertes Pferd auf den Hänger zu führen, so wird er möglicherweise immer wieder darauf zurückgreifen, anstatt das Verladen zu üben. Denn so einfach ist das Üben mit einem Pferd, das sich weigert, in den Pferdeanhänger einzusteigen, eben leider nicht. Dazu braucht man Geduld, viel Zeit und vor allem jemanden mit Erfahrung und Pferdeverstand zur Unterstützung. Das erscheint einigen Pferdebesitzern wohl eher lästig. Aber Hänger- und Verladetraining ist notwendig, denn ein Pferd, welches sich von seinem Besitzer nicht verladen lässt, hat zumeist ein grundlegendes Vertrauensproblem mit seinem Menschen, was man oft schon beim einfachen Führen erkennen kann. Führtraining ist meist das Erste, das bei Verladeproblemen angegangen werden muss.

Es gibt nur einen Grund, ein Pferd für das Verladen zu sedieren: im absoluten Notfall, wenn es um das Leben des Pferdes geht, es umgehend in die Klinik gefahren werden muss, sich aber nicht verladen lassen will. Übt man das Hängerfahren und Verladen regelmäßig, wird es auch in solch einem Notfall nicht nötig sein, das Pferd zu sedieren.

Und noch ein wichtiger Tipp zum Hängerfahren: Fahrt langsam! Und zwar noch viel langsamer! Vor allem in die Kurven hinein und aus den Kurven heraus darf nicht gebremst oder beschleunigt werden, wenn der Hänger noch nicht wieder „geradegerichtet" ist! Jedes leichte Hufpoltern im Hänger bedeutet, dass man zu schnell war! Vorausschauendes Fahren und ein besonders großer Sicherheitsabstand zum Vordermann sollten beim Hängerfahren immer selbstverständlich sein. Und unterschätzt bitte weder die Geräuschkulisse noch die Temperaturen, die sich in einem Pferdeanhänger entwickeln! Ein heller Anhänger mit festen Wänden ohne Plane ist absolut vorteilhaft!

AN DER LANGEN LEINE

110. Longieren kann doch jeder!

Wenn ein Pferd Bewegung braucht und der Besitzer keinen Reiter findet, dem er es anvertrauen möchte, dann wird gern jemand gesucht, der das Pferd „einfach mal longiert". Denn Longieren gilt vielen einfacher als Reiten. Das ist ein Trugschluss! Es muss ebenso erlernt werden wie das Reiten und ist wegen der eingeschränkten Möglichkeiten der Einwirkung sogar eher schwieriger.

Longiert wird zu Beginn in der Pferdeausbildung, um das Pferd an Mensch, Umgebung und Ausrüstung zu gewöhnen und seine Muskulatur auf das Reiten vorzubereiten. Später dient das Longieren dazu, Abwechslung ins Training zu bringen, bei Erkrankungen von Reiter und Pferd oder bei fehlendem Sattel zum Beispiel. Auch viele Korrekturpferde arbeitet der erfahrene Ausbilder erst einmal an der Longe.

Dass die Arbeit an der Longe anspruchsvoll ist, zeigt sich schon an der benötigten Ausrüstung. Richtiges Longieren mit Halfter und Turnschuhen ist nicht möglich.

- Für das Pferd benötigt man: Kappzaum mit Trense; Ausbinder; lange, griffige, möglichst leichte Longe; Longiergurt, am besten und rückenschonendsten über dem Sattel verschnallt; je nach Pferd auch Beinschutz durch Gamaschen und Streichkappen; Sattel ohne oder mit Steigbügeln
- Für den Longeur: griffige Handschuhe; festes Schuhwerk; nicht hinderliche Kleidung; eine lange Longierpeitsche

Die Ausbildung des Pferdes an der Longe muss sehr sorgfältig aufgebaut werden:

Das junge Pferd wird zunächst nur mit einem Kappzaum versehen an den Longierzirkel gewöhnt, indem ein Helfer es im Kreis führt und der Longenführer in der Mitte steht, zunächst im Schritt auf beiden Händen. Wird dies gut akzeptiert, dann versucht man, das Pferd zwanglos im ruhigen Trab laufen zu lassen. Wenn nötig, hilft der mitlaufende Helfer durch vorsichtigen Gebrauch der Peitsche, und der Longenzirkel wird durch Stangen oder Cavaletti abgegrenzt.

Die Hand des Longenführers wird auf Maulhöhe getragen, etwas vor der Linie Pferdemaul/Longenführer. So kann er in einem günstigen Winkel einwirken, wenn das Pferd unruhig werden sollte, erschrickt oder wegspringen möchte. Man muss das junge Pferd beim Longieren gut beobachten und ggf. schnell reagieren, wenn es zum Beispiel Anstalten macht, auszubrechen.

So bald wie möglich sollte das Pferd auf einem möglichst großen Kreisbogen longiert werden und der Longeur sich in dessen Mitte stehend drehen, um dem Pferd ein ungestörtes Einhalten des Kreisbogens in leichter Anlehnung auch an die Hand des Longenführers zu ermöglichen.

Hat das junge Pferd gelernt, am Kappzaum zwanglos im Schritt und ruhigem Trab seine Runden an der Longe zu gehen, dann schnallt man zunächst ohne Ausbinder ein Gebiss in den Kappzaum („blind" eingeschnallt nach vorheriger Gewöhnung, das heißt: das Gebiss hat beim Longieren zunächst noch keine Funktion) und gewöhnt das Pferd an einen Longiergurt mit Schabracke oder Satteldecke, bald auch an das Auflegen des Sattels ohne Steigbügel. Über den Sattel schnallt man den Longiergurt, damit Widerrist und Wirbelsäule geschont werden. Die Longe wird weiterhin am Kappzaum eingehängt. Abkauübungen an der Hand gewöhnen das Pferd vorsichtig an die Wirkung des Gebisses. Nimmt es das Gebiss gut an, werden zunächst relativ lang verschnallte normale Ausbindezügel in die Trensenringe eingehängt, zunächst noch in gleicher Länge, da das junge Pferd erst lernen muss, in Innenstellung eine Wendung zu bewältigen. Mit der Zeit kann man dann behutsam auch mal den inneren Ausbindezügel um ein Loch verkürzen, um die Stellung im Genick zu fördern (Mähnenkamm kippt nach innen über), dies wird dann durch eine diagonale Hilfengebung über die Longierpeitsche unterstützt.

Trabt das Pferd an Longe und mit Ausbindern zwanglos, dann kann durch vorsichtiges Treiben ein Herandehnen an das Gebiss als erste Anlehnung erarbeitet werden.

An der langen Leine

Bietet das junge Pferd den Galopp an, so kann man ihn natürlich annehmen, aber ein längeres Longieren im Galopp sollte man vermeiden, um Gelenke und Sehnen auf dem relativ engen Kreisbogen nicht zu überlasten.

In der Folge wird das Pferd auch leicht innen gestellt gearbeitet und das innere Hinterbein zum deutlicheren Fußen Richtung Schwerpunkt veranlasst. Hierbei darf aber auf keinen Fall der Hals des Pferdes nach innen gezogen und an der Halsbasis abgeknickt werden. Dies ist eine erste geraderichtende und die Biegung fördernde Arbeit, das junge Pferd erlernt so schon ohne Reiter die diagonale Hilfengebung.

Beim weiter ausgebildeten Pferd werden Übergänge aller Art, Stangentraining mit vor dem Wegrollen gesicherten Stangen und Cavaletti-Arbeit hinzugenommen. Hierdurch fördert man die Ausbildung der Rückenmuskulatur und die Dehnungsbereitschaft des Pferdes nach vorwärts-abwärts.

Der sehr versierte Longeur kann später ergänzend die Arbeit an der Doppellonge einsetzen.

Zu beachten ist, die Longiereinheiten nicht zu lange auszudehnen. Zu Beginn reichen zehn Minuten, später sollten 20 bis 30 Minuten, beim ausgewachsenen Pferd 45 Minuten nicht überschritten werden. Viele Pausen, häufige Handund Tempowechsel, unterschiedliche Haltungen sowie angemessenes Lob sind selbstverständlich.

Auch beim Longieren ist die Skala der Ausbildung einzuhalten.

Zunächst sollte das Pferd seinen ruhigen, geregelten Takt finden, zwanglos entspannt seine Runden drehen, um dann über leichtes Vorwärtstreiben seine Losgelassenheit und Anlehnung zu finden. Möchte man über das Stadium der Zwanglosigkeit hinauskommen, muss die Reiterhand ersetzt werden, die dem Pferd den Rahmen bietet, eine Anlehnung zulässt und insbesondere die äußere Schulter begrenzt.

Dies ist Aufgabe der Ausbinder beim Longieren: das Ersetzen der Reiterhand und die Begrenzung der äußeren Schulter. Hierbei dürfen die Ausbinder das Pferd nicht in eine Form pressen und ihre Länge muss permanent korrigiert werden, damit das Pferd nicht zu eng gearbeitet wird und eine Möglichkeit hat, die Anlehnung auch zu finden und sich in erster erworbener Selbsthaltung kauend am Gebiss abzustoßen. Im Laufe der Ausbildung können nun auch für die Arbeitsphase die Ausbinder entsprechend verkürzt werden, um das Pferd von hinten nach vorn mehr zu schließen und es auch leicht versammeln zu können.

Korrektes und das Pferd förderndes und forderndes Longieren und hierbei die richtigen und passenden Dinge zu tun ist richtig anspruchsvoll!
Zum Weiterlesen sind die Richtlinien für Reiten und Fahren der FN, Band 6 zu empfehlen.

111. Junge Pferde müssen in flottem Tempo „ablongiert" werden!

Die jungen Pferde eng ausgebunden in hohem Tempo auf einer vergleichsweise engen Kreislinie zu longieren, ist für das Erreichen der Zwanglosigkeit und folgend der Losgelassenheit nicht förderlich, sondern belastet die noch nicht gefestigten Strukturen des Bewegungsapparates übermäßig, auch und vor allem durch das Auftreten von Scherkräften.

Ein Pferd mit ganz viel Power kann man natürlich auch vor dem Reiten ein wenig ablongieren – aber nicht im Sinne von „müde machen", sondern im Sinne von „Losgelassenheit erarbeiten" und erst einmal Zwanglosigkeit erreichen. Dies allenfalls sanft ausgebunden, damit das junge Pferd eine Anlehnung am Gebiss finden kann, wenn es beginnt, diese zu suchen, ohne aber in eine Form gezwängt zu sein!

Die jungen Pferde mit Pfeffer unterm Hintern, sie sind ein Traum! Man muss es nur schaffen, diese Energie, die Freude an der Bewegung und die Leistungsbereitschaft zu kanalisieren, diese Pferde trotzdem zur Losgelassenheit zu bringen und sie zunächst ein wenig herunterzufahren. Sie brauchen durchaus auch körperliche Auslastung und Bewegung, gern in Form von Geländearbeit und Klettern im Schritt bergauf und bergab in Maßen, zunächst an der Hand oder auch als Führpferd. Ein geregelter Tagesablauf ist sehr wichtig, viel Auslauf in der Herde auf der Koppel unerlässlich. Viele Übergänge an der Longe oder unter dem Sattel zwischen den Gangarten können ein Schlüssel zu Zwanglosigkeit und Losgelassenheit sein, auch die Arbeit in ruhigem Takt auf großen gebogenen Linien. Ein längeres Führen des Pferdes im Schritt kann ebenfalls hilfreich sein.

Der Ausbilder muss bei alldem eine unerschütterliche Ruhe ausstrahlen. Auch das Gewöhnen an eine beruhigende Stimmhilfe ist eine gute Unterstützung für das Pferd. Und später muss man wirklich über den Sitz reiten können und trotzdem immer wieder die leichte Hand anbieten.

Das fachgerechte Ablongieren kann vor dem Reiten nützlich und hilfreich sein. Das Pferd an der Longe herumrennen zu lassen ist nicht zielführend, viel sinnvoller, aber auch anspruchsvoller ist es eben, Losgelassenheit zu erarbeiten.

112. Doppellonge ist immer besser, als ausgebunden zu longieren

Früher war die Ausbildung des Pferdes an der Doppellonge nur dem sehr erfahrenen Ausbilder vorbehalten, und sie wurde im „Fahrerlager" als „Fahren vom Boden aus" genutzt. Sie ist in den letzten Jahren deutlich vermehrt wieder in Mode gekommen und gilt bei vielen als das „bessere" Longieren, da keine Ausbinder verwendet werden. Dies ist aber ein Trugschluss, beide Arten des Longierens können hervorragend genutzt und ebenso leider auch sehr missbraucht werden.

Welche Voraussetzungen sollten für die Doppellongen-Arbeit gegeben sein?
- Beim Longeur:
Er benötigt ein hervorragendes Auge für die Bewegungsabläufe und muss das Pferd und seine Reaktionen sehr gut einschätzen können. Zudem braucht er ein hohes Maß an Geschicklichkeit, um mit den beiden Leinen in seinen Händen und der Peitsche sicher umgehen zu können. Er sollte das normale, klassische Longieren mit Ausbindern und feiner, stetiger Führung der Longe aus dem Effeff beherrschen.
- Beim Pferd:
Bevor ein Pferd an die Doppellonge genommen werden kann, sollte es mit dem korrekten Longieren vertraut gemacht worden sein und sich an der Longe losgelassen zumindest in Schritt und Trab in guter Anlehnung an den Ausbindern bewegen. Am sinnvollsten ist es oft, wenn es die Hilfengebung zu den abgefragten Übungen an der Doppellonge schon vom Reiten her kennt.

Die Krux der Doppellongen-Arbeit: Sie verführt gelegentlich dazu, zu viel mit der Hand auf das Maul und die Haltung des Pferdes formend einwirken zu wollen, denn Kreuz und Schenkel stehen nicht zur Verfügung, nur Stimme,

Peitsche und Körpersprache sowie die beiden Longen. Wenn viel an und mit der Doppellonge gearbeitet wird, ist unter Umständen mit einem Abstumpfen auf die Gebisseinwirkung zu rechnen oder mit einem dauerhaften Entziehen hinter das Gebiss.

Allein durch die Länge und das Gewicht der Leinen ist die Einwirkung relativ stark und unpräzise im Vergleich zur guten Reiterhand. Und im Gegensatz zum Ausbindezügel ist eine Rückwärtseinwirkung möglich und das Stehenlassen der Hand und ein zeitnahes Nachgeben immer zumindest leicht verzögert.

Zudem besteht die Gefahr des Engwerdens im Genick. Pferde, die hierzu neigen, sind meist nicht so gut für diese Arbeit geeignet. Manche verschnallen aus diesem Grund die Doppellonge lieber in die Kappzaumringe, dabei ist aber zu beachten, dass nicht mit einer Anlehnung an das Gebiss gearbeitet werden kann.

Aus den genannten Gründen wurden früher nur Pferde an der Doppellonge gearbeitet, die unter dem Sattel weit ausgebildet waren, und das von Longeuren, die ebenso sehr gute und erfahrene Reiter waren und vor allem eine sehr ruhige und nicht zurückwirkende Hand auf dem Pferd vorweisen konnten.

Ergänzend noch ein wichtiger Sicherheitsaspekt: Die Arbeit mit der Doppellonge sollte nicht dort erfolgen, wo gleichzeitig geritten wird!

Der große Vorteil der Doppellongenarbeit: Man kann jederzeit nachgeben und das Pferd die Haltung verändern lassen und ist nicht auf ein permanentes Umschnallen der Ausbinder angewiesen. Einige lieben auch die bequeme Möglichkeit des Handwechsels ohne jegliches Umschnallen. Dies ist aber nur bei weit ausgebildeten Pferden machbar, denn für die jüngeren, lernenden Pferde verläuft die Doppellonge so, dass man bei einem Handwechsel umschnallen muss. Die innere Leine der Doppellonge wird beim lernenden Pferd zunächst vom Gurt durch den Gebissring (oder den Kappzaumring) in die Hand des Longenführers geführt und nicht umgekehrt vom Gebiss über den Gurt zur Hand. Es gibt auch verschiedene Rückführungsmöglichkeiten der äußeren Leine: entweder über den Rücken der Pferde (junges Pferd) oder um die Hinterhand der Pferde herum (längerer Weg, unruhiger, älteres Pferd), um das Pferd besser einrahmen zu können.

Man kann Pferde an der Doppellonge sogar springen lassen. Die Arbeit mit den beiden Leinen ist ein „Reiten vom Boden aus" und eine hervorragende Ergänzung zur übrigen Ausbildung des Pferdes, allerdings nur für den Könner. Die Fortführung ist dann später das Arbeiten des weit ausgebildeten Pferdes am langen Zügel, auch eine tolle Sache.

Buchempfehlung: Wilfried Gehrmann: *Doppellonge: eine klassische Ausbildungsmethode*

113. Ausbindezügel sind nicht gut für Pferde, Longierhilfen sind viel besser!

Immer wieder kommen Fragen zum Thema Hilfszügel und Ausbinder auf, und gern arten die Diskussionen darüber in Glaubenskriege aus.

Wie sieht es mit dem Thema in der klassischen Reitlehre aus? Dort werden und wurden einfache Ausbinder schon spätestens seit Steinbrecht vor allem zum Longieren und zur klassischen Handarbeit beschrieben und verwendet, und zwar aus gutem Grund: um die Reiterhand zu ersetzen. Der Ausbindezügel erlaubt den Übergang von der Zwanglosigkeit zur Losgelassenheit und Selbsthaltung, indem er den Pferden die Möglichkeit bietet, sich am Gebiss abzustoßen (zu kauen), so dass die Bewegung, die von hinten nach vorn durch den Pferdekörper fließen soll, nicht im Nirgendwo verpufft. Und ja, ein Ausbindezügel ist nur ein Behelf – aber kein schlechter. Denn Ausbinder wirken nicht rückwärts, sie ziehen nicht und pressen das Pferd nicht in eine Form. Sie begrenzen aber die äußere Schulter und die Stellung, sie stabilisieren die Halsbasis, halten das Pferd in der klassischen Handarbeit gerade und rahmen es ein. Welcher Reiter kann dies von seiner Hand durchgehend behaupten? Wer kann das an der Doppellonge garantieren?

Die Ausbinder müssen also so verschnallt werden, dass das Pferd den Kontakt finden kann, ohne eingeengt zu werden. Das Arbeiten mit Ausbindern gemäß der Lehre ist aufwendig, da sie je nach Anforderung immer wieder neu verschnallt werden müssen, genau wie die Anpassung des Zügelmaßes beim Reiten. Leider werden Ausbinder so gut wie nie korrekt verwendet und sind daher in Misskredit geraten. Sie dürfen auch nicht zu tief am Longiergurt eingehängt werden (sieht man immer wieder), sonst hängt ihr Eigengewicht deutlicher am Gebiss und die Ausbinder schlackern herum.

Der einzige vermeintliche Nachteil ist, dass Ausbinder nicht aktiv nachgeben und der Maulbewegung der Pferde folgen können. Die Pferde können sich aber durch das Nachgeben im Genick selbst belohnen, sie lernen so auch die Selbsthaltung. Das funktioniert aber nur, wenn die Ausbinder keine elastischen Bestandteile (Gummiringe) haben. Denn diese würden dann tatsächlich rückwärts wirken und Zug aufbauen. Durch die elastischen Rückstellkräfte kann das Pferd sich eben nicht selbst belohnen, denn der „Ausbinder" zieht immer noch nach hinten, wenn das Pferd im Genick schon nachgibt. Elastische Gummiausbinder sind demnach aus klassischer Sicht ein absolutes „No go"! Sie fördern die Unterhalsentwicklung und bringen die Pferde dazu, sich auf den Zügel zu legen oder sich hinter den Zügel zu entziehen, um der unangenehmen Einwirkung auszuweichen.

Genauso verhält es sich mit den unsäglichen Longierhilfen. Sie verlaufen über den empfindlichen Widerrist der Pferde und hinter den Ellenbogen zwischen den Beinen hindurch zum Gebiss oder zum Halfter und wirken damit durch die Ellenbogenbewegung dauerriegelnd auf das Maul oder das empfindliche Genick oder auf den Nasenrücken und den Widerrist ein. Immer schont man die Wirbelsäule und den Widerrist, wieso hier nicht?

Diese Dauerriegelvorrichtungen arbeiten die Pferde konsequent hinter den Zügel und hinter die Senkrechte und blockieren hierdurch den Rücken mehr, als ihn zu aktivieren.

Sinnvoll können unter Umständen Dreieckszügel sein, früher haben wir Schlaufausbinder gesagt. Mit ihnen kann das Pferd die Halsposition deutlicher variieren, sie werden daher gern in Schulbetrieben zur Sitzschulung verwendet. Ihre Wirkungsweise ist aber durch den zum Gurt verlaufenden Anteil deutlich mehr nach unten gerichtet, als es bei Ausbindern der Fall ist. Für Pferde, die Probleme haben, den Weg in die Tiefe zu finden, können Dreieckszügel kurzfristig hilfreich sein.

Eine Alternative, um in Ausnahmefällen eine Begrenzung nach oben zu bieten, ist das mit dem Chambon verwandte Gogue, beide verhindern ein zu hohes Anheben des Kopfes der Pferde und lassen bei geöffnetem Genickwinkel Stellung und Biegung zur Seite zu, sollten aber auf Dauer mit der Hand des Reiters (oder an der Longe mit Ausbindern) kombiniert werden, da sie keine Anlehnung ermöglichen und die Schultern nicht einrahmen. Der Weg nach vorn, nach unten und zur Seite ist nicht eingeschränkt, beide sind aber für genickempfindliche Pferde nicht geeignet. Die Pferde sollten Gelegenheit haben, sich zunächst geführt an die Wirkungsweise zu gewöhnen. Das Gogue sollte nur mit einem sichernden Riemen um den Hals verwendet werden, der die Schnürungen so zusammenfasst, dass ein Pferd nicht hineintreten kann.

Zur Sitzschulung können je nach Reiter und Pferd ein sanftes Ausbinden oder ein Gogue durchaus sinnvoll sein, um den Reiter von der Anforderung zu befreien, sein Pferd in Beizäumung „am Zügel" zu reiten. Der lernende

Reiter kann sich so ganz auf seinen Sitz und das Fühlen sowie das Reiten von hinten nach vorn konzentrieren. Die Ausbinder geben dem Schulpferd dann nur den Rahmen vor und verhindern einen dauerhaften „Giraffenmodus", der ihm schaden würde.

Sicher kann man Pferde und Reiter auch komplett ohne Ausbinder ausbilden. Es kommt immer auf den Einzelfall, die Ansprüche und das Talent an. Beides, sowohl das Ausbilden mit als auch ohne Ausbinder, kann schädlich sein! Beides sollte man können und gelernt haben!

Wozu wir die Ausbindezügel und Hilfszügel brauchen:
- als Ersatz für die Reiterhand
- für die Erarbeitung der Losgelassenheit und der Selbsthaltung
- für die Schulterkontrolle
- für die diagonale Hilfengebung und Geraderichtung
- für die Stabilisierung der Halsbasis
- für Sitzübungen und den Anfängerunterricht

AUSRÜSTUNG: BRAUCHT MAN DAS ALLES?

114. Zur sanften Pferdeausbildung ist ein „Knoti" besonders geeignet

Ein Knotenhalfter wirkt direkt auf die ungeschützten und ungepolsterten Knochen und Nervenpunkte des Gesichts sowie auf das Genick des Pferdes. Es ist ein sehr scharfes Ausbildungsinstrument, fast zu vergleichen mit einer Kandare! Gern wird es als Ausbildungsgegenstand für junge oder schwer händelbare Pferde angepriesen, doch gerade bei diesen kann das Knotenhalfter Schäden verursachen oder ihnen zumindest Schmerzen zufügen.

Es ist wenig sinnvoll, ansonsten immer alles möglichst pferdefreundlich abzupolstern und dann im Gegenzug ein Knotenhalfter, gern verniedlichend „Knoti" genannt, zu verwenden. Mit einem Knotenhalfter sollte man, wenn überhaupt, sehr vorsichtig umgehen und es allenfalls impulsartig einsetzen – oder gar nicht, eine Verwendung ist in der klassischen Deutschen Reitlehre zumindest nicht vorgesehen.

Auf gar keinen Fall dürfen Pferde mit einem Knotenhalfter angebunden oder longiert werden, die Verletzungsgefahr ist hierbei viel zu hoch.

115. Sperrriemen und Reithalfter sind grundsätzlich abzulehnen

Immer wieder kommt die Frage auf, welches Reithalfter man beim jungen oder auch weiter ausgebildeten Pferd verwenden sollte.

Wozu braucht man überhaupt ein Reithalfter? Es verhindert ein zu starkes Aufsperren des Maules oder zu starkes Verschieben der Kiefer gegeneinander und ein übermäßiges Herumspielen des jungen Pferdes mit dem Gebiss. Außerdem liegt das Gebiss bei Verwendung eines hannoverschen Reithalfters oder des Sperrriemens eines kombinierten Reithalfters ruhiger im Maul, was viele Pferde als angenehmer empfinden. Angeblich entlastet das Reithalfter auch die Kaumuskulatur und den Unterkiefer, wenn aus Sicherheitsgründen eine deutlichere Handeinwirkung erforderlich wird, was immer mal passieren kann, aber eine untergeordnete Rolle spielen sollte.

Aus Ausbildungssicht ist es besonders wichtig, dass die jungen Pferde lernen, nicht durch das Öffnen des Maules nachzugeben und sich dadurch der Gebisseinwirkung zu entziehen, sondern im Genick nachzugeben und sich sanft am Unterkiefer führen zu lassen, am fühlenden Ringfinger der Reiterhand, und das sanft mit geschlossenem Maul kauend!

Kommen wir zur Wahl des Reithalfters. Nach wie vor ist das hannoversche Reithalfter bei vielen Pferden eine gute Wahl: wenig Leder am Kopf, das Gebiss wird in seiner Lage stabilisiert und ein Herumspielen mit dem Gebiss ist eingeschränkt. Bei Pferden mit kurzer Maulspalte kann es jedoch nicht verwendet werden, da der Nasenriemen zu tief auf dem Nasenknorpel liegen würde.

Vielfach wird behauptet, das kombinierte englische Reithalfter mit Sperrriemen sei beim Militär zum Einsatz gekommen, dies ist zumindest für die deutsche Kavallerie nicht richtig. Möglicherweise verwendete die irische oder die englische Kavallerie diese Reithalfter. Angeblich sei der Sperrriemen ursprünglich nicht unter dem Kinn der Pferde, sondern durch die Gebissringe wieder zurück über das Nasenbein geführt worden, um den Zug auf das Maul zu verringern. Beweise für diese These konnten wir nicht finden. Eine solche Verschnallung ist einigen Pferden unangenehm, insbesondere wenn sie einen empfindlichen Nasenrücken haben, der bei dieser Art der Verschnallung nicht abgepolstert ist, so dass die Einwirkung scharf ist.

Verwendet man ein englisches oder ein kombiniertes Reithalfter, kommt es weniger darauf an, ob mit oder ohne Sperrriemen, sondern darauf, dass korrekt verschnallt wird. Das bedeutet, das Pferd muss kauen und schlucken können und darf in der Atmung nicht behindert werden. Dies ist eigentlich immer durch die Faustregel gewährleistet, dass zwei Finger eines Erwachsenen gut nebeneinander auf dem Nasenrücken unter dem Reithalfter Platz haben müssen, dies entspricht etwa zwei Zentimetern Platz unter dem Nasenriemen.

Legt man die Finger übereinander, kann man das Reithalfter meist auch komplett weglassen, da es so kaum noch eine Wirkung hat.

Der Nasenriemen beim englischen oder kombinierten Reithalfter sollte ein bis zwei Zentimeter unter der Spitze der Jochbeinleiste liegen, um einen weiter oben liegenden Nervenaustrittspunkt möglichst nicht zu irritieren.

Der Nasenriemen des hannoverschen Reithalfters sollte etwa vier Finger breit oberhalb der Nüstern liegen, damit der Nasenknorpel nicht geschädigt wird.

Ein mexikanisches Reithalfter passt den wenigsten Pferden, es verläuft fast immer über der Jochbeinleiste und übt punktuellen unangenehmen Druck auf das Nasenbein, das Jochbein und die Unterkieferknochenrückseite aus, wird aber tatsächlich trotzdem von manchen Pferden gern angenommen.

Auch ein Kappzaum darf nicht so eng verschnallt sein, dass ein Pferd nicht mehr kauen und schlucken kann.

Bei manchen Pferden kann man auch von Anfang an auf ein Reithalfter ganz verzichten, das gilt für die Pferde, die die Trense gern annehmen und nicht dazu neigen, mit ihr im Maul herumzuspielen, und die sich nicht durch sofortiges Sperren jeglicher Einwirkung entziehen, das gibt es nämlich auch. Für diese Pferde hat sich dann die sogenannte Schenkeltrense bewährt, sie liegt ebenfalls ruhig im Maul. Es bleibt dem sehr erfahrenen Ausbilder vorbehalten, dies zu beurteilen, und man muss ganz genau beobachten, wie das Pferd auf die Trenseneinwirkung reagiert. Entscheidend sind immer das Wohlbefinden und die Anatomie des Pferdes, aber auch das Verhindern von Unarten.

Die Wahl von Gebiss und Reithalfter trifft mit Hilfe des erfahrenen Ausbilders immer das Pferd! Dafür, dass es sich dann dauerhaft damit wohlfühlt, ist die gefühlvoll eingesetzte Reiterhand verantwortlich. Sie muss gerade beim jungen Pferd sitzunabhängig sein, fühlend, führend und filternd, immer zum Nachgeben bereit (Egon von Neindorff)! Wenn dann das Zubehör anatomisch passt und das Pferd fachmännisch daran gewöhnt wird, gibt es mit einer „guten Hand" fast nie Probleme.

116. Gebisslose Zäumungen sind viel tierfreundlicher

Mittlerweile haben viele Pferdefreunde Angst davor, ihr Pferd mit einem Gebiss im Maul zu reiten, denn sie befürchten, ihm Schmerz zuzufügen. Diese Angst ist nicht ganz unberechtigt, wenn der Reiter noch nicht gelernt hat zu sitzen, ohne sich festzuhalten, und das in jeder Situation. Nur ein geübter Reiter balanciert nicht wie ein Seiltänzer mit den Armen, sondern mit der Rumpfmuskulatur, um eben nie in Versuchung zu kommen, sich am Zügel und damit im Pferdemaul festzuhalten.

Wie wirkt nun ein Gebiss im Pferdemaul? Idealerweise stellt das Pferd die Verbindung zur gefühlvollen Reiterhand als Folge guten Reitens selbst her, es sucht die Anlehnung und kommuniziert über das Gebiss mit dem Reiter. Voraussetzung ist die gefühlvolle, sanft geschlossene Reiterhand. Das Gebiss liegt hierbei auf den Laden des Unterkiefers und den Weichteilen der seitlichen Lippen und der Zunge, durch die die Gebisswirkung gepolstert wird. Auch kann das Pferd durch Öffnen des Maules oder Nachgeben im Genick einem Zuviel an Druck schnell und effektiv ausweichen, wenn kein eng geschnallter Nasenriemen es daran hindert. Eigentlich also eine recht praktische Sache.

Was nicht vergessen werden darf, ist die Gewöhnung des jungen Pferdes an das Gebiss: Eine junge Remonte lernt es kennen, lange bevor es mit Zügel, Ausbinder und Reiterhand zusammenwirkt. Erfahrene Ausbilder schmieren das Gebiss mit Honig ein und schnallen das Gebiss gelegentlich zur Fütterung und zum Tränken ein (daher auch der Name Wassertrense, sie verhindert auch ein zu rasches Trinken, wenn die Pferde erhitzt sind) aus dem einfachen Grund, dass es von Anfang an als „lecker" und wohltuend empfunden werden soll. Das Pferd wird an der Wassertrense mit Gefühl geführt und dabei mit Stimmhilfenunterstützung durchpariert, so lernt es auch die verhaltende Wirkung des Trensengebisses kennen. Und nein, Pferde lernen dadurch keine Dinge wie Zunge über das Gebiss ziehen, lecken, verkanten oder andere Unarten. Das geschieht durch die Reiterhand, die es nicht beherrscht, sanft und fein mit dem Pferd über das Gebiss zu kommunizieren.

Wie wirken gebisslose Zäumungen? Meist auf den von Haus aus ungepolsterten Nasenrücken des Pferdes, direkt auf die Knochenhaut ohne eine Zunge als Polster. Mal mit und mal ohne Hebelwirkung, gelegentlich sich auf Zug auch noch verengend und das Kinn des Pferdes einspannend. Bei zu viel Druck durch Öffnen des Maules schnell nachgeben kann das Pferd nicht.

Was bei der gebisslosen Zäumung fehlt, ist die wichtige Information, die dem Reiter die Qualität der Anlehnung des Pferdes am Gebiss liefert! Denn gebisslose Zäumungen erlauben keine Anlehnung. Das sanfte Führen am Unterkiefer und das Fühlen der Reaktionen des Pferdes am Ringfinger des Reiters fehlen.

Die gebisslosen Zäumungen sind allerdings eine gute Alternative, wenn aus medizinischen Gründen kein Gebiss ins Pferdemaul eingebracht werden kann oder darf, und auch gelegentlich zur Überprüfung des Gerittenseins, inwieweit das Pferd ohne Gebisswirkung über den Sitz geritten werden kann.

Man kann sowohl Zäumungen mit als auch ohne Gebiss verwenden, wenn man selbst den Umgang damit gelernt hat und das Pferd die Hilfen gut und sicher annimmt. Beide Varianten können sowohl pferdefreundlich als leider auch tierquälerisch eingesetzt werden.
Letztlich ist für das pferdegerechte und sichere Reiten die gute Ausbildung des Reiters entscheidend und nicht die Wahl der Zäumung! Auch und gerade mit Gebiss kann man sicher unterwegs sein und sehr sanft und pferdefreundlich einwirken.

117. Doppelt gebrochene Gebisse sind für junge Pferde besonders geeignet: der Nussknackereffekt

Widmen wir uns jetzt der Frage nach der Wahl des Gebisses.
Früher, bis vor etwa 40 oder 50 Jahren, verwendete man fast immer eine einfach gebrochene Wassertrense und ein hannoversches Reithalfter. Heutzutage kommen eher kombinierte englische Reithalfter und auch zweifach gebrochene Trensengebisse zum Einsatz und eine Vielzahl von Gebissvariationen.

Eine Zeit lang kursierte das Gerücht vom „Nussknackereffekt" einfach gebrochener Wassertrensengebisse, diese These wurde aber widerlegt.[25] Ein einfach gebrochenes Gebiss bietet dem Pferd vielmehr Zungenfreiheit und wirkt eher auf die weniger empfindlichen Laden, ein mehrfach gebrochenes wirkt schärfer auf die sehr empfindliche Zunge, ähnlich einer Kette. Führt man beim jungen Pferd schon mal seitwärtsweisend, besteht beim mehrfach gebrochenen Gebiss die Gefahr, dass eines der Gelenke auf den Laden zu liegen kommt.

Wichtig ist, dass das Gebiss an die Anatomie des Pferdemauls angepasst wird. Es darf nicht zu breit, nicht zu schmal und nicht zu dick oder zu dünn sein. Es gilt der Grundsatz „so dick wie möglich, aber so dünn wie nötig". Praktisch sind Schenkeltrensen oder Gebisse mit D-Ringen oder Gummischeiben, die ein seitliches Verschieben des Gebisses einschränken.

Neuester Trend in der „alternativen" Szene ist es, frühzeitig ein Stangengebiss zu favorisieren. Es liege wesentlich ruhiger im Maul als ein gebrochenes Gebiss und sei daher vielen Pferden auch angenehmer. Das stimmt durchaus, aber gilt erst beim weiter ausgebildeten Pferd und Reiter, die nicht mehr auf einseitige Zügelhilfen angewiesen sind. Gerade für die zu Beginn der Ausbildung noch erforderliche einseitige Einwirkung eignet sich ein gebrochenes Gebiss wesentlich besser. Reif für ein Stangengebiss ist ein Pferd erst, wenn die beidseitig gleiche Anlehnung bei beginnender Selbsthaltung gesichert ist. Bei einseitiger Einwirkung mit einer Stange kippt aufgrund des Widerlagers der Zunge die Gegenseite der Stange unangenehm nach oben. Dies ist auch bei Stangengebissen ohne Hebelanzüge der Fall.

Bei Schwierigkeiten mit dem Annehmen des Gebisses sollten gesundheitliche Faktoren berücksichtigt werden, wie Zahn- und Rückenprobleme, Wolfszähne oder Satteldruck sowie Probleme mit der Hufbearbeitung. Meist handelt es sich aber um Probleme mit der Reiterhand.

118. Bei Pferden mit Maulproblemen muss man das Gebiss wechseln, bis man das richtige gefunden hat

Hier stellt sich wie immer die Frage nach der Ursache! Warum streckt das Pferd die Zunge heraus oder zieht sie über das Gebiss, warum kaut das Pferd nicht oder sehr hektisch? Warum bietet es die Anlehnung nicht an oder nur einseitig? In den allermeisten Fällen liegt dies am Reiter und seiner ungeschickten Einwirkung. Da hilft es auch nichts, alle Gebisse und Zäumungen dieser Welt auszuprobieren, das Geld wäre wesentlich besser in guten Reitunterricht investiert.

Nur selten finden sich wirklich andere Gründe: ein Gebiss, das für das Pferd zu dick, zu breit, zu dünn oder zu hoch oder zu tief verschnallt ist, oder ein unpassendes Zaumzeug. Sowohl ein zu eng verschnalltes Reithalfter als auch ein fehlendes können Schwierigkeiten hervorrufen. Um anatomische Ursachen auszuschließen, hilft ein Blick auf den Kopf und ins Maul, am besten zusammen mit dem Pferdezahnarzt. Auch allergische Reaktionen auf Geschmack abgebende Legierungen sind nicht selten. Probleme mit dem Zungenbein, der Hals- oder Rückenwirbelsäule können ein Unwohlsein des Pferdes auslösen. Die Überprüfung von Sattel und Hufen sollte selbstverständlich sein, sogar Magen- oder Verdauungsprobleme können eine Rolle spielen. Vor allem Rückenprobleme beim Pferd äußern sich durch Maul- und Anlehnungsprobleme, diffuse, schwer lokalisierbare Lahmheiten und Triebigkeit oder das Gegenteil, Sattel- und/oder Gurtzwang oder Widersetzlichkeiten.

Hat ein Pferd dauerhaft ein Maulproblem, dann muss man tatsächlich ausprobieren, mit welchem Gebiss es am zufriedensten ist. Aber leider sitzt das Problem fast immer im Sattel.

119. Bei schwungvollen Pferden braucht man einen Sattel mit viel Pausche, am besten einen Tiefsitzer

Diese Meinung wird oft vertreten, und man sieht wirklich viele solcher Sättel. In den meisten Fällen würde aber richtiges Sitzen reichen und ist auf Dauer sogar viel effektiver.

Zunächst einmal stellt sich die Frage: Was ist überhaupt ein „schwungvolles" Pferd? Damit ist oft ein Pferd mit einem überragenden Gangwerk gemeint. Dies ist aber eben nicht mit errittenem Schwung zu verwechseln, der sich eigentlich fast immer gut sitzen lässt. Es handelt sich stattdessen um Bewegen in einem großen Rahmen, mit weit angehobenen, raumgreifenden Schritten, Tritten oder Sprüngen, aber zu Beginn der Ausbildung leider oft auch mit einem festgehaltenen Rücken und einem hoch eingestellten Hals und Genick. Diese Einstellung entspricht nicht einer relativen Aufrichtung, die im Laufe der Ausbildung erarbeitet wurde, sondern entsteht durch ein Festhalten und Wegdrücken des Rückens (Schenkelgänger). Und das kann tatsächlich so gut wie kein Reiter sitzen.

Und ja, ganggewaltige Pferde sind anstrengender zu sitzen als solche mit eher flachen Bewegungen, auch dann, wenn sie sich im Rücken öffnen, hergeben und loslassen. Hierbei helfen scheinbar die sogenannten „Sitzprothesen", zusammen mit einem „Liegeschiebesitz", der die Bewegungen erträglicher werden lässt. Für den Reitersitz bedeutet dies aber oft den Verlust der Losgelassenheit, da ein fixierter Oberschenkel und ein eingeklemmtes Becken diese sehr schnell verhindern kann.

Was wäre also zu tun, statt sich eine Sitzprothese zu kaufen? Bildet auch die ganggewaltigen jungen Pferde korrekt aus und lernt vorher zu sitzen! Auch und gerade diese Pferde müssen erst lernen, sich zwanglos und dann losgelassen mit einer tiefen (aber nicht engen!) Kopf-Hals-Haltung zu bewegen, den Rücken herzugeben. Dann kann ein gut sitzgeschulter Reiter sie auch (fast alle) ohne riesige Pauschen sitzen und wie bei jedem Pferd vorsichtig die Verstärkungen über die Losgelassenheit und Anlehnung erarbeiten. Wenn man nie sitzen gelernt hat, dann sollte man unter Umständen auf den Kauf eines solchen bewegungsstarken Pferdes (noch) verzichten. Einen Autofahranfänger setzt man ja auch am besten nicht gleich in einen Sportwagen mit 300 PS.

120. Wenn die Zügel immer durch die Hände rutschen, kann man gummierte Zügel nehmen

Das kann man machen, aber das löst meist nicht das Problem, das dahintersteht.

Entweder reitet der Reiter mit zu viel Anlehnung, zieht zu viel, das Pferd legt sich auf die Hand oder es wird mit offenen Händen geritten, der Reiter trägt diese nicht aufrecht und hält den Zügel nicht mit dem Daumendach. Das sind die Hauptgründe für durchrutschende Zügel.

Also bitte die Hände schließen, ohne sie zur Faust zu ballen, aufrecht tragen und obendrauf das Daumendach, mit dem der Reiter den Zügel hält. Dann rutscht er auch nicht, und die gummierten Zügel kann man sich sparen. Sie haben nämlich auch den Nachteil, dass man sie schlecht aus der Hand gleiten lassen kann.

Übung hierzu: Ihr nehmt eine Schnur oder dünne glatte Leine und eine Hilfsperson. Die Leine sollte ca. drei Meter lang sein und wird zusammengeknotet zu einem „Ring". Die Hilfsperson spielt das Pferd und nimmt das eine Ende und Ihr nehmt das andere wie Zügel auf. Tragt die Hände hierbei aufrecht und geschlossen, die Ellenbogen gebeugt und sanft am Körper anliegend, Schultern senken und locker bleiben in den Schultern und im Ellenbogen. Der Daumen liegt dachförmig oben und hält die Leine. Und dann lasst Ihr Euch führen. Folgt ganz sanft Eurem Partner oder Eurer Partnerin. Erst einmal im Stehen und im Sitzen, indem der andere die Hände vor und zurück bewegt, rauf und runter oder zur Seite, dann auch im Gehen und im Wechsel der Geschwindigkeiten. Die Leine darf nicht schlackern und nicht durchhängen, darf aber auch nicht einschneiden. So wenig Kontakt wie möglich, so viel wie nötig, auch mal kurzzeitig mit etwas mehr Zug, damit Ihr die Hände auch wirklich schließt. Als Steigerung übt dann mit geschlossenen Augen. Wechselt auch mal mit dem Partner, dazu muss er/sie kein Reiter sein. Eine sehr spannende und sehr wichtige Übung! Je öfter ihr das macht, desto geschickter werdet Ihr mit Euren Händen, und die Pferde werden es Euch danken.

121. Beim Reiten „nach FN" werden die Pferde mit Schlaufzügeln gearbeitet und so zu Korrekturpferden

Dies ist eine Behauptung, die sinngemäß tatsächlich unwidersprochen in einer Facebook-Gruppe aufgestellt wurde, die sich mit dem Thema „Reitkunst" beschäftigt.

Nein, „nach FN" ist der Schlaufzügel kein Ausbildungswerkzeug, sondern kommt wenn überhaupt im absoluten Ausnahmefall, zum Beispiel bei gefährlichen Korrekturpferden zum Einsatz, und das nur in der Hand des Experten, der dieses Hilfsmittel zumeist gar nicht benötigt. Er wird hierzu auch nicht zwischen den Vorderbeinen, sondern seitlich zum Sattelgurt geführt. Zum Erarbeiten von Losgelassenheit und reeller Anlehnung, wie sie von der FN gewünscht ist und in den Richtlinien beschrieben wird, sind Schlaufzügel weder geeignet noch einzusetzen.

Namhafte FN-Ausbilder wie Ingrid Klimke distanzieren sich vehement vom Reiten mit Schlaufzügeln, denn wenn die Pferde nach der Lehre korrekt ausgebildet werden, dann braucht man sie nicht. Schlaufzügel trainieren eher die Unterhalsmuskulatur der Pferde, als dass die Bemuskelung der Oberlinie und die korrekte Rückentätigkeit gefördert wird.

Schon der Urvater der Deutschen Reitlehre Gustav Steinbrecht kritisiert das Ausbilden unter dem Reiter mit Hilfszügeln ausdrücklich (nicht das Longieren mit Ausbindern)!

Waldemar Seunig formuliert drastisch, welche Risiken sich mit dem Schlaufzügel verbinden:

„Er kann auch vom Sattel aus seinen Zweck erfüllen, wenn er wie der Weyrothersche (dieser v. Newcastle erdacht und von M. v. Weyr. an d. Spanischen eingeführt) mithilft, d. Pf. in dem Rahmen zu erhalten, den es infolge reiterlich richtiger Einwirkung bereits eingenommen hat. Sonst [ist er] Eselsbrücke oder Rasiermesser in der Hand eines Affen."[26]

Wilhelm Müseler beschreibt in seiner Reitlehre, wie auch Richard Wätjen in seinem Buch *Dressurreiten*, zwar kurz die mögliche Anwendung von Schlaufzügeln, beide weisen aber ebenfalls auf die großen Gefahren bei falschem Einsatz hin. Udo Bürger lehnt die Verwendung von Schlaufzügeln grundsätzlich ab.

Wenn nun Schlaufzügel von Reitern überhaupt und dann auch noch unsachgemäß verwendet werden, hat das mit dem „Reiten nach FN" nichts, aber auch gar nichts zu tun!

ENDLICH: MEIN EIGENES PFERD!

122. Jeder Reiter sollte bald ein eigenes Pferd besitzen, das kostet auch nicht viel

Wer sich ein Auto zulegt, beachtet meist folgende Dinge:
- Kann ich mir das Modell leisten?
- Passt die Marke zu mir?
- Ist das Auto technisch in einem guten Zustand?
- Was kosten Versicherung und KFZ-Steuer?
- Werde ich die Reparaturen bezahlen können?
- Wo ist ein guter KFZ-Mechaniker zu finden, der gut und mit Originalteilen arbeitet, Garantie gibt und zuverlässig ist?
- Wo gibt es einen sicheren Stellplatz oder eine Garage?

Kauft sich jemand ein Pferd, heißt es oft: „Oh, ich habe mich verliebt!"
Es fehlt:
- ein Stall, der dem Pferd eine gute Haltungsform bietet
- ein versierter Sattler und/oder das Geld für einen passenden Sattel
- ein guter Hufschmied oder Hufbearbeiter mit Zeit für einen Neukunden
- ein mit Pferden erfahrener Tierarzt
- ein Reitlehrer/Ausbilder vor Ort

Und der stolze Pferdebesitzer ist oft leider noch dazu weit davon entfernt, einen „Führerschein" zum Erwerb und zur Haltung eines Pferdes zu besitzen. Einem Auto ist es ja relativ egal, wie es ihm geht, aber ein Pferd leidet unter solchen Besitzern, die nicht dafür sorgen, dass die grundlegenden fünf Punkte erfüllt sind!

Ein eigenes Pferd hat für die eigene reiterliche Ausbildung auch Nachteile. Man reitet häufig nur noch dieses eine Pferd, was einen reiterlich nicht so gut weiterbringt wie das Reiten vieler verschiedener Pferde! Wenn man beides kombinieren kann, umso besser!

Checkliste Pferdekauf
- Wozu möchte ich das Pferd „nutzen"?
- Möchte ich lediglich sicher durchs Gelände bummeln? Soll es ein Pferd für die ganze Familie sein oder suche ich einen Partner für den Sport?
- Möchte ich züchten?
- Möchte ich ein Pferd „retten"?
- Möchte ich es selbst ausbilden?
- Habe ich einen guten Ausbilder für mich und mein Pferd vor Ort?
- Was muss ich bei der Auswahl des Stalles beachten?
- Brauche ich Reitplatz und Halle?
- Wie ist das Pferd versorgt, wenn ich krank werden sollte oder im Urlaub bin?
- Wie passt ein Pferd in meine Lebensplanung der nächsten 20 Jahre?
- Bin ich wirklich bereit und auch willens und in der Lage, viel Zeit und viel Geld für mein Hobby und mein Pferd zu investieren?
- Trägt mein Partner die Entscheidung mit?
- Wie alt soll das Pferd sein?
- Wie weit ausgebildet?
- Mit welchen Gebäudemängeln könnte ich leben?
- Wird eine bestimmte Rasse oder Farbe oder ein bestimmtes Geschlecht bevorzugt?
- Brauche ich einen „Gewichtsträger"?
- Ist das Pferd, das ich mir ausgesucht habe, gesund?

Die wenigsten machen sich diese Gedanken vor einem Pferdekauf.

Ein Pferd zu kaufen ist relativ einfach. Es werden überall Pferde angeboten. Die Preise sind im Keller. Schon für wenige Tausend Euro wird man stolzer Besitzer. Das Teure an der Pferdehaltung ist zumeist nicht die Anschaffung, sondern die monatlichen Kosten. Die liegen je nach Bedürfnissen, Versorgung, Alter, Gesundheitszustand, Bundesland, Region und möglichem Eigeneinsatz im Stall zwischen 200 und 1000 Euro, selten unter 300 Euro, realistisch eher deutlich darüber.

300 mal zwölf sind 3.600 Euro pro Jahr, mal 20 sind 72.000 Euro in einem Pferdeleben minimal. Und das nur, wenn alles gut geht, keine schweren Krankheiten oder Operationen den „Preis" anheben. Der Kaufpreis des Pferdes, des Zubehörs, eines Anhängers, Kosten für Schmied, Reitunterricht usw. sind noch nicht mit eingerechnet!

Guter Reitunterricht ist besonders wichtig und kostet ebenfalls etwa 30 bis 60 Euro pro Einheit, das sind bei einmal wöchentlichem Unterricht für 30 Euro in 52 Wochen 1560 Euro, mal 20 kommen demnach noch etwa 31.000 Euro für Unterricht und Lehrgänge zu den übrigen Kosten hinzu.

Eine andere Frage, die die laufenden Kosten erheblich beeinflusst: Ist das Pferd gesund? Eine umfassende Ankaufuntersuchung ist bei jedem Pferdekauf unbedingt zu empfehlen! Man kann auch ein Pferd mit gesundheitlichen Einschränkungen kaufen, aber man sollte wissen, was diese für Konsequenzen haben. Das perfekte Pferd gibt es nicht, doch man sollte einschätzen können, welche Schwächen durch andere Stärken (auch des Reiters) ausgeglichen werden könnten.

Ein Pferd ist ein absoluter Luxus. Nicht jeder kann es sich leisten. Es fährt auch nicht jeder einen teuren Sportwagen. Pferde sind abhängig von dem, was man sich leisten kann, in allen Belangen. Das tut oft sehr weh. Man kann sich unter Umständen keinen Urlaub leisten, keine tollen Klamotten, nicht zweimal die Woche ausgehen.

Es empfiehlt sich, vor der endgültigen Entscheidung eine Nacht zu schlafen und beim Kauf jemanden mitzunehmen, der unbeteiligt ist und sich mit Pferden auskennt, nicht nur den „Sponsor". Mehrfaches Probereiten sollte immer möglich sein. Gut wäre, mit Vorbesitzern sprechen zu können und die Aufzuchtbedingungen zu kennen.

Oft stellt sich auch die Frage nach dem Geschlecht des neuen Pferdes. Üblicherweise eignen sich Wallache als Erstbesitzerpferde eher als ranghohe, intelligente Stuten oder Hengste. Der Kauf eines Hengstes muss besonders gut überlegt sein. Habe ich Erfahrung im Umgang mit Hengsten? Kann ich eine gute Hengsthaltung gewährleisten?

Beim Kauf eines Sport- oder Zuchtpferdes kommen dann wieder andere Überlegungen ins Spiel. Wie ist die Abstammung? Wie das Bewegungs- oder Springpotential, stimmt das Interieur?

Ein weiterer wichtiger Punkt: Passt das Pferd zu mir und meinen Ansprüchen? Eine reiterlich eher schwache 160-cm-Reiterin wird auf einem ganggewaltigen Warmblut mit 1,80 Meter Stockmaß verloren sein, und der 1,80-Mann mit über 90 kg Gewicht macht kein Pony dieser Welt glücklich! Auch braucht man kein Grand-Prix-Pferd, wenn man überwiegend ausreiten will, und keinen Hengst, wenn man das Pferd in einer gemischten Herde halten möchte. Unfair ist es gelegentlich auch, wenn aus Vertretern von Robustpferderassen Dressurpferde gemacht werden sollen. Ausnahmen bestätigen die Regel! Dennoch hat jede Pferderasse einen bestimmten ursprünglichen Verwendungszweck, dem sollte man auch Rechnung tragen. Ein alter Reitlehrerspruch besagt: „Verlange nie Unkluges vom Pferd!"

Viel wichtiger als die Farbe und Rasse sind das Exterieur und das Interieur der Pferde, stehen sie auf einem soliden Fundament ohne Stellungsfehler? Haben sie ein ausgeglichenes Temperament, das mir entspricht?

All diese Punkte sind wichtig, und wenn nur ein Bruchteil beachtet würde, gäbe es weniger Leid bei Pferden und ihren Besitzern, denn die meisten Pferde werden „aus Liebe" gekauft. Zumindest aus „Verliebtheit" des Käufers, die selten auf Gegenseitigkeit beruht. Ob aus Verliebtheit Liebe wird, das zeigt immer erst die Zeit, und da kommen wieder die Faktoren hinzu, die oben aufgeführt sind.

123. Mein Pferd und ich lernen von Beginn an alles zusammen

Ausschließlich zusammen mit dem eigenen Pferd zu lernen ist schwierig. Das ist vergleichbar mit zwei Fahranfängern, die sich gegenseitig das Autofahren beibringen möchten, obwohl keiner von beiden je gelernt hat, wie es wirklich geht. Ohne einen Fahrlehrer wird das schwierig bis lebensgefährlich. Auf Pferd und Reiter übertragen: Wie will ich dem Pferd eine Hilfe oder eine Lektion beibringen oder erklären, wenn ich sie selbst weder geritten noch jemals gefühlt habe? Das überfordert Reiter und Pferd. Ohne einen Reitlehrer wird das schwierig und kann durchaus auch lebensgefährlich enden! Sinnvoller ist es, wenn zumindest Pferd oder Reiter eine fundierte Grundausbildung erhalten haben. Ist dies nicht der Fall, dann ist zusätzlicher Beritt und außerdem permanente Kontrolle und regelmäßiger Unterricht durch einen erfahrenen Reitlehrer unerlässlich!

Das alleinige Prinzip „trial and error" ist unfair den jungen Pferden gegenüber!

124. Beritt schadet den Pferden nur und man bekommt sie unreitbar und verstört zurück

Empfiehlt man in diversen Internetforen, Pferde in Beritt zu geben, erhält man von vielen mittlerweile genau diese Antwort. Woran liegt das? Ein Problem ist, dass „Beritt" im Prinzip jeder anbieten kann, aber vor allem, dass sich die Berittnehmer nicht ausreichend informieren.

Wann benötigt man Beritt für sein Pferd? Das kann der Fall sein, wenn das Pferd noch jung und man selbst in der Pferdeausbildung noch nicht erfahren ist, zur Korrektur und/oder bei speziellen Problemen oder weil man selbst als Reiter für einige Zeit aus diversen Gründen ausfällt.

Was kann man tun, wenn man Beritt zum Wohle des Pferdes nutzen möchte? Man sollte sich den oder die zukünftige/n Bereiter/in ansehen, möglichst mit anderen Kunden sprechen, Erfahrungsberichte suchen und sich dann ansehen, wie und von wem die Pferde vor Ort tatsächlich gearbeitet werden, wie sie gehalten und gefüttert werden. Es sollte selbstverständlich sein, dass man zuschauen kann, wenn das eigene Pferd gearbeitet wird und dass man regelmäßige Foto- und Videodokumentationen zugeschickt bekommt, wenn man nicht vor Ort sein kann. Dies ist in Zeiten von Smartphones und der schnellen und einfachen Kommunikationsformen keine Zumutung mehr, sondern sollte Standard sein. Wird dies abgelehnt, sollte man auf Abstand gehen.

Des Weiteren sollte der Bereiter/die Bereiterin möglichst auch eine Qualifikation nachweisen können. Das ist zwar auch keine Garantie, aber meist besser als gar keine Qualifikation. Versicherungsrechtliche Fragen sollten ebenfalls geklärt werden. Beachtet man all diese Punkte, so kann Beritt für viele Reiter und Pferde ein großer Gewinn sein, beachtet man sie nicht, dann ist Beritt reine Glückssache, ähnlich einer Lotterie. Ideal ist begleitender Beritt zum Unterricht, damit der Reiter in die Lage versetzt wird, das vom Pferd Gelernte auch nachzureiten und zu festigen. Und ja, guter Beritt kostet Geld!

125. Robustrassen und Kaltblüter sind als Gewichtsträger besonders gut geeignet

Es kommt sehr darauf an, wie diese Pferde jeweils konkret gebaut und trainiert sind. Pferde mit einem langen Rücken, die eher überbaut und schwach in der Gesamttextur sind oder Fehlstellungen der Gliedmaßen aufweisen, sind keine

Gewichtsträger! Das gilt vor allem für Rassen, die eigentlich als Fahr- und Arbeitspferde gezüchtet wurden. Sie sind von Haus aus schon sehr schwer, und eine zusätzliche Belastung durch ein hohes Reitergewicht vertragen gerade sie oft nicht gut, vor allem nicht in den schwunghaften Gangarten Trab und Galopp. Insbesondere gilt hier nicht die umstrittene Regel, nach der jedes Pferd auf Dauer schadlos einen Reiter tragen kann, der 15 bis 20 Prozent des Pferdegewichtes nicht überschreitet. Diese Regel ist viel zu undifferenziert und führt teilweise zu tierschutzrelevanten Ergebnissen! Ein Beispiel: 1000 Kilo möglicherweise auch noch übergewichtiges und untrainiertes Kaltblut sind so gut wie nie in der Lage, 150 Kilo Mensch auf Dauer schadlos in allen Gangarten zu transportieren.

Ist man übergewichtig, sollte man sich wenn überhaupt nur auf gut trainierte Pferde setzen und in der Lage sein, sauber in Balance zu sitzen, denn schon ein leichter unausbalancierter Reiter ist für Pferde schwer zu (er)tragen!

Übergewichtige Reiter haben es schwer, nicht nur ihre Pferde! Es ist schwierig, Gewicht abzunehmen, gerade für Frauen. Aber kann es eine bessere Motivation geben, als dem Pferd nicht schaden zu wollen?

Der Reiter ist dem Pferd gegenüber verpflichtet, ihm möglichst wenig zu schaden, wenn er es denn reiten möchte. Dazu gehört auch, dass er ein gewisses Maß an Fitness mitbringt und das Pferd nicht mit Gewichten belastet, die dessen Trainingszustand nicht entsprechen. Wie hoch diese Belastung sein darf, lässt sich weder in Zahlen noch in Prozentsätzen bemessen, sondern sie ist einzig und allein an der Reaktion des Pferdes ablesbar:

- Lässt es sich unter diesem Reiter noch los?
- Zeigt es nach wie vor eine korrekte Dehnungsbereitschaft?
- Was sagen Puls und Atmung zur Belastung?
- Wie lang reite ich das Pferd? Wie oft reite ich das Pferd? In welchen Gangarten reite ich das Pferd? Ist es entsprechend trainiert?
- Passen Ausrüstung und vor allem der Sattel optimal, sowohl dem Pferd als auch dem Reiter?

Wäre es nicht doch möglich, Gewicht abzunehmen? Was kann ich zur Verbesserung der Situation selbst beitragen? Diese Fragen sollte sich jeder übergewichtige Reiter immer stellen! Und man muss sich bewusst sein, dass sich bei einem ungünstigen „Reiterexterieur" das Reitenlernen schwieriger gestalten kann und mehr Zeit, Sorgfalt und auch Geld investiert werden müssen.

126. Friesen sind von Haus aus Schenkelgänger, die können gar nicht anders

Es gibt tatsächlich Freunde des Friesischen Pferdes, die dies behaupten. Was ist ein Schenkelgänger und was ein Rückengänger?

Beginnen wir mit dem Rückengänger. Das ist ein Pferd, das losgelassen ist, dessen Rückenmuskulatur sich ungehindert und regelmäßig an- und abspannt, ein Pferd, dessen Rücken schwingt und das gut zu sitzen ist. Es zeigt eine aktiv abfußende Hinterhand, und die taktmäßige Bewegung fließt von hinten bis nach vorn in die Reiterhand hinein. Das Pferd geht mit gedehnter Oberlinie in relativer Aufrichtung, mit zufriedenem Ohrenspiel und leicht kauendem Maul mit ein wenig Schaum und geschlossenen Lippen. Das Pferd tritt an die Hand heran, reagiert durchlässig auf die Hilfen und federt in allen Gelenken, es hat den Rücken hergegeben.

Im Gegensatz dazu der Schenkelgänger: Er hält sich im Rücken fest oder lässt diesen hängen, Vor- und Hinterhand (die „Schenkel") scheinen sich unabhängig voneinander zu bewegen, es zeigen sich Taktfehler in meist allen Grundgangarten. Die Hinterhand ist entweder wenig aktiv („steht noch im Stall") oder wird hektisch wie bei einem Hahnentritt hochgezogen (Reiten nach dem Prinzip „vorne ziehen, hinten stechen"). Die Pferde eilen davon oder bewegen sich in gespannten Tritten mit vorwiegend spektakulärer Vorhandaktion, ohne dass die Hinterhand auch nur annähernd mitkommt. Sie treten nicht reell an die Hand heran, sind entweder hinter dem Zügel, auf dem Zügel oder eng und hoch in künstlicher absoluter Aufrichtung eingestellt mit falschem Knick im Hals. Die Pferde kauen nicht (trockenes Maul) oder aber hektisch und stark schäumend. Die Bewegungen und das ganze Pferd wirken meist unrund. Schenkelgänger sind oft unbequem zu sitzen und federn wenig in den oberen Gelenken. Diese Pferde sind besonders anfällig für Erkrankungen wie Kissing Spines oder Senkrücken und Sehnenschäden, da sie den Rücken meist nach unten durchdrücken und krampfhaft festhalten oder ihn nicht wirklich arbeiten, sondern absinken lassen.

Ziel der Lehre ist demnach, aus jedem Pferd einen angenehmen, gesunden und zufriedenen Rückengänger zu machen.

Es gibt natürlich Pferde, die sich leichter im Rücken reell loslassen als andere. Trakehner oder Warmblüter zum Beispiel werden seit vielen Generationen als Reitpferde gezüchtet, und ihnen sollte das Gehen als Rückengänger liegen. Friesen und Kaltblutrassen dagegen wurden über Generationen als Zugpferde gezüchtet, und da standen die Reiteigenschaften und die Eignung als Reitpferd nicht im Vordergrund. Friesen oder manchen Pferden iberischer Rassen mit sehr hohem Halsaufsatz und strammem Rücken fällt es tatsächlich oft durch ihr Exterieur bedingt schwer, korrekt über den Rücken zu gehen, umso wichtiger ist es, ihnen dies beizubringen, eine reiterlich durchaus anspruchsvolle Aufgabe. Dies gilt aber im Prinzip für alle Pferde mit einem hoch aufgesetzten Hals und vor allem einem weichen und vielleicht sogar langen Rücken bei von Haus aus eher wenig aktiver, gerader Hinterhand. Deswegen sind Friesen zum Beispiel auch meist keine Anfängerreitpferde, auch wenn sie gern von Einsteigern gekauft werden. Sie sind zwar oft sanftmütig, menschenbezogen und wunderschön anzusehen, aber eben nicht alle leicht zu angenehmen und dauerhaft gesunden Reitpferden auszubilden.

127. Mein Pferd lahmt nicht, das hat nur Taktstörungen!

Der Unterschied zwischen Taktstörung, Lahmheit und Zügellahmheit:

Takt ist definiert als das zeitliche und räumliche Gleichmaß der Bewegungen in den Gangarten, das Gleichmaß aller Schritte, Tritte und Sprünge. Jede Lahmheit stört den Takt und führt somit zu einer Taktstörung. Aber nicht jede Taktstörung entspricht einer Lahmheit!

Taktstörungen treten nur für einzelne Tritte, Schritte oder Sprünge auf (kennt jeder zum Beispiel als einzelne Taktfehler in den Trabverstärkungen) und meist nicht dauerhaft. Sie sind durch fehlerhafte reiterliche Einwirkungen oder Fehler in der Ausbildung bedingt (etwa passartige Taktverschiebungen im Schritt oder ein nicht durchgesprungener Galopp).

Eine Zügellahmheit ist eigentlich keine Lahmheit, sie sieht nur wie eine solche aus, da sie zu einer länger anhaltenden Taktstörung führt. Sie ist aber sofort „geheilt", sobald der Reiter die Zügel lang lässt, geschickter einwirkt oder das Pferd zur Losgelassenheit findet. Sie kann sich aber auch zu einer echten, schmerzhaften Lahmheit entwickeln, wenn die Muskeln des Pferdes dauerhaft verspannen und blockieren.

Ursache einer echten Lahmheit sind Schmerzen oder auch ein Schmerzgedächtnis und eine damit verbundene Schonhaltung des Pferdes. Dauerhaft auftretende Taktstörungen, die auch ohne Zügeleinwirkung auffallen, sind erst einmal immer als Lahmheit zu betrachten und durch den Tierarzt abzuklären!

128. Auch reine Reitpferde sollten so lange wie möglich Hengst bleiben, am besten für immer!

Als Argument dafür, Hengste nicht zu kastrieren, wird gern angeführt, dass sie dadurch ihren Stolz verlören oder ihre Muskulatur oder ihren Ausdruck. Das ist in gewisser Weise richtig, da die Pferde nach einer Kastration weniger dem Testosteron ausgesetzt sind.

Wenn man Erfahrung mit Hengsten hat und ihnen eine gute Haltung mit Sozialkontakten (soweit möglich) und reichlich Auslauf auch auf der Weide bieten kann und wenn keine Stuten in der näheren Umgebung stehen, dann ist es durchaus möglich, Hengste als solche zu belassen, auch wenn sie „nur" als Reitpferde und nicht in der Zucht genutzt werden sollen. Es gibt auch (wenige) Hengste, die kaum Hengstmanieren zeigen, diese kann man dann in seltenen Fällen sogar auf Anlagen halten, auf denen auch Stuten leben. Dies sind aber (auch bei iberischen Rassen!) absolute Ausnahmen und eben nicht die Regel.

Oft macht man es sich und den Hengsten unnötig schwer. Wird ein Hengst permanent von anderen Pferden abgelenkt, ist das Leben für ihn, das Stallpersonal und den Reiter wenig entspannt. Das Hauptansinnen eines Hengstes ist nun einmal zumeist die Fortpflanzung. Beim Ausreiten oder auf Veranstaltungen kann es mit einem Hengst zu Komplikationen kommen, wenn ihm eine womöglich noch rossige Stute oder ein anderer Hengst begegnet. Auch der Transport eines Hengstes zusammen mit anderen Pferden kann Probleme und Risiken mit sich bringen. Um Zugang zu einem Hengst zu finden und sein Vertrauen und seinen Respekt zu gewinnen, dazu gehört eine gehörige Portion Erfahrung und Pferdeverstand. Eine absolut konsequente Erziehung eines Hengstes ist unerlässlich!

Probleme können auch auftreten, wenn man gezwungen ist, den Stall zu wechseln. Es ist schon schwierig genug, für Stuten und Wallache adäquate Unterbringungen zu finden, eine gute Hengsthaltung wird selten angeboten.

Viele Hengste entwickeln sich zudem zu „Ein-Mann-" oder „Ein-Frau-Pferden", was es schwierig macht, wenn dieser eine Mann oder diese eine Frau einmal nicht mehr zur Verfügung stehen sollten.

Natürlich birgt eine Kastrationsoperation für die Pferde ein nicht zu unterschätzendes Risiko, das Leben als Hengst aber eben auch. Den Kauf eines Hengstes sollte man sich aus den genannten Gründen besonders gut überlegen. Sehr wenig sinnvoll bis grob fahrlässig ist der Kauf eines Hengstes als Reitpferd für einen Anfänger oder wenig erfahrenen Reiter, der sich auf Grund eines Bildes, der Farbe und der Rasse des Pferdes „verliebt" hat. Solche Käufe enden leider allzu oft in einer Katastrophe, sowohl für den Reiter als auch für das Pferd. Ich erinnere mich noch gut an einen armen spanischen Hengst, piaffierend in seiner Box sehnsüchtig zu den Pferden auf der Koppel blickend.

129. Hafer putscht Pferde auf, Müsli ist besser!

Eigentlich ist die Fütterung ein Thema, das allein ganze Bücher füllt, doch da man auch in diesem Bereich ständig Mythen und Irrtümern begegnet, wollen wir es zumindest am Rande ansprechen.

Viele Pferdebesitzer haben regelrecht Angst davor, Hafer zu füttern. Sie fürchten einen aufputschenden Effekt, denn jeder kennt den Ausspruch: „Den sticht der Hafer!" So wird dann gerade vom ängstlichen Reiter lieber Müsli gefüttert. „Müsli" ist eine Erfindung der Futterindustrie, die auf den Vorlieben des Menschen basiert. Er assoziiert damit gesunde Ernährung und guten Geschmack. Beim Menschen!

Pferde brauchen normalerweise kein „Müsli", weder von Herrn Bircher noch von Futtermittelherstellern. In vielen Pferdemüslis sind Bestandteile enthalten, die schwer verdaulich oder sogar gesundheitsschädlich sein können. Fast allen Pferden reicht: mageres, kräuterreiches Gras und Heu, in Maßen unter Umständen auch Stroh, gelegentlich Saftfutter (Karotten, Obst, Hagebutten, Rote Bete, Rübenschnitzel), angepasst etwas Mineral-/Vitaminfutter und als Kraftfutter, wenn überhaupt nötig: Hafer. Hafer ist immer noch das Pferdekraftfutter schlechthin: gut bekömmlich, den Organismus wenig belastend und ein guter Energiespender.

Es gibt natürlich auch Fertigfutter für Pferde, deren Inhaltsstoffe wirklich fachgerecht ausgewählt wurden, lasst Euch da von unabhängigen Fütterungsexperten beraten, wenn Ihr meint, Raufutter, Hafer und Mineral-/Vitaminfutter allein reichen für Euer Pferd nicht aus. Fast alles andere ist Vermenschlichung und/oder Geldmacherei! Wenn der Pferdeernährung mehr Gewicht beigemessen wird als der Ernährung des Reiters, sollte Euch das zu denken geben! Ausnahmen gelten bei bestimmten Erkrankungen der Pferde.

REITKUNST IN DER MODERNE

130. Das moderne Dressursportpferd muss anders gearbeitet werden, als es die klassische Deutsche Reitlehre vorgibt

Training des Sport- und/oder Reitpferdes gestern und heute: Besteht ein Unterschied? Manchmal könnte man es meinen, wenn man sieht, wie viele junge Dressurpferde geritten werden.

Es geht um die ganggewaltigen, duldsamen, jungen, hoch elastischen Pferde mit leichtem Genick, die schon mit drei aussehen wie Sechsjährige – und doch erst drei Jahre alt sind! Viele dieser Pferde bieten sich sehr an, sind von Haus aus ausgesprochen rittig, lernbegierig und schnell in der Auffassungsgabe. Ihre scheinbare frühe Leistungsfähigkeit ist trügerisch, denn sie sind gleichzeitig eben auch sehr elastisch und noch nicht gefestigt im Bindegewebe.

Einige dieser Pferde sind hoch gefährdet, früh Schäden zu erleiden, vor allem, wenn man schon frühzeitig ihr Gangpotential ausschöpft. Fesselträgerschäden oder Kissing Spines sind heutzutage erschreckenderweise Erkrankungen auch sehr junger Pferde. Gerade sie müssen grundsolide und vor allem langsam ausgebildet werden, damit das Bindegewebe sich entsprechend festigen und ausbilden kann. Die modernen Pferde sind nicht steif wie die „Zossen" von früher, die man erst einmal geschmeidig arbeiten musste, sondern im Gegenteil, sie sind manchmal elastischer und mobiler, als ihnen guttut. Sie müssen sich erst einmal stabilisieren.

Und daher schadet es ihnen auch, sie früh viel zu biegen und in deutlichen Seitengängen, auf engen Linien oder früh in Verstärkungen zu arbeiten oder sie frühzeitig zu versammeln. Sie überdehnen ihr nicht gefestigtes Bindegewebe noch mehr und federn ausschließlich in den unteren Gelenken, da die

Fesseln meist eher weich sind. Man muss die heutigen Pferde nicht schneller, sondern noch vorsichtiger und langsamer nach der Lehre ausbilden als die vom alten Schlag!

Eine pferdegerechte Haltung und Aufzucht auf wechselnden Untergründen und ein längerer Aufenthalt in der Jungpferdeherde oder noch besser in einer altersgemischten Herde wären wünschenswert. Für solche Pferde wäre es meist besser, wenn sie erst in einem Alter von vier bis fünf Jahren schonend angeritten würden. Wartet man bei ihnen aber wiederum zu lange mit der Arbeit, ist das möglicherweise auch nicht förderlich, da der Festigungs- und Wachstumsreiz für die relativ weniger durchbluteten bindegewebigen Strukturen in der noch stoffwechselaktiveren Wachstumsphase zu gering ist. Moderates Trainieren dieser Pferde ohne Überlastung ab einem Alter von vier bis fünf Jahren unter nicht zu schweren und gut ausbalanciert sitzenden Reitern erscheint auch nach der Lehre am sinnvollsten. Vorher sollten die Pferde an der Longe gut vorbereitet sein, und im ersten und zweiten Remontenjahr sollte man sich nicht verleiten lassen, vom Pferd zu viel anzunehmen, auch wenn es das anbietet.

Auch und gerade bei den hochmodern gezüchteten Pferden ist die Skala der Ausbildung einzuhalten. Über Takt und Zwanglosigkeit müssen sie zur Losgelassenheit finden und dürfen nicht längere Zeit hoch aufgerichtet mit festgehaltenem Rücken „strampeln". Das ruiniert bei diesen Pferden den Rücken!

Ganz wichtig ist die Stabilität! Lange Zeit, vor allem im ersten Jahr, sollte man den Hals erst einmal möglichst stetig und gerade lassen. Die Stetigkeit des Halses und insbesondere der Halsbasis ist der Grundpfeiler der späteren Arbeit, gerade für die Stabilisierung und Geraderichtung des gesamten Pferdes und vor allem in der Versammlung. Entwickelt man das Stellen, sollte man immer darauf achten, nur im Genick zu stellen, bis der Mähnenkamm überkippt. Und Vorsicht mit „Seitengängen" ist geboten! Man sollte auch diese Pferde über eine lange Zeit allenfalls im Schultervor arbeiten und erst später im Schulterherein. Weitere Seitengänge kommen erst hinzu, wenn das Schulterherein auf drei Hufspuren in allen drei Grundgangarten gefestigt ist. Eine Vorgehensweise, die sich sehr bewährt hat! Das junge Pferd im ersten Jahr wird im geraden Geradeaus und auf großen gebogenen Linien möglichst zwanglos und losgelassen moderat vorwärts geritten. Travers oder Kruppeherein fördert bei diesen Pferden eher die schlangenartigen Ausweichbewegungen!

Die modernen Pferde haben außerdem meist ein sehr leichtes Genick und kommen schnell zu eng und/oder hinter die Senkrechte. Hier ist es besonders wichtig, mit der Hand eben nicht einzuwirken, sondern sie nur fühlend, filternd und führend anzubieten. Wenn die Pferde zu eng werden oder zu tief kommen, dann sollte man die Zügel hingeben und eine Pause machen, durchaus auch einmal absitzen. Auch die einhändige Zügelführung führt oft dazu, dass diese Pferde das Genick öffnen, denn man wirkt immer mehr mit der Hand ein, als man meint.

Baldmöglichst empfehlen sich Spaziergänge im Gelände, zunächst ohne, später dann mit Reiter, aber auch hierbei müssen die Zeiten langsam gesteigert werden. Eine Stunde Ausritt ist für eine junge Remonte zu viel! Für die ältere Remonte können es auch längere Ritte im Gelände sein. Geht planvoll vor und reitet mit leichter Hand gerade geradeaus im lockeren Vorwärts, mit den modernen Top-Pferden ebenso wie mit „Otto Normalpferd".

131. Alle guten Pferde sollten mit drei Jahren angeritten und möglichst bald auf Championaten vorgestellt werden

Es ist ein altes Dilemma: Schon vor über 40 Jahren gab es „Materialprüfungen" für drei- bis vierjährige Reitpferde, in denen sie bereits in allen drei Grundgangarten unter dem Reiter vorgestellt wurden. Wer als Züchter oder Ausbilder die Pferde bald für relativ viel Geld verkaufen will, muss sich nach wie vor an diesen Veranstaltungen beteiligen. Um zu existieren, war und ist es für viele Züchter ein „Muss", wenigstens ab und zu ein Spitzenpferd schon früh vorstellen zu können und gut zu verkaufen. Die Pferde müssen aber wirklich sehr, sehr früh und dann auch flott angeritten werden, wenn sie schon dreijährig „präsentabel" sein sollen. Das gilt auch für junge Hengste in Championatsprüfungen, die sich als Deckhengste empfehlen sollen.

Das kann man machen, aber muss man es auch machen, wenn man als freizeitmäßiger Reiter eigentlich alle Zeit der Welt hat? Es kann gutgehen, aber wahrscheinlicher ist eine frühzeitige physische und psychische Überlastung der Pferde. Nur der wirklich sehr erfahrene Ausbilder kann beurteilen, ob ein junges Pferd dazu in der Lage sein könnte, und kann es schonend an die Anforderungen heranführen.

Wann kann ich nun mit meinem jungen Pferd „aufs Turnier" fahren, die ersten Starts in Angriff nehmen?

Liebe turnierbegeisterte Reiter, die Ihr in der Ausbildung junger Pferde noch nicht so erfahren seid: Lasst Euch und Euren jungen Pferden Zeit! Meldet bitte nur die Prüfungen und Aufgaben, die Ihr zu Hause quasi im Schlaf absolvieren könnt, vor allem mit jungen Pferden. Die Ablenkung und Aufregung von Pferd und Reiter in der fremden Umgebung reicht schon als verschärfte Anforderung aus, da sollte die Aufgabe selbst für das junge Pferd nicht auch noch eine große Herausforderung sein. Alles andere wirft Euch und Euer Pferd möglicherweise deutlich zurück! Ein Pferd, das zu Hause zum Beispiel noch nicht vertrauensvoll an die Hand herantritt, wird dieses Vertrauen erst recht nicht entwickeln, wenn es auf dem Turnier deutlicher im Maul angefasst werden muss, da die Anforderungen zu hoch sind. Gerade die jungen Pferde mit dem leichten Genick sind hier gefährdet. Das ist schade und unnötig. Zeit lassen, das ist der wichtigste Rat, den man geben kann!

Wenn das Pferd sich an die Atmosphäre gewöhnen soll, dann kann man es auch einfach nur zum „Schnuppern" auf ein Turnier mitnehmen. Das Verladen, der Transport und das Herumführen auf dem Turnierplatz sind für den Beginn aufregend genug. Und das reicht auch oft in einem Alter von fünf Jahren, sofern man noch lange Zeit gemeinsam unterwegs sein möchte.

132. Es gibt Dreijährige, die schon einen Wahnsinnsschwung haben

Schwung ist etwas, das erritten wird. Alles andere ist Gangwerk. Dieses kann sehr raumgreifend sein und von Haus aus schwungvoll wirken, oder es ist flach und wenig kadenziert. Man muss zwischen Gangwerk/Bewegungsvermögen, Schwung und Verstärkung unterscheiden!

„Der Schwung wird definiert als die Übertragung des energischen Impulses aus der Hinterhand über den schwingenden Rücken auf die Gesamt-Vorwärtsbewegung des Pferdes." (*Richtlinien für Reiten und Fahren*, Band 2)

Die Skala der Ausbildung wird in diesem Punkt auch gern fehlinterpretiert. „Schwung" ist nicht gleichbedeutend mit „Verstärkung"! Schwung muss in allen Tempi erhalten bleiben! Er gilt auch für das versammelte Tempo und das Arbeitstempo. Schwung bedeutet zwar auch Entwicklung der Schubkraft, aber das heißt nicht nur, Verstärkungen zu reiten!

Es gibt hochtalentierte Pferde, die von Haus aus raumgreifende, bewegungsstarke Grundgangarten mitbringen, die dann mit einem „angeborenen starken Trab" oder „Schwung" verwechselt werden. In aufgeregten Schwebetritten zeigt sich zwar das Bewegungspotential dieser wunderbaren Pferde, aber dabei ist die Rückenmuskulatur stark angespannt und das gesamte Pferd unter einer zu starken Spannung, nicht losgelassen. Das hat mit „viel Schwung" nichts zu tun.

Die reelle Entwicklung der Verstärkungen wird bei den hochtalentierten ganggewaltigen Pferden gern schon einmal versäumt, da man dies offenbar für überflüssig hält. Es wird dann an allem Möglichen gearbeitet, aber es fehlen Takt, Losgelassenheit, Schwung und Versammlung (was scheinbar kaum noch jemandem auffällt). Der Rücken ist zumeist festgehalten, die Rahmenerweiterung und der Raumgriff – wichtige Kennzeichen jeder Verstärkung! – fehlen. Dass eine gründliche Vorbereitung auf die Verstärkungen nicht stattgefunden hat, merkt man auch daran, dass die Pferde als typische Schenkelgänger ihren Reiter nicht mehr in die Verstärkung mitnehmen, er kann diese nicht aussitzen und muss sich in Rücklage begeben. Hierdurch blockiert er die Hinterhand noch mehr, kommt hinter die Bewegung und die zu kurzen Zügel verhindern eine Rahmenerweiterung, ein Teufelskreis entsteht.

Entwickelt die Verstärkungen also auch bei ganggewaltigen Pferden vorsichtig, aus der Losgelassenheit und später auch aus versammelnden Lektionen heraus. Lasst dabei eine Rahmenerweiterung und ggf. eine etwas stärkere Anlehnung zu und geht in der Bewegung mit! Das heißt, der Oberkörper bleibt mindestens senkrecht, darf zur Rückenentlastung am Anfang sogar ein wenig vorkommen, oder man geht im Trab kurz ins Leichttraben über. Gebt Euch zunächst mit wenigen Tritten zufrieden und nehmt die ganggewaltigen Pferde vor den Ecken unbedingt wieder auf. Der Bewegungsapparat und die Muskulatur müssen sich an diese Belastungen erst gewöhnen. Auch und vor allem bei den Pferden, die ein „großes Gangwerk" mitbringen!

Und dies gilt ebenso für den Galopp! Hier ist der erhaltene Dreitakt mit Schwebephase besonders wichtig, und in den Verstärkungen die Rahmenerweiterung und der Raumgewinn, hier auch vor allem das Geraderichten. Gerade in den Galoppverstärkungen neigen viele Pferde dazu, mit der Hinterhand hereinzukommen. Diesem gilt es direkt durch Ausrichten der Vorhand auf die Hinterhand entgegenzuwirken. Lieber wenige gerade Galoppsprünge verlängern als eine lange Seite der Bahn schief.

Pferd und Reiter müssen in den Verstärkungen im lateralen wie im frontalen Gleichgewicht (horizontal wie vertikal) sein und bleiben, gerade, vorwärts und gelassen.

Ist diese Schubkraft ausreichend gefördert und das Pferd entsprechend bemuskelt, beginnt man zunehmend mit versammelnden Lektionen und erreitet dann die Verstärkungen und den starken Trab zum Beispiel aus dem Schulterherein, langsam sich entwickelnd über wenige gute Tritte, die Hinterhand durch die Versammlung wie eine Feder gespannt, durch die dann der starke Trab entwickelt werden kann. Zu Beginn begnügt man sich mit wenigen Tritten, diese steigert man mit zunehmender Kraft und Balance. Dabei achtet der Reiter darauf, in der Bewegung mitzukommen und, wenn das Pferd den Kontakt zur Hand herstellt, eine Rahmenerweiterung zuzulassen. Dem Reiter kann helfen, leise oder im Kopf den Takt mitzuzählen und das Pferd nicht in die Verstärkung „abzuschießen", sondern sie langsam zu entwickeln und dann über den Sitz wieder zurückzuführen. Und bleibt immer schön sauber im Lot sitzen! Der Versuch zu „schieben" führt zu Taktverlusten und Balanceproblemen.

Der starke Trab kommt mit zunehmender Kraft und Versammlungsfähigkeit von ganz allein. Über je mehr Gangwerk ein Pferd verfügt, desto ausdrucksvoller wird der gerittene starke Trab dann auch wirken und desto ausdrucksvoller kann die Schwungentfaltung sich entwickeln!

133. Dressurreiter trainieren in Rollkur und sind alles Tierquäler

Sind alle Dressurreiter Pferdequäler? Nein!
Nicht alle bedienen sich der „Rollkur" und des dauerhaften Reitens im LDR (Low, deep and round). Diese Methoden sind nicht Teil der Lehre, sondern Folge eines absoluten Kontrollzwanges oder -wunsches des Reiters, Folge falsch verstandenen und sicher auch teilweise und zeitweise falschen Richtens und falscher Trainingsschwerpunkte, krankhaften Ehrgeizes und vor allem auch leider schlechter Vorbilder hoch dotierter Reiter. Den Pferden wird körperlicher und psychischer Schaden zugefügt! Niemand, in welcher Sparte auch immer, sollte sein Pferd in solchen Zwangshaltungen reiten! Es gibt dafür keine Begründung und keine Entschuldigung! Auch ein Reiten in LDR von zehn Minuten, wie es eine Regelung der FEI gestattet hat, sollte nicht toleriert werden. Weder zu Hause noch in Shows oder auf Abreiteplätzen.

Dies auf Turnieren durchzusetzen, ist Sache der FEI und der FN, und es ist zu hoffen, dass endlich, endlich ein Umdenken erfolgen wird, sowohl bei den Aktiven als auch bei den Funktionären, Trainern, Veranstaltern, Sponsoren, Pferdebesitzern und Richtern und vor allem auch bei den Reitern zu Hause.

Empörung über Sportreiter, Richter, die FN oder die FEI allein hilft allerdings keinem Pferd. Fehler bei anderen zu suchen, ist immer einfach. Es wäre viel gewonnen, wenn jeder zunächst einmal bei sich selbst anfinge! Jedem (!) Reiter kann nämlich ein Pferd mal zu eng oder zu tief kommen, es ist die Frage, wie man damit umgeht und ob man dies bewusst herbeiführt oder bestrebt ist, den Fehler sofort zu korrigieren. (Und nicht erst in drei Jahren, wenn „die Kraft da ist"!) Es geht hier ausdrücklich nicht um das (Korrektur-)Pferd, das unerwünscht hinter den Zügel gerät!

Es anders oder besser zu machen, bedeutet nicht, dass Pferde auseinandergefallen herumlatschen sollten, damit nur ja die Nase vor der Senkrechten ist. Denn es geht nicht um isolierte Winkelgradmessungen, sondern immer um das ganze Pferd. Es geht um Rücken- und Maultätigkeit, Aktivität der Hinterhand, Takt und Losgelassenheit, Geraderichtung und Balance, es geht um den Erhalt des Vorwärts, darum, die Hinterhand und den Rücken nicht mit der Hand zu blockieren. Wie kann sich das Pferd korrekt und wenig verschleißend bewegen? Fühlt es sich bei und nach der Arbeit wohl?

Und muss ich jetzt schon wieder am Zügel herumzuppeln? „Abspielen", „Runterspielen", „rechts/links Durchstellen", all das ist „Rollkur light", nämlich ein Reiten der Pferde von vorn nach hinten und nicht umgekehrt, wie es sein sollte.

Ist es gut, dass mein Pferd jeden Tag nach dem Reiten klatschnass geschwitzt ist? Wie unterrichtet mein Reitlehrer? Welche Schwerpunkte legt er? Muss ich mit meinem Pferd in so jungem Alter und so oft an Turnieren teilnehmen, bei extremer Hitze oder strömendem Regen und aufgeweichten Plätzen?

Gutes Dressurreiten hat mit Rollkur rein gar nichts zu tun, sondern bedeutet, jede Sekunde und jeden Schritt oder Tritt die Bewegungen und Reaktionen des Pferdes zu erfühlen und zu registrieren und auf diese gegebenenfalls auch zu reagieren. Es besteht aus immer wiederkehrenden Korrekturen der eigenen persönlichen reiterlichen Schwachstellen. So wird selbst das einfache „Umkreisen des Vierecks" nicht langweilig und man schaltet vollkommen ab, da diese Art des Reitens vollkommene Konzentration erfordert. Das sieht von unten durchaus mal völlig unspektakulär aus. Ist es aber ganz und gar nicht. Jeder Meter will so geritten sein, dass er dem Pferd möglichst nicht schadet, sondern es im Gegenteil fördert, in seiner Kraft und in seinem Denken, in seinem Wohlbefinden und seelischen und körperlichen Gleichgewicht. Gleiches gilt für den Reiter. Dann fühlen sich Pferd und Reiter nach dem Reiten wohler als vorher und so sollte es sein.

134. Dressurpferde werden als solche gezüchtet und müssen nicht springen

Sind etwa schon Fohlen „Dressurpferde"? Natürlich nicht, sie können allenfalls Pferde mit einer hohen Veranlagung zur dressurmäßigen Ausbildung und mit einem hervorragenden Gangwerk und ausgeprägter Rittigkeit sein oder sich zu solchen entwickeln. Und zu dieser Entwicklung eines Dressurpferdes gehört eine umfassende Ausbildung.

Im Gelände lernt das Pferd Außenreize kennen und zu tolerieren und sich auch auf unterschiedlichen Böden und im Gefälle mit dem Reiter auszubalancieren. Beim Ausreiten, in der Springgymnastik und beim Springen lernt es, seinen Körper zu beherrschen und frisch und frei vorwärts zu galoppieren. Dies alles gehört zur Campagne-Ausbildung eines jeden Reitpferdes. Früher zählte auch noch die Grundausbildung als Fahrpferd ganz selbstverständlich dazu.

Ein durchschnittlich begabtes Warmblut sollte in Dressur und Springen einen Ausbildungstand, der der Klasse L entspricht, erreichen können. Das ist heute nahezu undenkbar und sehr selten geworden. So weit muss man in den Anforderungen nicht unbedingt gehen, aber eine solide Grundausbildung zumindest auf A-Niveau und auch im Gelände und im Springen sollte jedes Sportpferd erhalten – und übrigens auch jeder Reiter, das fördert die Sattelfestigkeit enorm.

Und manchmal zeigt auch ein ursprünglich für die Dressur oder das Springen gezüchtetes Pferd dabei ganz neue Begabungen! Ihnen sollte sich der Reiter anpassen.

SCHLUSSWORT

135. Man braucht zum Reiten keine Dogmen, sie hemmen die Entwicklung

Dogmen entwickeln sich über Jahrzehnte und Jahrhunderte. Sie sind Richtlinien, Leitlinien, erstellt und immer wieder angepasst an Erfordernisse der Zeit durch Expertenforen, durch Konzile, durch Kongresse, durch Forschung. Und das ist gut und richtig! Ebenso, dass Dogmen immer wieder hinterfragt und weiterentwickelt werden. Aber um über lange Zeit entwickelte Dogmen zu verändern, muss man sie zunächst studieren und verstehen. Um beurteilen zu können, was eine Verbesserung sein könnte, braucht man zuallererst eines: Wissen!

Ein gutes Beispiel bietet die Medizin. Sie ist hochkomplex und auch sie hat sich über Jahrtausende entwickelt und wird sich immer weiterentwickeln. Dogmen in der Medizin sind die allgemein anerkannten internationalen Leitlinien. Sie sind wichtig gerade für den noch nicht so erfahrenen Arzt, damit der Patient keinen Schaden nimmt. Medizinstudenten haben eigene Ideen, meinen, manches besser zu wissen, nicht immer zu unrecht. Die Dogmen zu variieren und sich gegebenenfalls über sie hinwegzusetzen, ist jedoch Sache der Fachärzte, der Professoren, der Forscher und der großen Fachkongresse. Und natürlich sind auch sie vor Irrtum nicht gefeit.

Das Glück der Erde liegt auf dem Rücken der Pferde. Aber nur, wenn diese darunter nicht zu leiden haben. Damit dies nicht passiert, dafür gibt es die Reitlehre mit ihren Dogmen, ihren Richtlinien. Sie vermittelt den Reitern, wie sie ihre Pferde möglichst schadlos für ihr Glück einsetzen und sie im Idealfall sogar selbst glücklicher machen können. Die Reitlehre weiterentwickeln kann man nur, wenn man sie verstanden hat. Dazu muss man die Stärken und etwaige Schwachpunkte kennen, was nur mit immenser Erfahrung und Fachwissen möglich ist.

Tatsächlich müssen sich alle Lehren weiterentwickeln, auch die Reitlehre. Es beraten sich die Experten und entwickeln Neuerungen, die sich aber auch erst bewähren müssen, bevor sie Einzug in die Lehre als Leitlinie finden. Die Reitlehre weiterzuentwickeln sollte den Reitmeistern vorbehalten sein, nicht den selbsternannten, sondern denen, denen der Titel verliehen wurde. Sie haben meist den entsprechenden Hintergrund, das Fachwissen und die praktische Erfahrung! Es wäre tatsächlich zu überlegen, inwiefern man die aktuelle Reitlehre überarbeiten könnte, um damit der Vielzahl der unterschiedlichen Bedürfnisse von Pferden und ihren Reitern noch besser gerecht zu werden, vom hochtalentierten und sehr elastischen, ganggewaltigen Dressurpferd bis zum Kaltblut, vom großrahmigen Springpferd bis zum Haflinger, vom Lusitano bis zum Isländer, vom Friesen bis zum PRE. Alles sind Pferde, auf alle kann die Reitlehre angewandt werden, aber es wird bisher in den Lehrbüchern zu wenig auf die Unterschiede und die differenzierte Anwendung der Lehre eingegangen.

Der kürzeste Reiterwitz lautet: „Ich kann reiten!" Schnell meint man, man wisse Bescheid. Und wenn man die eigene Lehre nicht verstanden hat, die Dogmen nicht studiert hat, erscheint sie oft lästig, unbequem, zu langwierig, unter Umständen verstaubt und kompliziert. Dann wird nach frischeren, schnelleren, moderneren Lösungen, Abkürzungen und Umwegen gesucht. Wenn das der noch recht unerfahrene Reiter macht, leidet darunter vor allem ein Wesen, das Pferd!

Und gerade die Pferde sollten vom Reiten und den Dogmen der Reitlehre profitieren! Hierzu müssen sie aber auch verstanden werden, und dazu hat dieses Buch hoffentlich etwas beitragen können.

ANHANG

Kleiner Leitfaden der dressurmäßigen Ausbildung des jungen Reitpferdes

Welcher Ausbildungsschritt erfolgt nach der Lehre in etwa wann?
Vor allem: In welcher Reihenfolge geht man vor?
Laut H.Dv.12 beginnt man im Alter von etwa vier Jahren oder später.
Ausbildungspausen beliebiger Länge sind jederzeit möglich, oft sinnvoll, zum Beispiel bei Wachstumsschüben. Pferde vergessen nichts (das hat Vor- und Nachteile!).

1. Vertraut machen mit der Umgebung, dem Menschen, dem Zubehör, Führübungen, Spazierengehen.
2. Longieren auf gut abgegrenztem Terrain mit Helfer ohne Ausbinder in Schritt und Trab in Takt und Zwanglosigkeit, Erarbeitung vor allem der Stimmkommandos, die später in den Sattel übernommen werden können!
3. Longieren mit Ausbindern, wenn vom Pferd angeboten, auch im Galopp, Erarbeitung von Takt, Losgelassenheit, Anlehnung, Selbsthaltung und diagonaler Hilfengebung an der Longe und hierüber von Stellung und Biegung auf der gebogenen Linie, Handwechsel über Vorhandwendung an der Hand; ausgebunden erstes Übertretenlassen an der Hand, erste Abkauübungen.
4. Anreiten an der Longe und dann frei, beides im geschützten Rahmen mit Unterstützung der Hilfengebung von unten, erstes Ausbalancieren mit Reiter. Sichern des Verständnisses der vorwärtstreibenden Hilfen!
5. Erste Erarbeitung der Hilfengebung, dann auch der verhaltenden und der „wendenden" Hilfen.
6. Schritt und Trab (und Galopp) unter dem Reiter ausbalanciert und zwanglos geradeaus mit langem Hals, Ecken deutlich abgerundet, unter Umständen sogar noch in Außenstellung; erste Maxime: nicht stören, gemeinsame Balance im „locker flockigen" nicht übereilten Vorwärts finden bis zur Zwanglosigkeit im Takt unter dem Reiter, Pferd lässt den langen Hals ungestört fallen und findet dort die sanfte und stetige Verbindung zur Reiterhand.
7. Erarbeitung von Losgelassenheit und Anlehnung über etwas mehr Vorwärts auf geraden Linien und beginnend auf großen gebogenen Linien in beginnender Stellung und Biegung und mit Führpferd im Gelände, Erarbeiten des Zügel-aus- der Hand kauen Lassens.

8. Einfache Übergänge (halbe Paraden) zwischen den drei Gangarten, ruhiges zwangloses Stehen unter dem Reiter.
9. Erste, wenige Vorhandwendungen unter dem Reiter, zunächst mit Hilfe von unten und hierüber Beginn der Erklärung der diagonalen Hilfengebung und des seitwärtstreibenden Schenkels.
10. Halbe Paraden innerhalb der Gangarten und einfache Übergänge innerhalb der Gangarten.
11. Erstes Schenkelweichen weniger Schritte oder Tritte.
12. Erste etwas engere Wendungen im Gange, Schlangenlinien aller Art, beginnen, Ecken zu durchreiten, zunehmende Entwicklung der Schubkraft durch etwas mehr als Arbeitstempo auf großen Linien in Trab und Galopp.
13. Anspruchsvolleres Schenkelweichen wie Viereck verkleinern und vergrößern und Volte im Schwenken.
14. Gerittene ganze Paraden aus Schritt und Trab (nicht nur „anhalten").
15. Korrekte Stellung und Biegung in allen Wendungen im Gange, gesicherte Anlehnung und Losgelassenheit.
16. Entwicklung von Mitteltrab und Mittelgalopp.
17. Arbeit im Schultervor und später im beginnenden Schulterherein im Trabe.
18. Erarbeitung des Rückwärtsrichtens sowie des Zirkelverkleinerns und -vergrößerns im Trab und der engeren Volten in Trab und Galopp.
19. Erarbeitung der Hinterhandwendung und dann der Kurzkehrtwendungen.
20. Beginnende Versammlung im Galopp, Galopp-Schritt-Übergänge, Zirkel verkleinern im Galopp, erste Kontergaloppreprisen, Schultervor im Galopp.
21. Verfeinerung dieser Basisausbildung.

Alle Punkte der Skala der Ausbildung müssen auf diesem Weg beachtet werden, vor allem die ersten drei: Takt, Losgelassenheit und Anlehnung!
Alle erarbeiteten Punkte werden jeweils weiter gefestigt, während neue erarbeitet werden. Dementsprechend werden die Arbeitseinheiten auch langsam länger. Die Dauer der Erarbeitung der einzelnen Punkte hängt von Talent und Auffassungsgabe von Pferd und Reiter ab sowie von der Erfahrung des Ausbilders und beträgt etwa zwei Jahre.
Das Pferd trägt die Uhr! Abkürzungen gibt es keine, das Auslassen einzelner Schritte rächt sich nahezu immer.
Die Spring- und Geländeausbildung des Pferdes verläuft parallel.

Kleiner Leitfaden zur Basisspring- und Geländeausbildung des jungen Reitpferdes

Eine Basisausbildung am Sprung und im Gelände sollten jedes Pferd und jeder Reiter erhalten.
Beim Pferd schaut das in etwa so aus:
1. Spazieren gehen im Gelände, ggf. dann auch später als Handpferd mitnehmen (in sicherer Umgebung), sicheres Führpferd und gute Vorarbeit vorausgesetzt; klettern lassen, laufen auf verschiedenen Untergründen, langsam beginnen.
2. Freilauf in der Halle zunächst ohne Hindernisse, ohne zu viel Spannung und große Aufregung, sicheres Wenden und sicheres Reagieren auf Stimmkommando und Peitsche sowie Körpersprache. Herbeiholen mit Futterschüssel üben, positiv besetzen. Bitte Spiegel abhängen und Türen sicher schließen und sichern!
3. Einmal wöchentlich Gymnastikspringen (Freispringen): Reihe mit seitlicher Begrenzung aufbauen, zunächst nur Stangen legen, dann Cavalettihöhe oder kleine Kreuze und einzelne In-Outs, später kleine Sprünge hinzunehmen. Zu beachten: Ruhe, Aufwärmen, Lob, kein Hetzen, passende Distanzen! (Bei fehlender Halle oder fehlendem freilaufsicher abgegrenztem Platz können die Ausbildungsschritte 2 und 3 auch an der Longe geführt erfolgen.)
4. Hat sich das Pferd unter dem Reiter im freien Reiten in allen drei Gangarten ausbalanciert und sind „Gas, Bremse und Lenkung" installiert, nimmt man den Reiter quasi ins Freispringen mit, das heißt, er reitet ein- bis zweimal wöchentlich durch die dem Pferd bekannte abgegrenzte Gymnastikreihe. Das Pferd kann Vertrauen darin entwickeln, dass der Reiter es auch hierbei wenig stört. Es lernt, sich mit dem Reiter auch vor, über und nach dem Sprung auszubalancieren.
5. Kleine Geländeritte mit Führpferd, zunächst überwiegend im Schritt, langsam steigern, dann auch Trab und später Galopp hinzunehmen, aber niemals „Wotans wilde Jagd" mit jungen Pferden. Sollten die jungen Pferde Ermüdungserscheinungen zeigen, dann absteigen und führen!
6. Möglichst früh auch Wasser zeigen und durchqueren, ebenfalls gern mit Führpferd. Achtung, manche Pferde mögen es, sich im Wasser zu wälzen!
7. Langsam steigerndes Ausdauertraining im Galopp im leichten Sitz auf möglichst geraden Strecken unterm Reiter auf unterschiedlichen Böden.
8. Auch steileres Klettern über kurze Strecken auf und ab, ebenfalls sehr langsam steigern, da sehr anstrengend; Hangbahntraining, falls Möglichkeit vorhanden.

9. Hat sich das junge Pferd mit Reiter vor, über und nach dem Sprung in der Gymnastikreihe gut ausbalanciert, auch über kleine Steilsprünge oder kleine, leichte Oxer reiten, dann erst beginnt man mit dem Anreiten kleiner freistehender Sprünge.
10. Kleine freistehende Sprünge, zunächst mit deutlicher seitlicher Begrenzung aus dem Trab angeritten, dann auch aus dem ruhigen Galopp im leichten Sitz, das Pferd selbst taxieren lassen.
11. Mehrere kleine freistehende Sprünge in Folge in gutem Grundtempo: gerade anreiten, Pferd selbst taxieren lassen und nicht stören, aber auch nicht komplett „allein lassen", in Anlehnung reiten, aber über dem Sprung das Ausbalancieren mit dem Hals und das Basculieren nicht behindern!
12. Erste kleinere Parcours in sauberem Grundtempo und angenehmer Linienführung.
13. Auch im Gelände das Überwinden kleiner fester Hindernisse üben, gern mit Führpferd, aber mit ausreichendem Abstand.
14. Alle drei Grundgangarten auch mal auf leicht abschüssigen Wegen reiten.
15. Feste Geländehindernisse und Galoppstrecken im Wechsel.
16. Reiten auch von zweifachen gut passend aufgebauten Kombinationen, ansprechend freundliche Gestaltung der Hindernisse beachten.
17. Anspruchsvollere Parcours, hinsichtlich Distanzen, Linienführung und Höhe.

QUELLEN

[1] Deutsche Reiterliche Vereinigung (Hg.): *Die Ethischen Grundsätze des Pferdefreundes.*
[2] Horst Stern: *So verdient man sich die Sporen,* S. 83.
[3] Egon von Neindorff: *Die reine Lehre der klassischen Reitkunst,* S. 111.
[4] Gustav Steinbrecht: *Das Gymnasium des Pferdes,* S. 30 f.
[5] Waldemar Seunig: *Von der Koppel bis zur Kapriole,* S. 81 (bis auf Nr. 26 beziehen sich alle Verweise auf die Ausgabe im Olms Verlag).
[6] Video auf Youtube, Egon von Neindorff unterrichtet Christoph Ackermann: https://www.youtube.com/watch?v=uBdUIzOxeA0&t=10s und DVD *Egon von Neindorff, Reitmeister, Lehrer, Pferdemann.*
[7] Onlineausgabe der H.Dv.12 von 1912, Anhang S. 270.
[8] Richard L. Wätjen: *Dressurreiten,* S. 58.
[9] Paul Stecken: *Bemerkungen und Zusammenhänge,* S. 38.
[10] Pamela Sladky: *Zwei Drittel der Reitpferde haben Veränderungen an der Halswirbelsäule.*
[11] Seunig: *Von der Koppel bis zur Kapriole,* S. 134.
[12] H.Dv.12 von 1937, Teil C Ausbildung der Pferde, S. 116.
[13] Seunig: *Von der Koppel bis zur Kapriole,* S.115/116.
[14] *Richtlinien für Reiten und Fahren* (Band 1), S.12.
[15] Deutsche Reiterliche Vereinigung (Hg.): *Pferde verstehen. Umgang und Bodenarbeit,* S.93ff.
[16] Udo Bürger: *Vollendete Reitkunst,* S. 108.
[17] Seunig: *Von der Koppel bis zur Kapriole,* S. 184.
[18] Bürger, *Vollendete Reitkunst,* S.74.
[19] Seunig: *Von der Koppel bis zur Kapriole,* S. 191.
[20] Steinbrecht: *Das Gymnasium des Pferdes,* S. 61.
[21] van Eersel: *Topografie des Pferdes.*
[22] Seunig: *Von der Koppel bis zur Kapriole,* S.193
[23] Seunig: *Von der Koppel bis zur Kapriole,* S. 128.
[24] Bürger: *Vollendete Reitkunst,* Paul Parey, S.36
[25] Friederike Uhlig: *Darstellung der Lage verschiedener Trensengebisse im Pferdemaul bei Einwirkung unterschiedlich starken Zügelzuges am gerittenen Pferd im Halten.*
[26] Waldemar Seunig: *Von der Koppel bis zur Kapriole,* Ausgabe Krüger-Verlag S. 417 (Sachverzeichnis).

LITERATUREMPFEHLUNGEN

Boldt, Harry: *Das Dressurpferd,* 2. Aufl., Warendorf: FN-Verlag, 2011

Budras, Klaus-Dieter, Röck, Sabine: *Atlas der Anatomie des Pferdes,* 6. Auflage, Schlütersche Verlagsgesellschaft, Hannover 2008

Bürger, Udo: *Vollendete Reitkunst,* 5. Aufl., Berlin: Paul Parey, 1982

Deutsche Reiterliche Vereinigung (Hg.): *Die Ethischen Grundsätze des Pferdefreundes, Ethik im Pferdesport Teil 1,* 14. Aufl., Warendorf: FN-Verlag 2017, kostenloser Download unter https://www.pferd-aktuell.de/shop/index.php/cat/c106_Verband.html

Deutsche Reiterliche Vereinigung (Hg.): *Richtlinien für Reiten und Fahren*,
Band 1: *Grundausbildung für Reiter und Pferd*, 29. Aufl., Warendorf: FN-Verlag 2012;
Band 2: *Ausbildung für Fortgeschrittene*, 13. Aufl. 2001;
Band 4: *Grundwissen zu Fütterung, Haltung, Gesundheit und Zucht*, 18. Aufl. 2017;
Band 6: *Longieren*, 7. Aufl. 1999

Deutsche Reiterliche Vereinigung (Hg.): *Pferde verstehen. Umgang und Bodenarbeit*,
Gesamtredaktion Dr. Britta Schöffmann: Warendorf: FN-Verlag 2014

Eersel, Onno van: *Topografie des Pferdes*, unter: http://tierphysiotherapie-bergheim.de/topo/index.htm

Gehrmann, Wilfried: *Doppellonge: eine klassische Ausbildungsmethode*, Warendorf: FN-Verlag 1998

Guérinière, François Robichon de la: *Reitkunst oder gründliche Anweisung*, Reprint, Hildesheim: Olms 2013

H.Dv.12 Fassungen von 1912 (Onlineausgabe Uni Göttingen) http://gdz.sub.uni-goettingen.de/dms/load/img/?PPN=PPN731816455&DMDID=&LOGID=LOG_0001&PHYSID=PHYS_0004

H.Dv.12 1937, Waal: Wuwei 2012

Klimke, Ingrid und Dr. Reiner: *Grundausbildung des jungen Reitpferdes*, 8. Aufl., Stuttgart: Kosmos 2015

Müseler, Wilhelm: *Reitlehre*, 45. Aufl., Stuttgart: Müller-Rüschlikon 1996

Neindorff, Egon von: *Die reine Lehre der klassischen Reitkunst*, München: Cadmos 2012
und DVD *Egon von Neindorff, Reitmeister, Lehrer, Pferdemann*, Roland Blum Filmproduktion, Niedernhausen 2004
sowie Unterrichtsstunde Egon von Neindorff mit Christoph Ackermann, Youtube-Video, unter: https://www.youtube.com/watch?v=uBdUIzOxeA0&t=10s

Podhajsky, Alois: *Die Klassische Reitkunst*, 2. Aufl., Stuttgart: Kosmos 2009

Seidler, E. F.: *Die Dressur diffizier Pferde*, Reprint, Hildesheim: Olms 1990

Seunig, Waldemar: *Von der Koppel bis zur Kapriole*, 7. Aufl., Frankfurt am Main: Verlag Wolfgang Krüger 1980

Seunig, Waldemar: *Von der Koppel bis zur Kapriole*, Reprint der Erstausgabe, Hildesheim: Olms 2018

Sladky, Pamela: *Zwei Drittel der Reitpferde haben Veränderungen an der Halswirbelsäule*, Pferderevue 27.09.2019, unter: https://www.pferderevue.at/aktuelles/gesundheit/2018/04/zwei_drittel_derreitpferdehabenveraenderungenanderhalswirbelsaeu.html?fbclid=IwAR0MOal2IcjC7wdrOeRULhh4DADsCCL5mptgYL-qqG8rocO2FM8kL_Q_BdBU

Stecken, Paul: Videos mit Ingrid Klimke (auf Youtube über Wehorse), https://www.youtube.com/watch?v=v93H9cJPYKE, https://www.youtube.com/watch?v=HMuGueqs8F0
sowie *Bemerkungen und Zusammenhänge. Erkenntnisse eines Pferdemannes*, Warendorf: FN-Verlag 2015

Steinbrecht, Gustav: *Das Gymnasium des Pferdes*, Reprint der 1. Aufl., Hildesheim: Olms 1973

Stern, Horst: *So verdient man sich die Sporen*, 18. Aufl., Stuttgart: Kosmos 1997

Swift, Sally: *Reiten aus der Körpermitte*, 4. Aufl., Müller-Rüschlikon, Cham 1993

Uhlig, Friederike: *Darstellung der Lage verschiedener Trensengebisse im Pferdemaul bei Einwirkung unterschiedlich starken Zügelzuges am gerittenen Pferd im Halten*, Bakkalaureatsarbeit im Studiengang Pferdewissenschaften der Veterinärmedizinischen Universität Wien2009, unter: https://www.dressur-studien.de/wp-content/uploads/studie_uhlig_bakkalaureatsarbeit.pdf

Wätjen, Richard L.: *Dressurreiten*, 8. Aufl., Berlin: Paul Parey 1978

Wanless, Mary: *Perfekt sitzen, effektiv einwirken*, 2. Aufl., Müller-Rüschlikon, Stuttgart 2007

IMPRESSUM

Pferde sind Fluchttiere und können unerwartet schreckhaft reagieren. Der Verlag weist ausdrücklich darauf hin, dass das Tragen eines Reithelms und ggfs. einer Sicherheitsweste gerade bei jungen Reitern und jungen Pferden zur eigenen Sicherheit empfohlen wird. Er übernimmt keine Haftung für Schäden, die durch Anwendung der hier gezeigten Techniken und im Umgang mit dem Pferd entstehen.

Das Werk ist urheberrechtlich geschützt. Jede Verwertung außerhalb der engen Grenzen des Urheberrechtsgesetzes ist ohne Zustimmung des Verlages unzulässig. Das gilt insbesondere für Vervielfältigungen, Übersetzungen, Mikroverfilmungen und die Einspeicherung und Verarbeitung in elektronischen Systemen.

Bibliografische Information der Deutschen Nationalbibliothek:
Die Deutsche Nationalbibliothek verzeichnet diese Publikation in der Deutschen Nationalbibliografie; detaillierte bibliografische Daten sind im Internet über http://dnb.d-nb.de abrufbar.

© Georg Olms AG Verlag 2020
www.olms.de, www.olms-pferdebuch.de
Printed in Lithuania
Gedruckt auf säurefreiem und alterungsbeständigem Papier

Einbandgestaltung: www.ravenstein2.de
Titelzeichnung: Diane Bliessen
Lektorat: Ulrike Böhmer
Layout und Satz: www.ravenstein2.de
Druck: BALTO print

ISBN 978-3-487-08616-3